JN059560

Business Succession for Growth

事業承継の成長戦略

黒澤佳子 著

中央経済社

はしがき

　本書は，中小企業の事業承継において，数々の障壁を乗り越え事業承継し，家督と事業存続のため，事業承継後の事業成長戦略を成功に導く要因を明らかにすることを目的としています。

　背景には，経営者の高齢化や後継者不足に悩む中小企業が，大企業との競争に淘汰され，生き残りをかけて日々の経営を行う構造的課題があります。少子高齢化に歯止めがかからない現状の中で，後継者が見つからないために廃業を余儀なくされる中小企業はあとをたちません。家業として続けてきた事業の将来性や収益性を考えた時に，これからの日本経済を担う若い世代がやりたい事業と必ずしも一致しない面もあるでしょう。経営者である親世代が自らの苦労を顧みて，「子供には同じ苦労をさせたくない」と思い，廃業を選択する場合も少なくありません。

　しかしながら，日本の伝統的あるいは文化的背景も影響し，後継者候補になるのは長男，長男以外の男子，娘婿と男性後継者が大勢を占め，「眠れる資源」とも称され活躍が期待されるようになった女性が事業承継するケースは，事業承継の世界では未だマイノリティなのです。

　国内産業の衰退を食い止めるためには，競争優位を持つ中小企業が存続し，新時代に合わせて変革させる力（イノベーション）が必要です。昨今，推進体制が整えられつつある第三者への事業承継といった選択肢もありますが，多くの経営者は親族への事業承継を望む傾向は否めず，廃業や第三者への承継を選択する前に，娘や妻といった女性への事業承継の可能性を示すのが本書の役目です。

　中小企業の事業承継問題が深刻化する中で，女性への事業承継は少しずつ増えています。後継者確保に苦慮する中小企業にとって，女性への事業承継への期待が高まったときに，強み／弱み，得意分野／苦手分野といった女性後継者の特性を捉えて支援する体制が整えば，後継者候補の選択肢が増え，事業承継

する中小企業が増え，国内産業の衰退や国際競争力の低下の回避に一定の効果を発揮できる可能性があります。

　女性への事業承継は男性と比較して準備期間がとれない傾向にあり，企業経営経験が少ないことが多い女性後継者に対し，円滑に事業承継が行われる環境を整えるだけでなく，承継後の事業存続さらには事業成長が重要と考えています。中小企業にとって事業承継は単なる経営者の交代ではなく，大企業の事業承継とは違った要素が複雑に絡み合います。女性に承継した場合に，前経営者との関係性や女性ならではの視点の多様性は，承継後の組織運営や新事業展開にどのような影響を及ぼすのでしょうか。

　本書では，中小企業における女性後継者の事業承継前後における障壁要因を踏まえ，女性に承継した中小企業の事業成長要因を探ります。男性後継企業と女性後継企業の特性の違いや，女性が事業承継した企業の事業成長はどのような指標に表れるのかを定量的に分析した上で，承継後に新事業を展開する企業の調査・分析により，事業成長要因を明らかにすることで，学術的貢献を図るとともに，今後の女性への事業承継の推進に寄与することで，実務的貢献に繋がれば幸いです。

　2024年1月

黒澤　佳子

目　　次

はしがき　i

第 **1** 章 ┃ **序論** ……………………………………………………… 1

　　1　中小企業の事業承継 ………………………………………… 1
　　2　研究のフレームワーク ……………………………………… 9
　　3　用語の定義 …………………………………………………… 12
　　4　本書の構成 …………………………………………………… 15

第 **2** 章 ┃ **中小企業の事業承継に関する**
　　　　　　問題の所在 ………………………………………… 19

　　1　事業承継問題へのアプローチ ……………………………… 19
　　2　中小企業の事業承継研究 …………………………………… 21
　　3　事業存続と革新性 …………………………………………… 32
　　4　ファミリービジネス研究との親和性 ……………………… 33
　　5　小括 …………………………………………………………… 34

第 **3** 章 ┃ **女性経営者に関する問題の所在** ……………… 37

　　1　女性経営者の就任環境 ……………………………………… 37
　　2　男性経営者と女性経営者の特性の違い …………………… 41
　　3　女性後継者研究への知見 …………………………………… 44
　　4　小括 …………………………………………………………… 54

第 **4** 章 ┃ **ファミリービジネスに関する**
　　　　　　問題の所在 ………………………………………… 57

　　1　ファミリービジネス研究の視点 …………………………… 57
　　2　ファミリービジネスの女性後継者研究 …………………… 59

3　ファミリービジネスの女性の役割 …………………… 62

4　小括 ……………………………………………………… 64

第5章 | リサーチデザイン …………………………… 67

1　先行研究の限界 ………………………………………… 67

2　リサーチクエスチョンと分析視座 …………………… 72

3　研究手法 ………………………………………………… 74

第6章 | 事業承継の変遷と予備的考察 ……………… 79

1　事業承継の記事データ分析 …………………………… 79

2　女性への事業承継のパターン分析 …………………… 92

3　女性後継者の事業承継プロセス分析 ………………… 95

第7章 | 中小企業の事業承継の特性 ………………… 107

1　定量分析に関する問題意識 …………………………… 107

2　既存データ分析からわかる中小企業の事業承継 …… 108

3　男性が事業承継した企業と女性が事業承継した企業
　　の違い ………………………………………………… 109

4　男性後継企業と女性後継企業の比較分析 ………… 114

5　親族内承継と親族外承継の比較分析 ……………… 126

第8章 | 事業承継の障壁 ……………………………… 143

1　事業承継の障壁に関する問題意識 ………………… 143

2　事業承継における障壁とは ………………………… 144

3　事業承継の障壁に関する調査概要 ………………… 148

4　7社の事業承継プロセス …………………………… 150

5　7社の障壁要因分析 …………………………………… 170

6　共起ネットワーク分析 ………………………………… 180

第 9 章 ｜ 事業承継後の事業展開 ……………… 185

1　事業承継後の事業展開に関する問題意識 ………… 185

2　事業承継後のイノベーション ……………………… 187

3　事業承継後の事業展開に関する調査概要 ………… 190

4　3社の事業承継後の成長戦略 ……………………… 192

5　3社の事業成長要因分析 …………………………… 202

6　事業承継後の成長戦略の分析結果 ………………… 206

第10章 ｜ 事業承継後の事業成長 ……………… 211

1　事業承継の定量分析に関する考察 ………………… 211

2　事業承継の障壁要因に関する考察 ………………… 214

3　事業承継後の事業成長要因に関する考察 ………… 225

第11章 ｜ 結論 ………………………………………… 233

1　女性後継者の事業成長メカニズム ………………… 233

2　学術的貢献と実務的貢献 …………………………… 235

3　政策提言 ……………………………………………… 238

4　本書の限界と今後の研究課題 ……………………… 243

あとがき　247

参考文献　250

索引　261

第1章

序論

1　中小企業の事業承継

1．1　進む経営者の高齢化

　日本国内の企業の99.7％を占める中小企業は，約70％の従業員が働き，約53％の付加価値を創出しているが，中小企業は，新規開業の停滞，生産性の伸び悩みに加えて，経営者の高齢化や人材不足の深刻化といった構造的な課題を抱えている。日本経済の緩やかな回復基調の中で，大企業は業績を持ち直しつつあるが，中小企業は，ヒト，モノ，カネのどの経営資源をとっても，大企業との格差が広がっている状況にあり，消費者ニーズの多様化により企業間競争が激化する中で，依然として厳しい経営環境にあると言える。

　日本の企業数は1999年以降年々減少傾向にある。1999年時点485万者あった企業は，2016年には359万者となり，およそ4分の1が減少している。

　倒産[1]件数は，バブル経済崩壊後に増加し，2008年リーマンショック時には15,646件であったが，2009年以降減少している。新型コロナウィルス感染症の影響が懸念されたが，資金繰り支援の効果もあり，2021年の倒産件数は6,030件と57年ぶりの低水準となった。しかし企業規模別に見ると，倒産件数の9割を占めるのは小規模事業者である（**図表1-1**）。倒産する企業の大部分は中小・小規模企業であり，20年前と比較して，その割合はより高くなっている。

図表 1 - 1　企業規模別倒産件数

	2001年		2021年	
	件数	(%)	件数	(%)
大企業	74	0.4	3	0.05
中規模企業	3,752	19.6	545	9.0
小規模企業	15,338	80.0	5,482	90.9
企業数合計	19,164	100.0	6,030	100.0

注）負債総額1,000万円以上の倒産が集計対象
出所：東京商工リサーチ（2022）をもとに筆者作成

図表 1 - 2　休廃業・解散件数と経営者の平均年齢の推移

	2013年	2014年	2015年	2016年	2017年	2018年	2019年	2020年
休廃業・解散件数 （件）	34,800	33,475	37,548	41,162	40,909	46,724	43,348	49,698
経営者の平均年齢 （歳）	60.4	60.6	60.9	61.2	61.5	61.7	62.2	62.5

出所：東京商工リサーチ（2021）をもとに筆者作成

　倒産件数は減少傾向ではあるものの，休廃業・解散件数は依然として高水準が続いており，年間4万件を超える企業が休廃業・解散している（**図表 1 - 2**）。経営者の平均年齢は年々上昇しており，休廃業・解散企業の代表者年齢は，2021年では60代23.3％，70代42.7％，80代以上20.0％である（中小企業庁，2022）。休廃業・解散件数の増加は，経営者の高齢化が一因にあり，経営者の高齢化や後継者不足を背景に，事業承継の重要性が増している。

　中小企業庁（2022）によると，2000年以降2015年までの間に，中小企業の経営者年齢のピークは15年上昇した。2000年には「50歳～54歳」であった経営者年齢のピークが，2015年には「65歳～69歳」となった。ピークを形成していた団塊世代の経営者が引退し，2020年には「60歳～64歳」「65歳～69歳」「70歳～74歳」とピーク年齢が分散しているが，70歳以上の経営者割合は高まっており，事業承継を実施した企業と実施していない企業の二極化が伺える。

　1995年に47歳だった中小企業の経営者平均年齢は，2018年には69歳となり，経営者の高齢化は急速に進んでいる。今後も経営者の高齢化が進むと，年齢を

理由に引退を迎える経営者が増えると予想され，新たな経営の担い手の参入や，有用な事業・経営資源を次世代に引き継ぐ事業承継がさらに重要になってくる。中小企業・小規模事業者の数が年々減少している中で，起業・創業によるイノベーションが起こり，既存企業が成長し，経営資源が円滑に次世代に引き継がれるというライフサイクルが重要になる。

　その一端を担うのが事業承継である。中小企業庁（2021）では，「我が国経済が持続的に成長するためには，中小企業がこれまで培ってきた，価値ある経営資源を次世代に承継していくことが重要」（p.451）と事業承継の重要性を説いている。中小企業が培ってきた事業や，技術・ノウハウ，設備などの貴重な経営資源が，次世代に引き継がれることなく散逸してしまうのは，日本経済に与える負の影響が大きい。しかしながら中小企業の事業承継は，大企業の経営者の交代とは異なり，複雑な要素が絡み合う難しさがある。事業の引継ぎ方や承継時の経営状況により，事業承継上の課題や有効な方策は異なるため，円滑かつ効果的に承継するためにきめ細かな支援が必要になる。

　事業承継の形態は，親族内承継と親族外承継に分類され，さらに親族外承継は，役員や従業員など社内関係者への承継と，事業を譲渡，売却する第三者へのM&Aの形態に分けられる（中小企業庁，2016）。親族内に後継者がいない場合は親族外承継が考えられ，近年では親族外承継が増加傾向にあるものの，中小企業の事業承継は46％が親族内承継である（中小企業庁，2017）。

　帝国データバンク（2020b）によると，約65.1％の企業が後継者不在である[2]。後継者候補としては，40.4％が「子供」，33.2％が「非同族」となっており，「子供」は前年比0.3％上昇，「非同族」は横ばいで，親族内承継を望む企業は根強い。家業として家族で経営を行ってきた企業にとって，親族外承継を安易に選択できない背景も伺えるが，後継者不足の中，親族内承継に限らず，親族外承継も含めて後継者の選択肢を増やし，事業承継が円滑に行える環境が必要とされる。中小企業の事業承継は，親族内承継が過半を占めており，その大半は子供（男性）への承継となっている（**図表1-3**）。役員・従業員への承継，社外への承継も3割を超え，事業承継における後継者の選択肢は広がってきている。

　新型コロナウィルス感染拡大の影響がありながらも倒産件数は減少する中で，

図表1-3 事業承継した経営者と後継者の関係

親族内承継	55.3
配偶者	2.6
子供（男性）	42.8
子供（女性）	2.3
子供の配偶者	2.6
兄弟弟妹	1.5
その他の親族	3.5
親族外承継	35.6
親族以外の役員・従業員	19.1
社外の第三者	16.5
その他	9.1
合計	100.0

出所：中小企業庁（2019）をもとに筆者作成

休廃業・解散は高止まっている現状から，経営者の高齢化や後継者不足を背景に，廃業を選択する事業者が増えていると推察できる。経営者の高齢化のスピードが速く，事業の存続か廃業かの判断を迫られているが，後継者が不足している状況にある。

　近年事業承継に関する支援策は増え，円滑な事業承継を推進する体制整備は進んできている。税制面では個人を含む小規模事業者が事業用資産を移転する際に発生する税の猶予・免除措置が設けられた。金融面では，自己株式の買取りや納税資金等の事業承継の際に発生する資金に対する貸付や，信用力低下による経営への影響を緩和するための保証枠の拡大などが利用できるようになってきている。事業承継の際に新分野にチャレンジする際の補助金や，事業承継センター等の支援機関による相談，マッチングの場も用意されつつある。

1.2　日本の女性経営者の現状

　女性に焦点をあてると，直近では女性の就業率が上昇しており，日本と韓国の女性就労にのみ見られるM字カーブは緩やかになってきている。全体的な女性雇用者数や女性管理職比率は緩やかに高まっているが，諸外国と比較すると依然として低い水準にある。

　女性雇用者数は増加しているものの，その多くは非正規雇用者である。特に子育て期における主婦が就労する場合，パートタイム労働は柔軟で働きやすい形態であるが，ひとり親世帯に見られるように，主として生計を立てるための収入を得ることを目的とする場合には，非正規雇用者の賃金は非常に低い水準にある。

　正社員と非正社員を合わせた女性従業員の割合は，大企業は36.8％，中小企業は38.6％であり，大きな差は見られないが（総務省，2018），小企業で働く家族でない従業員のうち女性の割合は，正社員では25.6％，非正社員では60.3％である（日本政策金融公庫総合研究所，2010）。従業員規模別の女性正社員の割合は，規模が小さい企業ほど高く，女性管理職の割合も，規模が小さい企業ほど高くなる傾向にある。

　日本の女性に見られる働き方の特徴は，非正社員での雇用，出産・育児により一旦仕事を辞め，子育てが一段落すると仕事に復帰するケースが多く，これには，日本古来の男女分業意識と「子供が小さなうちは子育てに専念したほうがよい」という意識が根強く残っていることが理由とも考えられる。子育てをしながら働きたいけれども思うように働けない女性にとって，柔軟な中小企業が受け皿になる可能性は十分にある。

　日本の管理的職業従事者に占める女性の割合は，2013年には11.2％であったが，2018年は14.9％であり，近年着実に上昇している。しかし諸外国は，フィリピン51.5％，米国40.7％，オーストラリア38.7％，スウェーデン38.6％と日本の2〜3倍の水準であり，依然として日本の女性管理職比率は低い（内閣府，2019）。

　2021年時点の日本の女性経営者比率は8.1％で，1989年に4.3％だった同比率は，年々緩やかに上昇している（帝国データバンク，2019）。これは，2015年に制定された「女性活躍推進法」や政府提唱の「1億総活躍社会」などの効果が一定程度出ているものと考えられる。「日本再興戦略」のKPI（Key Performance Indicators）は「2020年に指導的地位に占める女性の割合を30％にする」としていたが，女性経営者の割合は依然として1割以下という低い水準が続いている。

　日本の女性経営者の就任経緯を見ると，起業・創業により経営者となった女

	起業・創業	同族承継	内部昇格	外部招聘	出向・分社化	買収
男性経営者	40.5	39.5	11.8	2.2	3.9	2.0
女性経営者	35.3	50.8	8.3	1.4	2.7	1.6

図表1-4 経営者の就任経緯

出所：帝国データバンク（2021）をもとに筆者作成

性は35.3％であるのに対し，同族承継により経営者となった女性は50.8％と，半数以上が事業承継によって経営者となっている。男性経営者の就任経緯は，起業・創業41.0％，同族承継38.8％であり，ほぼ同数であることと比較すると，女性は事業承継によって経営者になるケースが多いことがわかる（**図表1-4**）。したがって，今後の中小企業経営において女性への事業承継の必要性がより高まっていくと考えられる。

　帝国データバンクのデータベース収録社数が約117万社，女性経営者比率は8.1％とすると，およそ94,500人の女性経営者が存在することになる。「同族承継」が50.8％とすると，およそ48,000人が親族内承継により経営者となった女性後継者となる。同様にして，中小企業の男性経営者は約107万人，「同族承継」は39.5％とすると，約423,000人が親族内承継により経営者となった男性後継者となる。あくまでも概算ではあるが，女性後継者は後継者全体の1割程度にとどまる。

　帝国データバンク（2021）は，女性経営者の就任経緯が起業より事業承継が顕著に多いのは，前経営者の高齢化や後継者不足などの経営事情があり，配偶者や親から事業を引き継ぐなど受動的なケースが多いからとしている。さらに社内人事である「内部昇格」やヘッドハンティングなど「外部招聘」による就任など，キャリアにもとづいた就任事例が女性は低い点が変わっていないことを指摘している。労働政策研究・研修機構（2015）では，「仕事と家庭の両立が困難」との理由から，係長・主任相当職の女性の約7割が昇進を希望しておらず，女性側にも家庭とキャリアアップの両立に消極的な姿勢が見られる。

　女性が経営者である企業数を資本金別に見ると，「1000万円未満」の企業割合9.1％が最も高く，「1億円以上」は2.3％にとどまる。1990年との比較において，資本金1億円未満の企業では女性経営者比率が3％以上上昇したが，

図表 1 - 5	資本金別・年商別の女性経営者割合（%）

資本金	1990年	2020年	増減	年商	1988年	2020年	増減
1,000万円未満	5.2	9.1	+3.9	5,000万円未満	6.8	11.4	+4.6
1,000万円以上 5,000万円未満	3.8	7.6	+3.8	5,000万円以上 1億円未満	5.3	8.1	+2.8
5,000万円以上 1億円未満	2.2	5.4	+3.2	1億円以上 5億円未満	4.2	6.8	+2.6
1億円以上	1.2	2.3	+1.1	5億円以上 10億円未満	3.2	5.2	+2.0
				10億円以上 50億円未満	2.5	3.7	+1.2
				50億円以上 100億円未満	1.3	2.3	+1.0
				100億円以上	0.8	1.4	+0.6

出所：帝国データバンク（2019，2021）をもとに筆者作成

「1億円以上」では1.1％の上昇にとどまる（**図表 1 - 5**）。

　日本政策金融公庫総合研究所（2013）によると，従業者20人以上の会社・事業を経営する女性は146.1千人と極めて少数になり，男性経営者と比較すると，企業規模が大きくなるほど女性経営者の割合は少なくなる。女性経営者比率は企業規模が小さいほど高い傾向にあり，大企業に比べ中小企業の方が，女性が経営者になりやすい環境と言える。しかし中小企業全体の後継者内訳を見ると，男子への承継42.8％に対し，女子への承継は2.3％にとどまり，配偶者2.6％と合わせても女性への承継は 5 ％未満である（中小企業庁，2019a）。

　女性経営者割合を年商別に見ると，「年商5,000万円未満」が11.4％であり，「年商100億円以上」では1.4％である。年商が大きくなるにつれて女性経営者の比率は低下している。資本金と同様に，年商が小さい企業の方が女性経営者の比率は高くなる（**図表 1 - 5**）。大企業との比較において，中小企業の方がより女性経営者の存在は大きく，中小企業の女性経営者が円滑な経営を行うための環境づくり，支援体制を整えることは効果的と考えられる。

　女性の起業は近年増加傾向にあり，女性は，生活関連サービスや小売業，飲食業，医療・教育などの分野での起業が多く，社会とも密接につながることが多い。女性起業家を支援する施策は，起業準備者のニーズを汲んで拡充しつつ

あるが，これらの施策は，女性後継者に対しても有効である可能性がある。

　経営者年齢の高齢化による廃業の増加が懸念される中，経営者年齢を男女別に見ると，女性経営者の高齢化が目立つ（帝国データバンク，2021）。女性への事業承継を考えた場合，例えば夫から妻への事業承継のように世代が変わらないものもあるため，高齢化が進んでいる可能性もあり，次の事業承継を意識し準備しておく必要がある。

1.3　なぜ女性後継者は少ないのか

　中小企業の事業承継において，後継者不足は最大の課題とされる中で（堀越，2017），女性は半数以上が事業承継により経営者となっており（帝国データバンク，2021），今後の中小企業経営において女性への事業承継の必要性がより高まっていくと考えられる。日本における女性経営者比率は企業規模が小さいほど高い傾向にあり，大企業に比べ中小企業の方が，女性が経営者になりやすい環境と言えるにもかかわらず，女性後継者の数は後継者全体の5％に満たない現状を鑑みると，女性が事業承継する上で，何らかの障壁[3]が存在する可能性を否定できない。

　エヌエヌ生命（2020）によると，中小企業の女性後継者206名への意識調査の中で，「事業承継する準備期間はなかった」「突然だった」は44.6％を占めた。女性への事業承継は突然あるいはやむを得ず発生することが多く，十分な準備ができない中で事業を承継した女性後継者が一定程度存在している。

　中小企業の事業承継問題が深刻化し，後継者確保に苦慮する中小企業にとって，女性への事業承継の機会が増え，今後，女性への事業承継への期待が高まることが予想されるが，女性への事業承継は男性と比較して準備期間がとれない傾向にあり，企業経営経験が少ない中で行われることが多い。そのような女性後継者に対し円滑に事業承継が行われる環境を整えるだけでなく，承継後の事業存続さらには事業成長が重要と考えた。2016年4月に「女性活躍推進法」が施行されて6年が経過し，女性経営者を支援する制度として，起業支援の体制は整備が進んでいるものの，事業承継については女性後継者に特化した公的な支援策は未だ整備されていない。

2　研究のフレームワーク

2.1　女性後継者研究の意義

　中小企業における事業承継に関する研究の中で，女性に承継するケースを取り扱った先行研究は少ない。男性経営者と比較すると，企業規模が大きくなるほど女性経営者の割合は少なくなることから，これまでは女性後継者の調査・研究はされてこなかった（日本政策金融公庫総合研究所，2013）。女性後継者研究は，女性経営者研究の中で扱われており，起業・創業と違った事業承継という特殊な要素が加味された研究は国内では僅少である。それ故に女性後継者研究は知見の蓄積が必要な研究分野である。

　中小企業にとって事業承継は単なる経営者の交代ではなく，大企業の事業承継とは違った要素が複雑に絡み合う。女性に承継した場合に，前経営者との関係性や女性視点および多様性は，承継後の組織運営や新事業展開にどのような影響を及ぼすのであろうか。

　中小企業の女性後継者の研究について，後継者選定や育成などの準備段階，経営資源を円滑に移転するための事業承継実施段階，事業の存続やさらなる成長を目指す発展段階など各ステージにより異なる命題に対応したリサーチデザインが考えられる。

　本書では，女性に事業承継した中小企業に焦点をあて，事業承継前後における障壁要因を明らかにした上で，女性に事業承継した中小企業の事業成長要因は何かを多面的に調査・分析する。女性への事業承継において，準備期間がどのように影響するのか，中小企業の特性を踏まえて，女性に事業承継した中小企業の事業成長要因を明らかにし，今後の女性への事業承継の促進および女性後継者がとり得る成長戦略の選択肢を増やすことに寄与したいと考えている。少子高齢化の影響で廃業を選択する中小企業が未だ多い現状で，女性への事業承継が円滑に進むことで，中小企業の持続的な成長に寄与する点において本書の社会的意義がある。

２．２　女性後継者研究の目的

　本書の目的は，女性に承継した中小企業の事業成長要因を明らかにすることである。中小企業の事業承継は，大企業とは違った複雑な要素が絡み合い，多様な経営特性を持つ中小企業の現状に合わせ，事業承継しなければならない難しさがある。家業として事業を営む中小企業も多く，事業存続が絶対条件となる。

　研究の前提として，事業承継を行う中小企業において，男性が後継者である企業と女性が後継者である企業で，どのような特性の違いが見られるのかを統計的に明らかにする。中小企業の事業承継において，女性への承継の割合が少数に留まる現状から，女性が事業承継し，事業を継続していく過程において，何らかの課題や障壁の存在が考えられる。それらを克服し，事業を存続さらに事業を成長させる要因は何かを多面的に考察する。

　少子高齢化の影響で廃業を選択する中小企業が未だ多い中，今後女性への事業承継が中小企業において促進されるとともに，中小企業の女性後継者が事業承継後に事業を存続・成長させるためにとり得る成長戦略の選択肢を増やすことで，中小企業の持続的な成長に寄与する点において本書の社会的意義がある。

　本書は，女性後継企業の事業成長はどのような指標に特徴づけられるのかを分析し，女性が事業承継した中小企業の事業成長要因を多面的に考察することで学術的貢献を図るとともに，今後の女性への事業承継の推進に寄与することで実務的貢献につなげたい。

　なお，本書においては，「事業」そのものを「承継」し，継続して事業を行う企業を「事業承継企業」として分析対象とする。また，「新事業」とは，承継後の事業存続さらには成長を図るために，承継前の既存事業以外の新事業活動とする。

２．３　調査・分析の全体像

　中小企業の女性後継者の研究においては，後継者選定や育成などの準備段階，

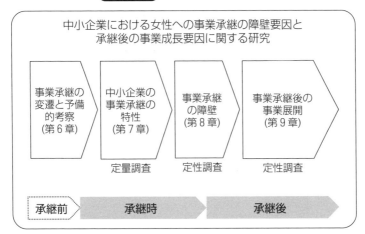

図表 1-6　調査・分析の全体像

出所：筆者作成

　経営権や経営資源を円滑に移転するための事業承継実施段階，事業の存続やさらなる成長を目指す事業承継後の発展段階など各ステージにより，異なる命題に対応したリサーチデザインが考えられる。本書では，最終的に事業承継後の発展段階に着目するが，その前提として事業承継の準備段階や事業承継実施段階の調査分析は必要となる。

　研究対象は，女性に事業承継した中小企業であり，「事業承継」というプロセスを経営学的にアプローチする。本書においては，中小企業の女性への事業承継における障壁要因を分析した上で，承継後の事業成長要因について考察するため，研究対象としての女性に事業承継した中小企業の特性を定量調査で明らかにし，定量調査では測れない多面的な要因を定性調査で探究的に導き出す。具体的には，中小企業の女性への事業承継における障壁要因を明らかにするために，中小企業の女性後継者７名に対し，事業承継前後における障壁要因についてインタビュー調査を実施する。その結果を踏まえて，障壁を克服し，事業成長させる要因は何かを多面的に探るため，業種を絞り３名の女性後継企業に対しインタビュー調査を行う（**図表 1-6**）。

3　用語の定義

3．1　「中小企業」

　日本企業の99.7％は中小企業[4]であり，なかでも小規模企業[5]の割合が多い。全体の約70％の従業者が中小企業で働いており，日本の付加価値額の53％を中小企業が生みだしている（中小企業庁，2022）。その中小企業の範囲は，「中小企業基本法」（第2条）において，資本金および常時雇用者数を用いて業種別に定義されている。

　中小企業者等の法人税率の特例[6]においては，「租税特別措置法」に定められた中小法人が対象とされており，資本金1億円以下または資本等を有しない普通法人，人格のない社団，公益法人，協同組合等で，資本金5億円以上の大法人の完全支配関係にない中小法人としている。

　日本の中小企業研究においては，研究対象の中小企業の範囲は「中小企業基本法」に準じているものが多く，明示されていない場合でも暗黙知として「中小企業基本法」（第2条）と解釈できる。

　中小企業研究を掘り下げていくと，「中小企業」のみならず，「中小」「小規模」「零細」「起業」「創業」「スタートアップ」「ベンチャー」などの含意もあり（関，2020），あるいは実質的には個人経営でありながら法人化している企業や「生業」「家業」など，企業組織であるかどうかは別として，中小企業研究の対象となっている（川上，2013）。

　中小企業は「異質多元的」とされる（山中，1948）。川上（2013）は，「中小企業は多種多様の，異質多元の企業群」と表現する中で，中小企業を「大企業ではない，上場企業ではない，取り残された企業」として，大企業，上場企業を研究対象とするのが経営学であるならば，中小企業を研究対象とするのは「特殊経営学＝中小企業経営論」と呼んでいる。

　「中小企業」には明確な線引きをせず，「大企業ではない」といった意味合いを含みながらも，本書で扱う「中小企業」は，多くの先行研究において暗黙知的に使われる「中小企業基本法」（第2条）にもとづく「中小企業」とした上

で，中小企業を点としてとらえるのではなく線や面あるいは群ととらえ，できるだけ多面的な視点での研究を目指す。

3.2　「事業承継」

堀越（2017）は，事業承継は「創業した経営者が後継経営者へと事業を承継するまでの一つの世代の終点であり，次の世代の起点としても位置付けられる」としている。中小企業庁（2016）では，「事業」そのものを「承継」することを「事業承継」とし，事業承継後に後継者が安定した経営を行うためには，現経営者が培ってきたあらゆる経営資源を承継する必要があるとしている。後継者に承継すべき経営資源を，経営権を含めた「人」，設備，不動産，株式，資金といった「資産」，経営理念，技術・ノウハウ，信用，人脈，顧客情報，特許権といった「知的資産」の3要素に分けている。

中小企業庁（2019a）は，経営者が引退した後も「事業を継続する」場合に「事業承継」とみなしている。「事業を継続する」とは，経営者の引退前後で事業活動が停止せず連続して「事業」が行われている状態であり，事業活動が一時的に停止し，その後，誰かが復活させた場合は継続とみなさない。

本書においては，「事業」そのものを「承継」し（中小企業庁，2016），継続して事業を行う（中小企業庁，2019a）ことを「事業承継」とする。事業承継を行った企業を「事業承継企業」と位置づけ，事業承継を行った企業の中で，男性への事業承継を行った企業を「男性後継企業」，女性への事業承継を行った企業を「女性後継企業」と呼ぶ。

経営者の呼称に関しては，以前に代表権を持っていた経営者あるいは代表権をすでに移行した経営者を「前経営者」「先代（経営者）」，事業承継により現在代表権を持つ経営者を「現経営者」「後継者」とし，男性の現経営者を「男性後継者」，女性の現経営者を「女性後継者」と呼ぶ。

事業承継にはさまざまな形がある。中小企業庁（2016）では，中小企業の事業承継の類型として，親族内継承と役員・従業員への承継，第三者に事業を譲渡・売却・統合（M&A）の3つを挙げている（**図表1-7**）。「事業承継」を「親族内承継」と「親族外承継」に分け，さらに「親族外承継」を社内関係者

14

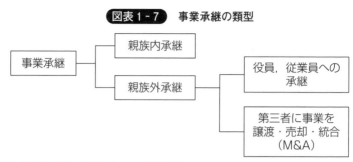

図表 1-7 事業承継の類型

事業承継 ─ 親族内承継
　　　　 ─ 親族外承継 ─ 役員，従業員への承継
　　　　　　　　　　　 ─ 第三者に事業を譲渡・売却・統合（M&A）

出所：中小企業庁（2014, 2016）をもとに筆者作成

への承継である「役員，従業員への承継」と社内関係者以外（第三者）への承継である「第三者に事業を譲渡・売却・統合（M&A）」に分けられる。

　帝国データバンク（2021）では，経営者の就任経緯から「創業」「同族承継」「買収」「内部昇格」「外部招聘」「出向・分社化」と分類しており，「創業」を除く「同族承継」「買収」「内部昇格」「外部招聘」「出向・分社化」が事業承継企業となる。「同族承継」は親族内承継，「買収」「内部昇格」「外部招聘」「出向・分社化」は親族外承継にあたる。

3.3　「新事業」

　本書における「新事業」とは，承継後の事業存続，さらには成長を図るために行う，承継前の既存事業以外の新事業活動を指す。

　中井（2010）は，事業承継された企業を「第二創業」と呼び，創業した企業との違いについて，企業業績の差をもたらした経営上の要因について分析した。この中では，単なる事業承継ではなく，「新たな経営者によって再スタートをきる」「新たな成長機会への重要なターニングポイント」と表され，事業承継を革新的な意味合いでの「第二創業」と位置付けていると解釈できる。

　この「第二創業」に近しいのが事業承継後の「新事業」であるが，承継前に行っていた既存事業のみではなく，新たに，またはそれを発展させる形で既存事業とは異なるビジネスモデル，新商品，新サービス，新業態を開発した場合に「新事業」とする。

3.4　「女性後継者」

　女性の経営者は，「女性社長」「女性オーナー」「女性経営者」と表わされ，就任経緯により「起業・創業」「事業承継」に分けられる。前者は「女性起業家」「女性創業」とされるが，後者は「女性後継者」とする。つまり起業・創業者以外は後継者として扱う。社内で昇格して経営者になった場合，親会社からの出向により経営者になった場合，全くの関係がない第三者として事業を引き継いだ場合，企業買収した場合も，女性経営者であれば「女性後継者」とする。

4　本書の構成

　本書は，第1章から第11章までの全11章で構成する（**図表1‐8**）。
　第1章では，中小企業における事業承継および女性経営者の現状分析を行い，中小企業の事業承継の実態を把握した上で，大企業と比較して経営資源に乏しい中小企業の事業承継における課題を明らかにする。女性経営者を取り巻く環境について課題を示した上で，研究の背景と問題意識，研究目的と研究の枠組みを述べ，中小企業における女性への事業承継に関する研究の社会的意義を示す。さらに「中小企業」「事業承継」「新事業」をはじめとする本書で用いる用語の定義をした上で，最後に本書の構成を示す。
　第2章では，本書に関する先行研究レビューの枠組みを示し，中小企業の事業承継研究のレビューを行う。中小企業の事業承継研究に関しては，「事業承継の類型」「大企業と中小企業の事業承継上の相違点」「後継者選定と正統性の確保」「事業承継前の準備と準備期間」「事業存続と革新性」の視点で整理する。
　第3章では，女性起業家を含む女性経営者研究に関して，「男性経営者と女性経営者の特性の違い」「女性起業家研究からの知見」「ジェンダーバイアス」の視点で整理し，女性起業家支援における女性後継者支援の可能性を模索するなどの現行各種支援策のレビューも行う。
　第4章では，海外のファミリービジネス研究の中で，事業承継に関する先行

研究レビューを行う。「ファミリービジネスにおける事業承継」「ファミリービジネスにおける女性後継者研究」「ファミリービジネスにおける女性の役割」の視点で整理する。

第5章では，第2章，第3章，第4章の先行研究レビューから得られた知見と先行研究の限界を示し，リサーチクエスチョン（以下，RQ）を設定する。各RQの分析視座をもとにリサーチデザインを示す。

第6章では，予備調査として，事業承継に関する記事データを分析し，事業承継に関する関心事，女性への事業承継に関する関心事を，テキストマイニングにより比較分析する。さらに，記事データから女性後継者を抽出し，事業承継の承継タイプを類型化するとともに，女性後継者のプロフィール分析の結果を示す。

第7章では，男性後継企業と女性後継企業の比較分析をはじめとする定量調査の結果を示す。男性へ事業承継した企業と女性に事業承継した企業の個票データについて，企業属性や経営者属性，財務指標の観点で比較し，女性後継企業の特性を明らかにする。その差が統計的に有意と言えるかの検定を行い，事業成長を示す指標の導出を試みる。その上で，女性後継企業の親族内承継と親族外承継を分ける要因について，プロビット回帰分析の結果を示す。

第8章では，中小企業の女性への事業承継における障壁要因について，7社に対し定性調査を行う。インタビューガイドに従い，「後継者のプロフィール」「事業承継に至る経緯」「事業承継時の課題」「事業承継後の課題」についてインタビュー調査を行い，「事業承継プロセスと準備期間」「後継者が事業承継しやすい環境」「先代とのコミュニケーション」「人的ネットワーク」「従業員教育および育成」「時代に即した経営戦略」を視点として，分析結果を示す。

第9章では，第8章の分析結果を踏まえて，中小企業における事業承継後の事業成長要因について，女性に事業承継した中小製造業3社に対する定性調査を行う。「家族と本人の役割」「前経営者との違い」「承継後に実施した社内改革」「承継後の事業戦略」「今後の方向性」についてインタビュー調査を行い，「前経営者の存在が新事業展開に及ぼす影響」「客観性や人材育成における優位性が新事業に及ぼす影響」について分析した結果を示す。

第10章では，第7章の定量調査の分析結果，および第8章，第9章の定性調

査の分析結果をもとに，女性に事業承継した中小企業の障壁要因および承継後の事業成長要因の考察を行い，RQに対する結論を導く。

　最後に第11章にて，第10章の考察に基づき，女性後継者の事業成長メカニズムを示し，本書の成果と政策提言，今後の研究課題を結語とする。

図表1-8　本書の構成

フェーズI 研究前提	第1章　序論		
フェーズII 先行研究レビュー リサーチクエスチョン 分析視座の設定	第2章 中小企業の事業承継に関する問題の所在	第3章 女性経営者に関する問題の所在	第4章 ファミリービジネスに関する問題の所在
	第5章 リサーチデザイン		
フェーズIII 調査・分析	第6章 事業承継の変遷と予備的考察		
	第7章 中小企業の事業承継の特性		
	第8章 事業承継の障壁		
	第9章 事業承継後の事業展開		
フェーズIV 考察 研究成果	第10章 事業承継後の事業成長		
	第11章　結論		

出所：筆者作成

1　東京商工リサーチ「倒産月報」によると，倒産とは，企業が債務の支払不能に陥ったり，経済活動を続けることが困難になった状態となること。私的整理（取引停止処分，内整理）も倒産に含まれる。

2　帝国データバンクの保有する信用調査報告書ファイル（CCR，190万社）から，事業承継の実態が分析可能な約26万社（全国・全業種）を分析対象としている。

3　本稿における「障壁」とは，「立ちはだかるもの」「乗り越えていく壁」といった意味を示す。堀越（2017）は「心理的障壁」，落合（2014b）は「変革障壁」，このほかCiNii収録論文では「参入障壁」「障壁要因の分析」「固定的な価値観が障壁となる」「職場進出と２つの障壁」といった文脈がみられる。

4　企業規模別企業数の内訳は，大企業0.3％，中規模企業14.8％，小規模事業者84.9％であり，大企業以外を中小企業に分類している（中小企業庁，2022）。

5　小規模企業は，製造業および宿泊業・娯楽業は常時雇用する従業員が20人以下，それ以外の業種は常時雇用する従業員が５人以下の企業をさす。中規模企業とは，中小企業のうち小規模企業を除く企業をさす（中小企業庁，2022）。

6　中小企業者等の各事業年度の所得金額のうち，800万円以下の金額に対する法人税の軽減税率を15％（本則税率：19％）とする（2023年３月31日までに開始する事業年度）。

第2章

中小企業の事業承継に関する問題の所在

1 事業承継問題へのアプローチ

中小企業の女性への事業承継に関する先行研究は数少ない。Jimenez(2009)は，女性経営者の研究は進められているが，女性後継者に関する研究は海外でも数少ないことを指摘している。本研究の目的に即して先行研究レビューを行

図表 2−1 先行研究レビューの枠組み

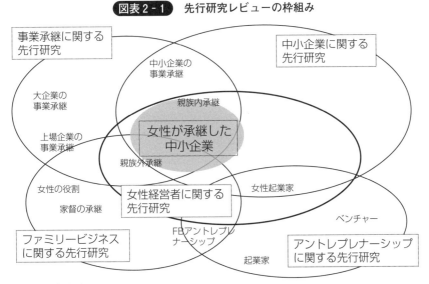

出所：筆者作成

うためには，中小企業に関する先行研究，事業承継に関する先行研究，女性経営者に関する先行研究からの知見を得る必要があり，3つの研究領域の重なりが，本研究のフィールドとなる（**図表2-1**）。

　中小企業における女性への事業承継に関する先行研究は，国内では数少なく，「CiNii」に登録された論文は2022年2月末時点で1本であった（**図表2-2**）。家族経営を行う企業のダイナミクスを探求することを目的とした米ジャーナル誌『Family Business Review』では，1990年代に最も多くの女性後継者研究論文が掲載されている。日本では2010年代に論文が増加しはじめており（Google Scholar検索結果より），日本における女性後継者研究は，少なくとも海外に遅れること20年の研究テーマと言える。海外ではすでに研究されている分野である以上，国内においてこの分野での研究の蓄積が早急に必要である。

　したがって，本章では，本研究の目的に即して，中小企業における事業承継研究と女性経営者研究および海外のファミリービジネス研究について先行研究レビューを行う。

図表2-2　女性後継者に関する文献数

	1990年以前	1990年代	2000年代	2010年代	2020年代	合計	Key words
Family Business Review[※1]	42 (9%)	178 (40%)	121 (27%)	87 (19%)	22 (5%)	450	Succession, Successor, Woman, Female
Google Scholar[※2]	1 (1%)	5 (5%)	15 (15%)	58 (59%)	19 (19%)	98	事業承継，女性，後継者
CiNii[※3]	0	0	1	1	1	3	

(2022年2月時点)

※1　「Family Business Review」は1988年出版のため，「1990年以前」は約3年分，「2020年代」は約2年分となる。

※2　「Google Scholar」でキーワード検索し，上位100件について調査した（年代不明2件）。

※3　「CiNii」でキーワード検索の結果，該当は3本。論文1本，その他2本。「後継者」を外すと11件であった。

出所：筆者作成

2　中小企業の事業承継研究

2.1　中小企業の事業承継問題

　中小企業の存立条件を研究しようとすると，事業承継問題は避けて通れない。これまで中小企業の事業承継研究において，後継者選定プロセスの意思決定に関する議論や円滑な事業承継を行うため方法論を中心として多くの研究がなされてきた。

　事業承継に関する研究は，何を（承継物），誰に対して（承継者），どうやって（承継方法），承継していくのかが議論される（堀越，2017）。経営理念（小野瀬，2010）や企業文化（堀越，2013）といった見えざる資産の承継も含め，後継経営者を確保しうる企業属性（安田，2005）や後継経営者の属性の変化（谷地向，2009）などの分析視座から研究が進められている。

　中小企業の事業承継に関する先行研究については，後継者の選定と意思決定，事業承継の準備および準備期間，後継者育成，後継者の正統性が中心に展開され，事業存続，事業継続，前経営者の影響力，経営理念の浸透，企業内の慣性（inertia），技術の伝承，相続問題が個別テーマとなっている。先代経営者が何をすべきか，後継者は何をすべきか，あるいは社員や家族，外部の支援機関との関わりといった「人」に着目した研究と，事業承継にあたり承継前に何を準備すべきか，円滑な事業承継をするためにどのような方策があるかといった「プロセス」に着目した研究がある（**図表2-3**）。これらの中で，承継後の事業存続および継続といったテーマに関する知見の蓄積はまだ少ない。

　事業承継プロセスについては，中小企業研究やファミリービジネス研究の中で議論がされてきたが，捉え方はさまざまである。Cadieux（2007）は，ファミリービジネス研究の中で，「開始」「統合」「共同支配」「引退」としている。久保田（2011）は後継者の「入社前」「入社～役員就任前」「役員就任～社長就任前」，落合（2016）は「他社経験」「周辺部門配置」「中心的部門配置」といった段階に区分している。

　神谷（2020）は，事業承継プロセスを段階的区分とし，「承継前」「承継中」

図表2−3 中小企業の事業承継における先行研究

視点，テーマ	人			プロセス		
	先代	後継者	その他※	承継前	承継中	承継後
後継者の選定 意思決定	○	○	−	○	−	−
事業承継の準備と 準備期間	○	○	△	○	−	−
後継者育成	○	○	△	○	○	−
経営者の正統性	−	○	−	−	○	−
事業存続，継続	−	○	−	−	○	−
前経営者の影響力， 理念浸透	△	○	−	−	○	−
企業内の慣性 （組織的視点）	△	○	−	−	○	−
技術の伝承	△	○	−	△	○	−
相続 （株式，事業資産）	○	△	−	○	−	−
第二創業	−	○	−	−	−	○

※経営者の右腕，古参社員，若手社員，家族，取引先，金融機関，支援機関ほか
出所：筆者作成

「承継後」の３段階に区分した。「承継前」は入社前の他社経験を含め，実質的な代表就任までの期間であり，先代を中心に経営を行っている時期である。「承継中」は，先代と後継者が共に経営に携わる２ボス状態の期間であり，後継者は経営の中心的部門の業務を任される。「承継後」は，先代が実質的に経営から退出し，後継者が中心的な経営者となった時期である。その上で，「承継後」の段階は，これまで事業承継研究の中ではあまり議論されていなかったが，事業継続を図るためには，「承継後」は後継者が自らの経営を確立する最も重要な時期としている。

2.2　事業承継の類型

　事業承継の形態は，親族内承継と親族外承継に分類される。親族外承継はさらに，役員や従業員など社内関係者への承継と，事業を譲渡・売却する第三者

図表 2 - 4　事業承継の形態ごとの特徴

親族内承継	現経営者の子をはじめとした親族に承継させる方法。 • 内外の関係者から心情的に受け入れられやすい。 • 後継者の早期決定により長期の準備期間の確保が可能。 • 相続等により財産や株式を後継者に移転できるため所有と経営の一体的な承継が期待できる。
親族外承継 （役員・従業員 への承継）	「親族以外」の役員・従業員に承継する方法。 • 経営者としての能力のある人材を見極めて承継することができる。 • 社内で長期間働いてきた従業員であれば経営方針等の一貫性を保ちやすい。
親族外承継 （M&A：第三者 に事業を譲渡・ 売却・統合）	株式譲渡や事業譲渡等により承継を行う方法。 • 親族や社内に適任者がいない場合でも，広く候補者を外部に求めることができる。 • 現経営者は会社売却の利益を得ることができる。

出所：中小企業庁（2019a）をもとに筆者作成

　へのM&Aの形態に分けられる。中小企業の事業承継は46％が親族内承継である（中小企業庁，2016）。

　中小企業庁（2016）によると，中小企業の事業承継の類型として，親族内承継，役員・従業員への承継，第三者に事業を譲渡・売却・統合（M&A）の3つが挙げられており，それぞれの特徴は**図表 2 - 4**の通りである。

　事業承継の現状を見ると，親族内承継が過半を占めており，その大半は子供（男性）への承継となっている。子供（女性）への承継はわずか2.3％であり，この傾向からすると，妻や姉妹，親類の女性への承継を含めても，女性への承継はごく少数と推察される。役員・従業員への承継，社外への承継も3割を超え，事業承継における後継者の選択肢は広がってきている。

　引退した経営者（先代）と，事業を引き継いだ経営者（後継者）との関係を見ると，親族内承継が55.4％と過半を占めており，その大半は子供（男性）への承継（42.8％）である。親族外の承継は，役員・従業員への承継が19.1％，社外への承継16.5％と，合わせて3割を超え，事業承継の有力な選択肢になっている（中小企業庁，2019a）。

　実際に女性への事業承継を行った企業には，父（母）から子女への承継だけでなく，夫から妻への承継もある。例えば，父から子への承継を決めていたが，父の急逝や病気などを理由に事業承継の時期が早まった場合に，経営をリレー

する形で一旦妻が引き継ぐといったケースもある。女性への事業承継は突然あるいはやむを得ず発生することも多く，十分な準備ができない中で事業承継を行った女性後継者が一定程度存在している[1]（エヌエヌ生命，2020）。

足立・佐々木（2018）によると，近年中小企業では，社内の役員・従業員への承継といった親族外承継を選択する割合が高くなっており，今後，少子化を背景に，親族外承継の必要性はより高まるとされている。

中井（2010）は，小規模企業の事業承継について，事業承継の対象となるのはどのような企業か，たとえ後継者候補がいたとしても事業承継をせずに廃業を選択するのはどのような企業か，親族内承継と親族外承継を分ける決定要因は何かについて，中小企業基盤整備機構（2003）[2]の個票データを用いて分析した。小規模企業における事業承継の意思決定要因を，回帰分析により明らかにしようと試みた結果，事業承継か廃業かの意思決定は，資産価値よりも収益価値が良好な状態の企業の方が事業承継される確率が高いとしている。負債があり，超過収益力をもたらす相対的な強みがなく，従業員規模が小さく，経営者の在任期間が長い企業において，親族内承継となる確率が高い結果となっている。

企業価値という点では，事業の譲渡先を親族にする場合は低く評価し，譲渡

図表2-5　経営者引退後の事業モデル分け

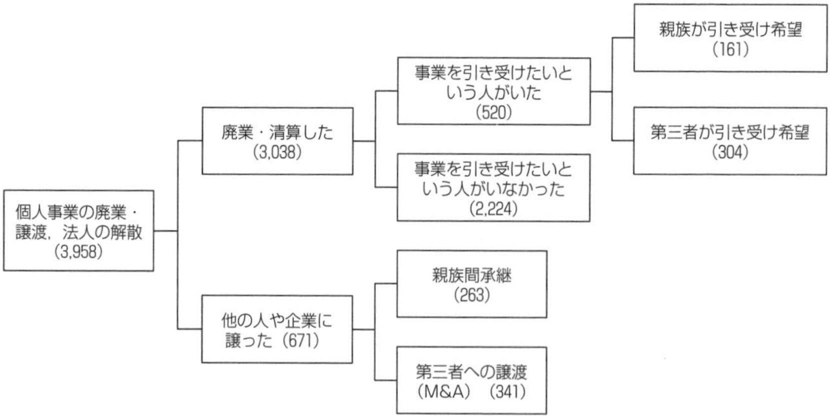

※カッコ内は経営者数
出所：中井（2010）をもとに筆者作成

先を第三者にする場合には高く評価しようとするはずであるが，そこに有意性は見られなかった。つまり企業価値の評価を低くするか高めに設定するのかは，資産価値や収益価値を企業価値の根源とする考え方とは無関係なところで判断されることになる。

　安田（2006）は，経営者引退時に，廃業・清算を選択するか，もしくは他者への事業承継により存続するかの決定要因は，企業の資産規模ではなく収益性であるとしており，中井（2010）とも整合する。

　村上（2017）によると，中小企業の事業承継において，廃業予定企業の多くは従業者が少なく，金融機関からの借入がないとしている。日本政策金融公庫総合研究所（2009）を用いた分析により，自分の代で廃業を予定している企業は半数にのぼること，業績が劣る企業の割合が相対的に高く，事業の将来性の見通しも暗いため，容易に廃業を決断できる状況にあるとしている。

　経営者が引退を決断した時点の事業資金の借入状況を見ると，廃業した企業は73.3％，事業承継企業は44.5％が無借金であるが，これは中小企業全体の割合よりも高い数値である（中小企業庁，2019a）。このことから，借入金を完済してから事業承継した企業が多いと推察できるが，借入金を完済できないために，廃業を選択できなかったとも考えられ，事業承継時の借入金の多寡は，経営者の意思決定に何等かの影響を与えていると考えられる。

2.3　大企業と中小企業の事業承継上の相違点

　2016年の日本国内の企業数を企業規模別に見ると，大企業は1.1万者，中規模企業は53万者，小規模企業は305万者となる。15年前と比較すると，すべての企業規模で企業数は減少し，特に小規模企業の減少数が実数，割合ともに目立つ（**図表 2 - 6**）。

　同様にして従業員数の変化を見ると，2012年に4,614万人であった従業員数は，2016年には4,679万人となっており，企業全体では65万人増加している。企業規模別従業者数の変化を見ると，大企業は62万人（4％）の増加，中規模企業は152万人（8％）の増加となっているが，小規模企業は148万人（12％）の減少となっている。このことから，大企業や中規模企業に従業者が集まり，

図表 2 - 6　企業規模別企業数

	1999年	2016年	増減	増減率
大企業	1.4	1.1	−0.3	−21%
中規模企業	60.8	53.0	−7.8	−13%
小規模企業	422.9	304.8	−118.1	−28%
企業数合計	485	359	−126.0	−26%

出所：中小企業庁（2020）をもとに筆者作成

小規模企業の人手不足が加速していることがわかる。

　日本の人口推移は，2008年をピークに2011年以降は減少が続き，64歳以下の生産年齢人口は減少する見込みであるが，75歳以上の高齢者人口の割合は増加し続ける見込みである。従業者規模別の雇用者数は，500人以上の事業所は，右肩上がりで年々雇用者数を増加させているが，29人以下の事業所は右肩下がりで推移しており，従業者規模の小さい事業所ほど新たな雇用の確保が難しく，人手不足はますます深刻化することが懸念される。

　大企業と比較して中小企業は量的要因，質的要因ともに優位とは言えない。中小企業庁（2022）によると，大企業の売上高[3]は136兆円，中小企業の売上高は123兆円であるが，経常利益を比較すると，大企業12兆円に対し，中小企業は5.5兆円と格差が広がる。設備投資額は，大企業5.7兆円に対し，中小企業は2.8兆円，ソフトウェア投資額になると，大企業0.8兆円に対し，中小企業は0.2兆円と，中小企業には投資を行う十分な余裕はないことがわかる。

　質的要因としては，清成ら（1996）によると，中小企業には大企業と違った経営特性があり，オーナー経営者が独断で意思決定する「非組織的な意思決定」，大企業の下請け的な存在であるため市場シェアが低く常に競争にさらされる「激しい市場競争環境」，経営資源が質・量ともに大企業より乏しい「限定された経営資源」が挙げられている。このような大企業と中小企業の構造的な違いを踏まえると，おのずと経営のやり方も変わると考えられる。

　設備年齢[4]の推移を見ると，中小企業の設備の老朽化が目立つ。大企業と中小企業で設備年齢が同水準だった1990年度の設備年齢の指数を100として，2017年の設備年齢の比較をすると，大企業の設備の老朽化の度合いが1990年度

の約1.5倍であるのに対し，中小企業は約 2 倍老朽化が進んでいる。設備を刷新する資金不足から更改が進まないというだけでなく，事業承継せず廃業を考えているため，更改をしないことも一因と考えられる。

神谷（2020）は，もともと資源的な制約が前提となっている中小企業は，資源的な余裕は乏しく，イノベーションに必要とされる余剰資源を十分に確保することは難しいとしている。中小企業と比較して潤沢な経営資源を持つ大企業であれば，経営状況が悪化したときにさまざまな改善策が考えられるが，中小企業はそもそも経営資源が限定的で少ないため，配分することすらできない可能性もある。

2.4　後継者選定と正統性の確保

堀越（2017）によると，中小企業の事業承継の円滑化を阻害[5]する最大の要因は，後継者を確保することが困難なことである。事業承継プロセスは，制約性（constraint）と自律性（autonomy）の，一見するとパラドキシカルな側面が，世代間で交錯しながら相互作用する営みであり（落合，2014），所有と経営が一体である企業が大半である中小企業の事業承継は，大企業が行う経営者の交代とは違った難しさが伺える。大企業であれば単なる経営者の交代であっても，中小企業の場合は人材の母集団の限定性ゆえに，本命の後継者が実質的に単数である（堀越，2017）。

中小企業の現経営者は，後継者候補に40.5％が「子供」を，31.4％が「非同族」を考えているが（帝国データバンク，2019），少子高齢化が進み，後継者不足に悩む中小企業にとって，事業承継問題は年々深刻になっている。

帝国データバンク（2020）によると，約26万6,000社（全国・全業種）のうち，全体の約65.1％（約17万社）が後継者不在である。後継者候補としては，40.4％が「子供」，33.2％が「非同族」となっており，「子供」は前年比0.3％上昇，「非同族」は横ばいである。

井上（2008）は，親族内承継における子への承継において，承継未定企業と承継決定企業の大きな違いは，従業者規模や業績などではなく，子息の多寡にあるとした。単に男の子供が少ないというだけで廃業することになれば，今後

大きな社会的損失につながる。

　中小企業の後継者選定の意思決定において，親族内しかも血縁関係のある子に引き継がせたいという経営者は多く，後継者を決定する上で重視した資質・能力について，親族内承継では「血縁関係」が43％と高い水準にある（中小企業庁，2019a）。

　足立・佐々木（2018）によると，近年中小企業では，社内の役員・従業員への承継といった親族外承継を選択する割合が多くなっており，今後少子化を背景に，親族外承継の必要性はより高まると考えられている。確かに，親族内に後継者がいない場合，親族外に承継できなければ廃業となるため，親族外承継を選択できるような環境を作ることは重要である。

　神谷（2020）は正統性の付与について，中小企業では後継経営者の指名は先代の専決権限とされ，子女である後継経営者の正統性は，先代にとって問題にならない場合が多いと指摘している。

　後継者を決定し，事業を引き継ぐ上で苦労した点については，役員・従業員への承継では，「後継者の了承を得ること」，社外への承継では，「取引先との関係維持」「後継者を探すこと」に苦労したとする回答が多い（中小企業庁，2019a）。「取引先との関係維持」や「後継者に経営状況を詳細に伝えること」など，承継前に後継者に引き継ぐための取り組みや教育が必要な事項も比較的高い割合になっている。

　後継者に求める資質・能力は，親族内承継では「血縁関係」が43％と高いものの，「自社の事業に関する専門知識」が55.4％，「自社の事業に関する実務経験」が57.9％と高く，知識や経験がより重視されている。親族内承継は，同業他社で経験を積む，あるいは資格取得といった社外教育の割合が高い。親族外承継では，社内教育の実施割合が高く（中小企業庁，2019a），次期経営者として必要な実務能力や心構えを習得するための後継者教育が重要とされている（中小企業庁，2017a）。

　高田（2021）によると，ファミリービジネスにおける一族の男性は生まれながらにして，また息子がおらず娘婿として迎え入れられた男性は自明の事実として，将来の当主候補としての強力な正統性を持つ。彼らが努力し家業に邁進し，周囲から信頼を得た結果，ビジネスと一族の長となる正統性をより確固た

るものとするとされている。

2.5　事業承継の準備と準備期間

　後継者決定後，実際に経営を引き継ぐまでの期間は，親族内承継の場合，長い期間をかけて引き継ぐ傾向にある。親族内承継では引継ぎに 1 年以上かける企業が半数以上おり，次いで役員・従業員へ承継する場合は，5 割近くが 1 年以上引継ぎに時間をかけている（中小企業庁，2019a）。

　事業承継の際に，後継者を決定してから実際に引き継ぐまでの期間を見ると，3 年以上かけて承継する割合は，親族内承継は23.7％であり，役員・従業員承継は12.7％，社外への承継は 5 ％である。さらに，親族内承継は，5 年以上かける割合が12.8％と，役員・従業員承継，社外への承継に比べて，長い期間をかけて引き継ぐ傾向にある（**図表 2 - 7**）。

　近藤（2013）は，親子間の親族内事業承継では，「後継者には事業運営の経験を積ませ，適切な時期に権限移譲をする」「従業員や取引先からの支持・理解を得られるような配慮が必要」と円滑な事業承継を行うための準備の重要性を挙げている。さらに「先代とのコミュニケーションが欠かせない」「人とのつながり（ネットワーク）を大切にする」「従業員の教育，従業員の幸せの追求をする」「時代に適合した新たな経営戦略を考える」ことが不可欠としている。では，これらを実施するための準備期間はどれくらい必要なのか。実務的見地からも準備期間の存在は重要であり，後継者育成には最低でも 3 年以上かかるとされる（中小企業庁，2014）。

　足立・佐々木（2018）は，親族外承継の際，事業承継前に先代社長がしておくべき準備として，「後継者候補に幅広い業務を経験させ，責任ある仕事を任せる」「セミナーや勉強会への派遣，あるいは社長への同行などを通して，後継者に多様な学びの機会を与える」「後継者に社内プロジェクトの遂行を経験させる」「後継者が社長就任への決断をしやすいように，事業の将来に期待をもてる状況にしておく」の 4 点を挙げている。

　後継者が行うことは，「右腕となる人材を計画的に育成する」「就任後の経営をスムーズに進めていくために，承継に際して，引き受けの条件を先代社長に

図表 2 - 7 事業を引き継ぐまでの期間

	1年未満	1年以上 3年未満	3年以上		
			3年以上 5年未満	5年以上	
親族内承継	48.2	28.2	10.9	12.8	23.7
親族外承継（役員・従業員）	52.9	34.4	7.8	4.9	12.7
親族外承継（社外）	69.5	25.5	3.3	1.7	5.0

出所：中小企業庁（2019a）をもとに筆者作成

対して設定する」「経営理念を再構築する」の３点が挙げられている。

　社外への承継の場合でも，引継ぎに１年以上の時間をかける企業が約３割存在する。事業を引き継ぐ上で，「取引先との関係維持」や「後継者に経営状況を詳細に伝えること」などに苦労している（中小企業庁，2019a）。事業承継を円滑に行うためには，これらについて早い段階で意識的に取り組む必要がある。

　承継するのは事業に限ったことではない。岡田（2007）は，最もスムーズに事業承継が進むであろう親族内承継においても，事業用資産の後継者への集中移転や相続税負担などの問題が存在することを指摘している。後継者に兄弟姉妹がいる場合は，相続の際に，事業用資産を後継者に相続させる代わりに，代償分割する方法などがあるが，あらかじめ協議し合意形成しておいたとしても，財産分与においては想定外の事態が起きることもあり得る。「長男が家を継ぐ」といった家制度の考えが未だ存在する日本において，女性が円滑に事業承継するためには，事前準備が重要と考えられる。事業承継を行う上では，計画的に準備し，後継者が育ち，機が熟した時期に代表権を移すことが望ましく，実務的にも事業承継計画の策定が促されている（中小企業庁，2021）。

　円滑な事業承継ができたとしても，承継後の業績維持・向上が課題となる。中小企業は財務指標を公表している企業が少なく，客観的に業績を分析するための情報も限られるため，中小企業の承継後の業績に着目した研究は数少ないが，安田（2005）は承継後のパフォーマンスの決定要因に関して，子息への承継と第三者への承継で承継後の企業のパフォーマンスに与える要因が異なることを指摘している。これは，子息への承継企業のパフォーマンスがより悪いとしたGonzalez（2006）とは異なる指摘であるとともに，安田（2005）は承継前

の準備期間の存在が承継後の企業のパフォーマンスにプラスの影響を与えるとし，親族内承継では 4 年，親族外承継では 2 年が有意に高いパフォーマンスを示すとしている。ただし承継後の業績には，これまで先代が培ってきた経営基盤あっての業績が含まれるため，承継後のある時点の業績がすべて現経営者の成果とはいい難い面もある。

　経営者引退決断前 3 年間の売上高の傾向は，事業承継を選択した企業では増加または横ばいと回答した経営者の割合が 4 分の 3 を超えるが，廃業した経営者は 7 割以上が，売上高が減少傾向にある中で経営者引退を決断している（中小企業庁，2019a）。事業承継をする際には，承継する者にとって企業業績が良い方が事業を承継するインセンティブになると推察できる。

　中井（2010）は，小規模企業が事業承継か廃業・清算かの意思決定をする際に，企業価値を構成する要因の中で，資産価値よりも収益価値が良好な状態の企業の方が事業承継される確率が高いことを明らかにしている。安田・許（2005）は，中小企業の事業承継後のパフォーマンスに与える影響が，事業承継と創業で異なることを指摘している。事業承継と創業では，経営者の年齢や受けた教育といった企業家の属性が企業のパフォーマンスに影響を与える，同じ事業承継でも親族内承継と親族外承継では，基本的な属性がパフォーマンスに与える影響が異なる，と分析している。

　安田（2005）は，中小企業の経営者は，事業承継するにあたり，どのような企業が子息等に承継され，どのような企業が第三者に承継されるのか，パフォーマンスに着目して分析している。それによると，一言で事業承継といっても，承継される企業の属性によって親族内承継となるのか，親族外承継となるのかが異なること，親族内承継と親族外承継では承継後の企業のパフォーマンスに与える要因が異なることを明らかにしている。そして，安田（2005）は，承継前の準備期間の存在が承継後の企業のパフォーマンスにプラスの影響を与えるとしている。ここでパフォーマンス評価に用いる指標は，「自己資本経常利益率」「売上高経常利益率」「売上高成長率」「従業員数成長率」「利潤成長率」等である。

　承継までの準備期間は，子息等承継では 4 年，第三者承継では 2 年が有意に高いパフォーマンスを示し（安田，2005），事業承継の準備には 5 年〜10 年程

32

度が必要であり（中小企業庁，2016），経営者の子供や娘婿は10年から12年，従業員は8.5年，社外の人の場合でも6.1年（井上，2008）とされている。

3　事業存続と革新性

　中小企業の事業承継は，単なる所有の移転ではなく，見えざる資産を含めた複雑な要素が影響しあうものであり，立場の違いによる多面的な視点や承継プロセスをフェーズに分けた研究が進められているものの，「承継前」から「承継中」への着眼が多く，準備期間の存在が中小企業の事業承継の議論の中心となっている。

　「承継後」は後継者が自らの経営を確立する時期で，事業継続を図るために最も重要な時期であり（神谷，2020），「自分の代で会社を潰してはならない」と多くの後継者は承継後の事業存続に注力する。落合（2014a）は，事業承継を「世代から世代への承継を通じた伝統と革新の二律背反的な事柄の発展的解消」と表現していることからも，後継者は創業者の想いを受け継ぎ，企業の存続に全精力を注ぎつつ，時代とともに変化する経営環境への対応を迫られ，苦悩の中で企業経営を行っていることが伺える。

　企業が永続している要因は「イノベーション力」「求心力」「継承力」である（横澤，2012）。企業は成長のためではなく存続するためにイノベーション活動を行っており，存続を重視するからこそ時代に合わせた新しい取り組みを行って事業を維持している（小野瀬，2014）。文能（2013）は，事業承継後に新製品・サービスを開発すると事業成長につながることを明らかにした。つまり事業存続のためには既存事業に留まらず，新事業，経営革新，イノベーション活動を活性化させることが有効と言える。中小企業庁（2021）は経営者の世代交代を経営革新のチャンスととらえ，承継後に経営革新に取り組む企業に対し補助金等の支援策を設けている。

　では事業承継後の経営革新を阻害する要因はあるのだろうか。神谷（2020）は，一般に経営者や組織の行動には慣性が働くため，永く先代に依存してきた経営や組織を，新参者である後継者のリーダーシップにより革新するのは容易なことではないとしている。また落合（2014a）は，先代の後見が後継者の能

動的行動の芽を摘んでしまうことを指摘している。そもそも「事業承継」と「経営革新」という異なるプロセスを同時に行うことには，さまざまな課題があるはずである（神谷，2020）。

三井（2019）は，親子間での事業承継における先代経営者の関与について言及し，先代が経営に関与することは後継者の自立に悪影響をもたらすとした。前経営者の影響力の強さが，改革にさまざまな困難を生じさせ，承継前の企業内の慣性（inertia）がその後の経営に影響を及ぼす。神谷（2020）は，先代の影響力は強いため，先代が自らの役割を変遷させていかなければ，後継者による経営革新は進展しないことを指摘した上で，先代は，多面的でパラドキシカルな役割を果たす必要があるとし，先代が実質的に経営から退出してしまうと，企業を支えてきた競争優位が承継されずに失われる可能性があることも指摘している。

Dokko & Gaba（2012）は新事業の展開には慣性の変更が重要としている。日本企業が承継後に経営改革がすすみにくいのは，従来の慣性が続き，慣性が残りやすいことにある。慣性がければイノベーションは起きにくい（Sakano & Lewin，1999）。小野瀬（2014）は，前経営者の欠点を現経営者が把握するとイノベーションの可能性が高まるとしている。

日本政策金融公庫総合研究所（2010）は，先代の関与状況別に事業承継後の業績をみて，「まったく関与しない」「経営には関与しないが求めればアドバイスをしてくれた」企業は業績が「改善」している割合が高く，事業承継後の先代の役割は，一歩引いてバックアップするのが望ましい姿であるとした。神谷（2020）は，先代や古参従業員と後継者のコンフリクトは，「承継中」の時期に最も高くなるとした。なせなら，後継者が経営革新を行おうとすると，それまで企業内で共有されてきた実践や考え方が否定され，特に古参従業員のアイデンティティを退行させると捉えられるからである。

4　ファミリービジネス研究との親和性

日本には，創業100年以上の企業が約50,000社以上存在する（横澤，2012；落合，2014b）。これらの企業は「長寿企業」「老舗」とよばれ[6]，長い歴史の

中で数世代にわたり事業承継されているが，その多くがファミリービジネスであるとされる（Yokozawa & Goto, 2004）。

ファミリービジネス研究におけるファミリービジネスとは，「創業家の一族がその企業の所有あるいは経営に携わる企業」（奥村，2015）であり，「ファミリーが同一時期あるいは異なった時点において，役員または株主のうち2名以上を占める企業」と定義されている（後藤，2012）

ファミリービジネスは，スリー・サークル・モデルに代表されるように，「ファミリー」「ビジネス」「オーナーシップ」の3つのサブシステムが重なりあい，相互に影響し合う複雑なシステムと捉えられる。

高田（2021）によると，ファミリービジネスでは事業と家督の両面があるために，伝統的に男性が後継者とされた。息子がいなければ娘婿に承継させるという考えが主流であり，娘に事業を承継させることは珍しかったが，特に日本においては少子化の影響により，このままでは事業も家督も存続が危ういと強い懸念がある。ファミリービジネスにとって，男性のみを後継者とすることは実質的に難しい局面であるにもかかわらず，日本では伝統的に男性優位のビジネス文化が根強いために，女性は男性と同等に働くことを積極的には選択しない傾向があるとされてきた。海外のファミリービジネス研究では，家督や代々譲り受けた一族の資産を守るために，後継者がどのような努力をして，正統性を獲得するのかという時系列の変化を中心として研究が進められた（高田，2021）。

5　小括

井上（2008）によると，親族内承継における子への承継において，承継未定企業と承継決定企業の大きな違いは，男の子供の多寡にあるとされている。単に男の子供が少ないというだけで廃業することになれば，今後，大きな社会的損失になると，後継者が男子に限られた議論が展開されている。事業承継を考えている経営者に男子と女子の子がおり，男子が承継しないときに，親族外承継へと意識が向く前に，女子へ承継する可能性はないのか，女子への承継を選択しない理由は何かについては明らかにされていない。

　中小企業の事業承継の円滑化を阻害する最大の要因は，後継者の確保が困難なことである（堀越，2017）。近藤（2013）は，親子間の承継において，従業員や取引先からの支持・理解，適切な時期の権限移譲，先代とのコミュニケーション，人とのネットワーク，従業員教育，時代に適合した経営戦略が不可欠だとしている。これらを実施するための準備期間はどれくらい必要か，実務的見地からも準備期間の存在は重要であり，後継者育成には最低でも3年以上かかるとされる（中小企業庁，2014）。

　円滑な事業承継ができたとしても，承継後の業績維持・向上が課題となる。中小企業は財務指標を公表している企業が少なく，客観的に業績を分析するための情報も限られるため，承継後の業績に着目した研究は数少ないが，安田（2005）は承継後のパフォーマンスの決定要因に関して，子息への承継と第三者への承継で承継後の企業のパフォーマンスに与える要因が異なることを指摘している。これは子息への承継企業のパフォーマンスがより悪いとしたGonzalez（2006）とは異なる指摘であるとともに，承継前の準備期間の存在が承継後の企業のパフォーマンスにプラスの影響を与え，親族内承継では4年，親族外承継では2年が有意に高いパフォーマンスを示すとしている。

　女性への事業承継では，突然後継者になるケースややむを得ず後継者になるケースも少なくない。以上の対策は，女性への事業承継の場合にも有効かつ不可欠であるのか，女性が事業承継する際には，上記以外にも有効な対策があるのかについては明らかにされていない。

　安田（2005）は，承継前の準備期間の存在が承継後の企業のパフォーマンスにプラスの影響を与えるとしている。ここでいうパフォーマンス評価に用いる指標は，「自己資本経常利益率」「売上高経常利益率」「売上高成長率」「従業員数成長率」「利潤成長率」等であるが，規模の小さな企業の事業承継において，この財務指標が果たして最適なKPIであるだろうか。大企業と比較して，中小企業の財務指標は大きく下回っている。中小企業の事業承継が成功か否かを決定づける要素は何であるのかについては明らかにされていない。

注 ————————

1　エヌエヌ生命は，全国の女性中小企業経営者に対し意識調査を行った。調査対象は従業員300人以下の規模の会社を経営する女性後継者206名（全国），実施時期は2020年8月28日〜9月1日，調査方法はインターネット調査である。その中で44.6％が「事業承継する準備期間はなかった」「突然だった」と回答した。

2　財務省「法人企業統計」による。売上高と経常利益は後方4四半期移動平均。資本金10億円以上を大企業，資本金1,000万円以上1億円未満を中小企業としている。金融業・保険業は含まれない。

3　財務省「法人企業統計」による。売上高と経常利益は後方4四半期移動平均。資本金10億円以上を大企業，資本金1,000万円以上1億円未満を中小企業としている。金融業・保険業は含まれない。

4　設備を新設してからの経過年数。

5　本稿における「阻害」とは，「阻むもの」「じゃまするもの」といった意味を示す。堀越（2017）では「円滑化を阻害する最大の要因」「促進要因にも阻害要因にもなる」，落合（2014b）では「自律性を阻害する」といった文脈がみられる。CiNii収録論文では，「阻害要因」の対立語として，「促進要因」が使われている。

6　横澤（2012）は，創業100年以上の企業を「老舗企業」もしくは「老舗」と定義している。その定義に基づき，落合（2014b）は，創業100年以上にわたり事業承継されてきた企業を「長寿企業」と定義した。

第3章

女性経営者に関する問題の所在

1　女性経営者の就任環境

1.1　女性経営者数の推移

　帝国データバンク（2021）の「全国女性社長分析」によると，女性社長比率は8.1％であり，年々増加傾向にある。帝国データバンクが保有する全国約117万社の事業会社データのうち，8.1％が女性社長であることから，女性が経営者である企業は少なくとも約94,770社は存在することになる。しかし，日本の企業[1]は360万社以上あることから，女性が経営者である企業数は依然として少ない。企業規模別に女性経営者の比率を見ると，女性経営者は企業規模が小さくなるほど高くなる傾向にあり[2]，大企業と比べて中小企業の方が，女性が経営者になりやすい環境が伺える。

　総務省（2018）の「就業構造基本調査」では，会社役員である女性は24.1％，自営業者である女性は25.4％である。しかし従業員規模別に見ると，従業者20人以上300人未満の企業では女性経営者は5.1％にすぎない。企業規模が大きいほど女性経営者が少なくなることから，中小企業の女性経営者は既存研究の枠組みからこぼれ落ちており，実態を知ることが難しかったと言える。

　就任経緯を見ると，起業・創業により経営者となった女性は35.3％であるのに対し，同族承継により経営者となった女性は50.8％と，半数以上が事業承継

によって社長に就任している。男性経営者は起業・創業41.0％，同族承継38.8％と大きな違いはなく，比較すると男性経営者と女性経営者の就任経緯には明らかな違いがあると言える（帝国データバンク，2021）。女性経営者は男性経営者と比較して事業承継によって経営者となる割合が高く，少子化が進む日本の中小企業経営において，今後，女性への事業承継の機会がより高まることが予想される。

中小企業全体の後継者内訳を見ると，男子への承継42.8％に対し，女子への承継は2.3％にとどまり，配偶者2.6％と合わせても女性への承継は5％前後である（中小企業庁，2019a）。女性後継者はなぜ少数に留まるのか。中小企業の女性経営者は，男性経営者と比べると実数，比率ともに少なく，女性が経営者になる上で何等かの障壁がある可能性を否定できない。

女性への事業承継は突然あるいはやむを得ず発生することが多く，十分な準備ができない中で事業を承継した女性後継者が一定程度存在している。エヌエヌ生命（2020）によると，中小企業の女性後継者206名への意識調査の中で，「事業承継する準備期間はなかった」「突然だった」は44.6％を占めた。

女性経営者に関する先行研究のうち，女性の起業に関する研究は比較的多いが，女性への事業承継に関する研究は少なく，まだ十分な蓄積がされていない。本節では，女性後継者研究の先行研究レビューとして，男性経営者と女性経営者の特性の違いを示し，女性起業家研究から得られる知見を整理し，女性後継者研究に活かせる知見を得る。

日本政策金融公庫総合研究所（2014b）が，2012年に中小企業事業取引先に対して行ったアンケート調査[3]によると，女性経営者は創業者が17.4％に対し，

図表3-1　現経営者と創業者の関係

	男性（n＝413）	女性（n＝213）
自身が創業	30.8％	17.4％
2代目以降	69.2％	82.6％
血縁関係あり	54.2％	76.5％
（配偶者から承継）	（0.5％）	（31.4％）
血縁関係なし	15.0％	6.1％

出所：日本政策金融公庫総合研究所（2014）をもとに筆者作成

事業承継により経営者となった女性は82.6％であった（**図表3-1**）。このことから，中小企業の女性経営者の多くは事業承継で代表に就任することがわかる。女性が中小企業の社長に就任することは「家業を継ぐ」こととほぼ同じ意味ではないかと述べられている。

1.2　女性の就労環境

　2008年に2,248万人だった女性雇用者数は，2018年には2,588万人になり，直近10年間で女性雇用者数は340万人増加している。特に非正規の雇用形態において女性の雇用者が増加しており，2008年には1,205万人であったが，2018年には1,451万人と246万人の増加となっている。労働市場の人手不足感を，女性の雇用を増やすことで解消しようとする政府の取り組みも見られ，一定の効果が出ているものと推察できる。

　しかしながら，男女の生産年齢人口[4]の就業率は，OECD35か国中，男性は82.9％でアイスランド及びスイスに次いで3位であるのに対し，女性は67.4％で16位となっており，諸外国と比較すると女性の就業率はまだ低い水準にある（内閣府，2019）。

　日本の女性就業率を年齢段階別に見ると，男性と違い，30〜34歳を谷とするいわゆる「M字カーブ[5]」になる。1998年以降徐々に「M字カーブ」が緩やかになってきているが，2018年時点の25〜29歳の就労率80.9％と比較すると，30〜34歳では就労率が8％程度減少している。結婚および出産，子育て期にあたる30代前後の女性が一定程度仕事から離れる現象が見てとれる。

　日本の女性就労の特徴として，非正規労働者が多い傾向にある。2018年の正規職員・従業員は1,137万人に対し，非正規職員・従業員は1,451万人であり，56％は非正規労働者である。これを賃金と重ね合わせると，男女間の格差がより明確になる。日本の一般労働者[6]の男性の給与水準を100とすると，女性の給与水準は2018年時点では73.3である。男女間の賃金格差は長期的に見ると縮小傾向ではあるが，女性の労働者の半数以上は非正規労働者であることを鑑みると，男女間の賃金格差はさらに広がることが推察できる。正規雇用者と非正規雇用者の年収[7]を比較すると，正規雇用者527万円に対し，非正規雇用者296

図表3-2　正規雇用者と非正規雇用者の年齢別年収比較

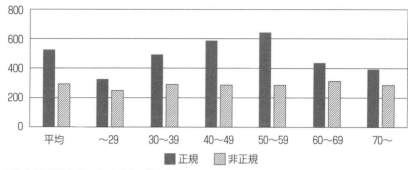

出所：厚生労働省（2019）をもとに筆者作成

万円と約半分になる（**図表3-2**）。

　未就労の女性で求職をしていない者（非労働力人口[8]）のうち，仕事に就きたいが仕事を探していない理由として，44歳までは「出産・育児のため」が大半を占める。45歳以上になると，「適当な仕事がありそうにない」割合が増え，「勤務時間・賃金などが希望にあう仕事がありそうにない」と回答する割合が高い。

　さまざまな制約がある女性が働く環境は十分ではないと女性は感じているが，企業側は制約がある女性でも働ける場を提供できる可能性があり，特に従業員が少なく柔軟性が高い中小企業は，その受け皿となる可能性が充分にある。経営者となれば，こうした時間的制約や賃金の多寡に左右されず，自分の裁量でやりがいのある仕事をする環境を整えることができる。

　日本の労働環境および社会環境において，男女分業意識が根強く残っている可能性もある。内閣府（2016）「男女共同参画社会に関する世論調査」[9]で，根底にある男女の意識の差を見ると，家庭生活における男女の地位の平等感は，「男性の方が優遇されている」が43.4％，「平等」は47.4％であるのに対し，職場における男女の地位の平等感は，「男性の方が優遇されている」が56.6％，「平等」は29.7％となっている。年代別にみても，この傾向はあまり変わらない。

　こういった男女の壁の多くは働き方が限定される被雇用者である場合に多く見られ，働き方を自分で決めることができる経営者であれば，別の苦労はあるものの，いわゆる男女差は解消できる可能性がある。

2　男性経営者と女性経営者の特性の違い

2.1　国内の男女経営者の比較

　国内では，日本政策金融公庫総合研究所（2013）が，男女経営者へのアンケート調査および女性起業家と女性後継者へのインタビュー[10]を行い，女性経営者の実態をまとめている。前提として，女性は，男性に比べて介護・育児・家事の担い手としての役割分担を担ってきた歴史的経緯があり，それが今でも崩せない固定概念になっているため，女性には企業経営に全精力を注ぎこめない障害があるとしている。その上で女性経営者は男性経営者に比べ，リスクを回避する，調和を重視する傾向にあることを明らかにしており，ジェンダーギャップについても調査をしている。

　上記アンケート調査の結果，「女性経営者は男性経営者より仕事にあてる時間が少ないが，家事育児介護や公職・業界活動ほか，すべての時間を合計した週の時間は女性の方が多い」「女性経営者は重要な経営方針の決定について，役員や従業員さらには外部の専門家など，相談を重ねた上で決定する」「知識ノウハウ専門能力不足，業界内のつきあいに苦労する女性が多い」「事業拡大意欲は男性経営者の方が女性よりも強い」ことが明らかになっている。

　アンケート調査の結果（**図表 3 - 3**）と女性経営者へのインタビュー調査の結果を踏まえて，ジェンダーギャップの所在を確認すると，アンケートで男女差が大きい「ノウハウ・専門知識・経営知識の習得」については，インタビューでは大きな差が見られなかった。

　「金融機関の理解を得る」についてはアンケート，インタビューともに大きな男女差は見られなかったが，金融機関との面談の中で「ご主人が社長にならないのですか」「実権者はどなたですか」という質問を受けたと複数の女性起業家から回答があったとのことである。その後，実際に融資を断られたり資金調達に支障をきたしたりしたことはなく，「女性ゆえの不利益を被ったことはなかった」とあり，愚直なまでの金融機関に向き合う姿勢や情報公開を怠らないといった対応が，却って金融機関からの信用を得ているとされていた。

「家事・育児・介護との両立」については，多くの女性経営者からのコメントがあり，家族構成や家族の状況に応じて外部機関の助力を得て乗り切っている様子が伺え，特に子供のいる女性経営者特有の状況とされている。「業務拡大意欲」は，男性経営者が女性経営者を上回るが，男女ともに従業員規模が大きくなるほど業務拡大意欲が高まる傾向にあった。「調和重視」については，社内外に協力体制を敷き，相談しながら決定を行うという点で，女性経営者の方が調和重視傾向であるが，これは準備期間なく社内経験なく経営者になった女性が少なからずいるため，独断専行は難しい背景があるとされている。

女性が家事育児介護などの時間の制約下にあり，調和重視の姿勢こそ目立つものの，企業経営におけるさまざまな困難を克服する手立ては，ノウハウ・知識不足を補うにしても，従業員や取締役の理解を得ることにしても，その手法や姿勢に大きな差は見られないとされている。

服部ら（1984）が行った調査によると，女性経営者・管理者は，男性経営者・管理者にはない"なにか"があるとの推論に基づきアンケート調査が実施されたものの，どちらかと言えば男性との共通点が見出されることが多く，女性特有の"なにか"は見出されたとはいい難いと結論付けられている。

男性経営者との比較でもって女性経営者の特性を捉えようとすると，潜在的な意識や能力に男女差があるといい切れるものではなく，育った環境や家族構成，立場の違いが行動変容をもたらしているのではないかと推測する。女性が家庭を持ち，子育てをしながら働くことについては，少なからず男性とは違っ

図表3-3 女性経営者と男性経営者のアンケート結果抜粋

	男性経営者	女性経営者
最も苦労したこと		
ノウハウ・専門知識・経営知識の習得	21.4	31.8
取締役・従業員の理解を得る	21.7	20.2
金融機関の理解を得る	15.0	11.6
家事・育児・介護との両立	2.7	10.6
週の活動時間が60時間以上	37.8	53.5
経営に対する考え方		
業務拡大意欲あり	54.5	35.4
相談せず，単独で決定	13.1	5.4

出所：日本政策金融公庫総合研究所（2013）をもとに筆者作成

た時間的あるいは精神的な負担があるとすると，女性経営者が男性経営者とは
違った悩みを持ち，それを克服または回避しながら，企業経営に取り組んでい
るものと考えられる。

2.2　女性経営者の特性

　遠藤（2006）は，日常において男性よりも社会活動に参加している女性経営
者は社会的責任に対して積極的とし，高橋・本庄（2017）は，女性の独自の視
点やアイデアの多様性を「女性視点[11]」として事業に活用することの有効性，
および組織マネジメントにおける人材育成の観点での「女性視点」は女性経営
者の強みであることを示した。女性視点を活かして開発された製品もあり[12]，
消費者ニーズをとらえた製品開発は，事業にとって企業業績を直接左右する非
常に重要な優位性となる可能性がある。女性の優位性，男性の優位性という議
論があるということは，何らかのジェンダーギャップがあることを示している。
　日本政策金融公庫総合研究所（2014b）では，経営者の時間の使い方につい
て男性経営者と女性経営者を比較している。「労働に費やす時間が50時間未
満」なのは，男性経営者が51.2％，女性経営者62.5％と，労働に費やす時間は
男性経営者のほうが長いが，家事・育児に費やす時間は，男性経営者では「0
時間」が57.7％，女性経営者では「21時間以上」が35.1％となる。女性経営者
は仕事だけでなく家事・育児にも多くの時間を費やしており，労働や家事・育
児，介護，地域活動等に60時間以上を費やしている女性経営者は53.5％であっ
た。経営者だけでなく，家庭，地域活動ほか何役もこなす女性経営者の実態が
伺える。
　では，意思決定のプロセスにおいて，男性経営者と女性経営者で違いはある
のだろうか。重要な経営方針の決定については，男女ともに「役員と協議した
うえで，経営者本人が決定」が最も高く，女性経営者55.1％，男性経営者
60.6％であった。女性経営者は「役員のほか従業員とも協議したうえで決定」
「税理士など社外の専門家と相談して決定」という回答割合が高く，「相談せず
単独で決定する」のは，男性経営者13.1％に対し，女性経営者は5.4％であった。
女性経営者は周囲の意見を幅広く聞いて意思決定している様子が伺えた。

　アンケート結果より，男性経営者のプロフィールは，時間の大半を仕事に注ぎ込み，経営者になる準備をして，計画どおりに企業経営を行う姿が浮かび上がる。女性経営者のプロフィールは，正社員で働いた経験が少なく，あるいは専業主婦であった女性が，準備時間が少ないままに経営者になり，家事育児にも時間がとられる中，周囲の協力のもとで経営者の役割を果たそうとする姿がみて取れる。男性経営者と女性経営者の間で，経営者になるまでのバックボーンと経営者になってからの立場の違いは大きく，後継者育成の過程では，家族のサポートや励ましに加え，企業経営経験や長期にわたるトレーニングが必要とされる。

3　女性後継者研究への知見

3.1　国内の女性後継者研究の視点

　女性後継者は女性経営者研究の一部分として扱われることが殆どで，女性後継者そのものに関心が持たれてこなかった（高田，2019）。女性後継者に着目した研究は国内では数少ないが，女性経営者の特性を捉える調査研究や女性起業家に関する研究は進んでいる（**図表3-4**）。

　女性経営者が増加[13]する中で，女性後継者の強みを明らかにしようとする研究がある。小野瀬（2013）は，やむを得ない事情からの承継に由来する，客観性による改革とバランス感覚による従業員教育の二点において，女性後継者は経営上の強みを持つとしている。つまり，社外の者や経営とは別の世界にいた者が後継者になると，社内の者とは別の見方ができる，もしくは会社の状況を客観的に評価することができるという点で優位性があるということである。会社経営と並行して家庭や子育て・介護などを担うことの多い女性特有の役割意識で培った人を育てるノウハウが，従業員に対する効果的な教育を可能にする点においても優位性が発揮される。

　女性後継者は男性後継者との比較において，準備期間が短いとされている（Vera & Dean, 2005）。日本政策金融公庫総合研究所（2013）によると，「社長になる準備をしていた」と答えたのは，男性は6割強なのに対し，女性は3

図表 3 - 4　国内の女性経営者研究の視点

視点，テーマ	起業家	後継者	女性経営者
障壁，困難性	○	―	―
ジェンダーギャップ	―	―	○
社会貢献，CSR	―	―	○
女性視点 （組織的視点，マーケティング的視点）	○	―	○
マインドセット	○	△	
強み，優位性	―	○	
人材育成	―	―	○
事業リスク，事業拡大	―	―	○
社会性と事業性	○	―	
支援（公的，民間）	○	―	

出所：筆者作成

　割弱である。幼少より家督や事業を継ぐことを想定され，意識して後継者として育成されてきた男性後継者に対し，女性後継者は他に継ぐ者がおらず，あるいは継ぐ予定の者がいなくなったことから，急遽後継者となった経緯が伺える。

　高田（2021）は，Salganicoff（1990）の定義[14]に沿い，息子や娘がファミリービジネスに入社し，父親と共に働き経営権を父親から公式に委譲されるまでの期間を後継プロセス[15]とし，女性の後継プロセスに着目して女性後継者を類型化した（**図表 3 - 5**）。27名の女性後継者を調査したところ，最も多かったのが成り行き型10名，その他中期立候補型 7 名，約束型 4 名，初期立候補型 3 名，簒奪型 3 名に分類された。この結果より，日本の女性後継者は，途中で心境の変化がおきて後継者となろうとする者が多いと結論づけられている。

　ファミリービジネス研究では，1980年代後半から，Barnes（1988）やDumas（1989）らによる研究の中で女性後継者が着目され，続いてファミリービジネスにおける娘の役割についての研究（Stavrou, 1999）や，彼女達のモチベーション，リーダーシップなどを中心に研究が進められてきた（Danes & Olson, 2003）。ファミリービジネス研究の中でも，後継者としての娘の役割について関心が持たれるようになったのは最近のことである（Vera & Dean, 2005）。

図表3-5　女性の後継プロセス

カテゴリー1：約束型	入社時に親から将来の後継の約束があり，本人もそのつもりで入社しキャリアを積み，然るべき時に社長となった。
カテゴリー2：初期立候補型	入社時から会社を継ぎたいと思っていて，立候補を表明しており，その後親に後継者として認められた。
カテゴリー3：中期立候補型	最初は単にファミリーメンバーとして家業を手伝うだけつもりだったのが，次第に面白くなり，会社を継ぎたいと思い始め，親に主張したところ親が後継者として指名した。
カテゴリー4：成り行き型	家業を継続し発展することに力を注ぎ，将来の後継も考えていたが，後継の意志そのものは言葉にはださないでいた。すると時間の経過と共に親が「お前の代になったら」を言葉に出し始め，自然にその方向に物事が進み，ある日後継が正式に決まった。
カテゴリー5：簒奪型	入社時は家業を継ぐつもりは稀薄だったが，親の度重なる不採算事業への投資，に危機感を覚え，親を追い出す形で後継をした。

出所：高田（2021）をもとに筆者作成

3.2　女性起業家研究からの知見

　起業活動に関する国際的な調査「グローバル・アントレプレナーシップ・モニター（GEM）」によれば，日本女性の総合起業活動指数（TEA）は世界でも低い水準である。2020年のGEM調査データを見ると，日本女性は4.03で，韓国の10.73より低く，英国10.92，米国15.22，カナダ15.78といった他の先進国と比較して大きく下回っている。日本男性のTEAは8.45であり，男性のTEAに対する女性のTEAの比率は0.48と，イノベーション主導型経済の31か国中3番目の低さである[16]。

　藤井・金岡（2014）は，出生数の低さと開業率の低さを「二つの少子化」と称し，日本政策金融公庫総合研究所（2014a）の「2013年度新規開業実態調査（特別調査）」のデータを用いて，女性起業家の実態を調査した。男性起業家と女性起業家の間で，家族構成，家事・育児の分担，最終学歴，開業直前の職業，業種に違いが見られ（**図表3-6**），男性起業家と比較して女性起業家は，家事や育児負担が重く，勤務キャリアが乏しい傾向にあるとした。ただしマイナス面だけではなく，女性が起業する際は，業種の特性から，女性をメインター

ゲットとする業種が多いことを示し，ネイルサロンや料理教室などの「もともと女性の市場」や「山ガール」「女子会プラン」などに象徴される「本来男性の市場あるいは性別の区別がない市場」，家事代行サービスや保育サービスなど「女性の社会進出にともなう新市場」の3つに分類した。

　開業までの期間は，女性起業家のほうが短い傾向にあった。漠然と開業を考え始めてから具体的な準備を始めるまでの期間は，男性30.4カ月，女性23.5カ月，準備を始めてから事業を開始するまでの期間は，男性8.3カ月，女性7.9カ月であった。この準備期間の短さが，開業直後の業績に影響を及ぼす可能性を示しており，開業後に黒字基調となるのは，開業当初は女性が男性を下回り，開業後4年で女性が男性を逆転するとしていた。

　経営者になるための準備をしていた男性経営者は62.2％に対し，女性経営者は31.1％であり，このことからも女性経営者は男性経営者との比較において，予期せず経営者になるケースが多い実態があると言える。

　いわゆる「右腕」に相当する人材が「いる」のは，女性経営者が78.6％，男性経営者が68.6％で，女性経営者の方が多い。女性経営者は，「前経営者時代からの右腕」（親族＋親族以外）が34.6％，男性経営者は22.7％であり，承継前の「右腕」をそのまま任用しているのは女性経営者のほうが高い。「現経営者の親族から登用」についても，女性経営者44.4％，男性経営者34.2％と，親族から登用している割合も女性経営者のほうが高い。男性経営者は，社内の親族以外の人材登用が最も多く，対照的に女性経営者は前経営者からの人材や自身に近い人材を登用する傾向にある（**図表3-7**）。

　以上の結果から，藤井・金岡（2014）は，「眠れる才能の発掘手段」「女性の視点による新たな商品・サービスの創出」「キャリアアップの場」「次なる女性起業家の苗床」の4つの意義が女性の起業にあることを示した。これらは女性後継者にも同じことが言える可能性がある。

　鹿住（2019）は，女性の活躍促進の一環として支援される女性起業について多くの誤解があるとしている。女性の起業は，趣味の延長，暇つぶしとまでいわれることもあるが，女性が育児や介護，家庭責任を負いつつ，自己実現や社会とのつながりを保つために，自宅での起業は大きな可能性を持つことを論じている。そしてセミナーアンケートからテキストマイニングを行い，起業予備

48

図表3-6 女性起業家と男性起業家の違い（抜粋）

	男性起業家	女性起業家
家族構成[1]		
配偶者あり	79.2	52.5
小学生以下の子どもあり	35.0	23.1
中学生から大学院生までの子どもあり	21.9	22.9
要介護者あり	3.7	6.8
家事・育児の分担		
自身がすべて行う	7.0	34.0
自身がほとんど行う	3.4	26.1
家族と折半して行う	21.5	27.4
家族がほとんど行う	48.9	7.9
家族がすべて行う	16.0	2.4
最終学歴		
中学	4.3	2.5
高校	32.4	29.8
専修・各種学校	18.3	27.3
短大	1.7	16.5
大学	38.2	21.3
大学院	3.7	2.5
開業直前の職業		
会社や団体の常勤役員	14.2	6.8
正社員・職員（管理職）	46.0	26.8
正社員・職員（管理職以外）	27.8	25.8
非正社員	5.0	21.3
専業主婦・主夫	0.2	7.8
業種		
建設業	1.5	11.9
製造業	2.5	5.1
情報通信業	1.2	4.1
運輸業	1.2	3.4
卸売業	6.0	7.5
小売業	12.0	11.6
飲食店，宿泊業	15.0	11.1
医療，福祉	19.2	13.0
教育，学習支援業	3.7	2.7
個人向けサービス業	25.2	10.9
事業所向けサービス業	9.2	11.6
不動産業	2.5	5.1

[1] 開業者と生計を同一にする家族。
(注) 各項目の「その他」は省略した。
出所：藤井・金岡（2014）をもとに筆者作成

図表3-7 　右腕人材の登用

	男性（n=269）	女性（n=153）
右腕人材が「いる」	68.6%	78.6%
前経営者時代からの右腕	22.7%	34.6%
現経営者の親族	9.7%	15.0%
現経営者の親族以外	13.0%	19.6%
現経営者本人が社内から登用	51.6%	43.8%
現経営者の親族	24.5%	29.4%
現経営者の親族以外	27.1%	14.4%
現経営者本人が外部から招聘	18.6%	14.4%
前経営者	1.5%	3.9%
その他	5.6%	3.3%

出所：日本政策金融公庫（2014a）をもとに筆者作成

軍の関心事をまとめた結果，女性起業に必要な支援策として，「キャリアカウンセリングの要素を取り入れた支援」「心理的サポート」「女性起業家同士の交流の場作り」「女性を意識した広報と運営」が必要としている。

　滝本（2011）は，商品・サービス，ビジネスモデル，顧客のいずれかの新規性や革新性が女性起業の成功要因となることを指摘している。しかしながら，能動的に経営者になった女性起業家でさえも，経営ノウハウ，資金調達，人材確保，顧客・取引先の開拓の面で不安を感じており，これらを支援する体制が必要とされる（田中，2008）。近年女性起業家の支援体制は整備が進み，一定の効果は出ているものと考えられるが，事業承継については女性後継者に特化した公的な支援策は現状整備されていない。

　鹿住（2019）は，起業を意識する女性は，経営や起業に関する知識や経験の不足から「不安」と「自信のなさ」を感じており，自分の起業アイデアをうまく人に伝えることができない点が，「こんなアイデアは受け入れられないのではないか」という「不安」につながっていると指摘する。女性起業家等支援ネットワーク構築事業の公的機関等でのアドバイスは，女性起業家に配慮したアドバイスの仕方を推奨しており，そのアドバイスを受けた女性起業家は，「起業に感じていたハードルを下げてくれた」「自分の考えを否定せず，受け入れてくれた」「起業のアイデアを肯定してくれた」と勇気づけられている。社会経験が少ない女性起業家にアドバイスをするときは，未熟な起業アイデアや

事業計画に対しても，頭ごなしに否定や批判をするのではなく，まずは想いを受け止め，肯定した上で，起業の実現に向けて具体的に何をすべきかをアドバイスすることが，女性起業家には有効であると示されている。

日本国内において，中小企業の女性経営者の資質・能力に関する先行研究は非常に少ない中，小松（2018）は中小企業の女性経営者の実態を探るため，女性起業家と女性後継者には，特性，事業に対する意識，行動に差が見られるとの仮説に基づき，アンケート調査を実施している。日本の中小企業の女性経営者447名に対しアンケートを依頼し，155名から有効回答を得た（回答率34.7％）。小松（2018）によると，中小企業の女性経営者の特性として，ゼロから組織化や顧客開拓を行う「起業」と，すでに組織化がされている企業を「承継する」という立場の違いが，女性経営者の必要とする特性，意識，行動に少なからず影響を与えていると考えられている。事業承継した女性経営者の方が起業家との比較においてネガティブマインドであることが，統計上ある程度実証された。女性起業家は能動的に経営者になるが，女性後継者の場合は経営者にならざるを得ない状況でなった経営者もいることが影響を与えていると結論付けられている。

日本政策金融公庫総合研究所（2013）によると，女性の起業活動とジェンダーギャップに着目した調査研究は世界的にもさかんに行われており，「女性は，飲食や個人向けサービス業での企業が多い」「男性よりも金融調達が難しい」「リスクを回避する傾向がある」ことなどが明らかになっている。

経済産業省（2016）が行った「平成27年度女性起業家等実態調査」では，女性の創業・起業における特有の課題として，「家事・育児・介護との両立」（71.4％），「経営に関する知識・ノウハウ不足」（53.2％），「ロールモデルの不足」（38.3％），「開業資金の調達」（37.0％），「事業に必要な専門知識・ノウハウ不足」（32.5％）が挙げられている。

田中（2008）によると，女性起業家に期待する理由を，「男性経営者が主導的である企業社会への女性の進出（地位向上）」「女性の就労機会の増大」「地域経済再生・発展のために女性の視点や力量を活かしたコミュニティビジネスの必要性」「ベンチャービジネスの創出に女性も貢献しうる」としている。女性の起業は，家族背景や性別によって制約をうける女性を，新たな労働形態と

して捉えるのではなく，小規模でも女性独自の視点によるさまざまな起業が，地域経済における雇用創出や社会的な問題解決に確実なインパクトを与える可能性があるものと述べている。女性起業家の創業の困難性について，「経営全般に必要な知識・ノウハウの習得」「創業資金の調達」「人材の確保」「取引関係の確立」の4つをあげ，女性起業家の類型[17]ごとに，困難性の強弱を分析し，回避策を提示している。

3.3　女性起業家支援との親和性

「男女雇用機会均等法」が施行されて30年以上経過しており，男性と同様のキャリアを積み，経営に関する知識やノウハウを十分に得た女性も増えたと考えられる。2016年度より経済産業省は女性起業家等支援ネットワーク構築事業を展開し，内閣府男女共同参画局においても，各都道府県等の女性向け起業支援が実施され，女性起業家を支援する体制は充実しつつある（**図表3-8**）。

女性起業家向けの資金調達支援としては，事業開始後おおむね7年以内の女性や若者（35歳未満），シニア（55歳以上）を対象に，日本政策金融公庫が事業資金の貸付を行う「女性，若者/シニア起業家支援制度」が用意されている（**図表3-9**）。女性起業家数は近年増加しており，一定の効果は出ているもの

図表3-8　主な女性起業家支援策

支援策	具体例
起業・経営相談	よろず支援拠点
起業支援補助金・助成金	創業補助金，創業支援事業者補助金，融資地域創造的起業補助金
インターネット等による起業・相談に関する情報提供	ミラサポ（中小企業庁が運営する経営支援サイト）他，インターネットサイト
起業支援融資	新創業融資制度，女性，若者/シニア起業家支援資金，再チャレンジ支援，創業者向け保証等
起業・経営支援講座等	創業スクール，起業セミナー等
起業家等支援ネットワーク構築・コーディネート	女性起業家等支援ネットワーク構築事業他
その他，人員確保・販路開拓のための支援，起業に伴う各種手続に係る支援等	

出所：中小企業庁（2017）をもとに筆者作成

図表3-9 女性，若者/シニア起業家支援制度

対象者	女性または35歳未満か55歳以上，事業開始後おおむね7年以内
融資限度額	国民生活資金：7,200万円（運転資金は4,800万円） 中小企業事業：直接貸付7億2千万円　代理貸付1億2千万円
貸付期間	設備資金：20年以内（うち据置期間2年以内） 運転資金：7年以内（うち据置期間2年以内）

出所：日本政策金融公庫Webページをもとに筆者作成

　と考えられるが，女性への事業承継については，特に女性を意識した公的な資金調達支援策は現状ない。

　2007年に18.1万人であった起業家数は，2017年には16.0万人と近年減少傾向にあり，中でも男性起業家は，2007年の14.5万人から，2017年には11.6万人に減少している。女性起業家の数は，2007年の3.6万人から2017年には4.4万人に増加しており，起業家全体に占める女性起業家の割合は，2007年の20％から，2017年には28％に上昇している。

　起業する年齢を見ると，近年49歳以下の起業家が増加しており，特に女性は76.2％が49歳以下である。起業分野は，女性は生活関連サービス業（21.2％），小売業（15.3％），飲食店（12.5％），医療・福祉（9.3％），教育（8.3％）での起業が多い（中小企業庁，2019a）。

　開業形態は，男性は24.1％が株式会社，70.5％が個人事業主を予定しているが，女性の場合は，11.6％が株式会社，83.1％が個人事業主を予定しており，女性起業家は，従業員がいない，もしくは少ない規模での起業を望む傾向にある。

　女性が起業準備をする際に利用した支援策は，半数以上が「起業相談」を利用しており，4割前後が「インターネット等による起業・経営に関する情報提供」，3割程度が「起業・経営支援講座等」となっている。女性の起業準備者が起業準備を始める前に利用したかった支援策は，約4割が「起業・経営支援講座等」，約3割が「起業支援補助金・助成金」となっている（中小企業庁，2017a）[18]。

3.4　ジェンダーバイアスの存在

　海外の先行研究において，女性経営者にはジェンダーバイアスの存在が指摘されている。ジェンダーバイアスは国の文化に大きく依拠しており（Emrich et al., 2004），女性後継者は事業承継後に経営者としての正統性を確保するために，ジェンダーバイアスを含む多くの障壁を克服し，リーダーシップを発揮しなければならない（Dumas, 1998）。世界的に男性優位女性劣位の考えがあり，女性は後継者候補としてみなされにくいとされている（Barbara & Wendi, 1990）。

　女性経営者の研究は進んでいるものの，女性後継者に関する研究は海外でも数少ない（Jimenez, 2009）。特に日本では女性後継者に焦点をあてた先行研究は僅少であり，「CiNii」に登録されたジャーナル掲載論文は1本であった（図表2-2）。日本における女性後継者研究は，少なくとも海外に遅れること20年の研究テーマであり，女性後継者研究としての知見の蓄積もまだ少ないことから，女性経営者研究および女性起業家研究からも広く知見を得る必要がある。

　日本政策金融公庫総合研究所（2013）の調査結果によると，「知識ノウハウ専門能力不足，業界内のつきあいなどに苦労する女性経営者が多い」「女性経営者は男性経営者よりも仕事にあてる時間が少ない」「事業拡大意欲は，男性経営者の方が女性経営者よりも強い傾向にある」「重要な経営方針の決定について，女性経営者は役員や従業員さらには外部の専門家等に相談を重ねた上で決定する傾向がある」等の違いが挙げられている。

　小松（2018）は女性起業家と女性後継者のマインドの違いについて，ゼロから組織化や顧客開拓を行う「起業」と，すでに組織化されている企業を「承継する」という立場の違いが，女性経営者の特性，意識，行動に少なからず影響を与えており，女性後継者の方が女性起業家との比較においてネガティブであると指摘している。

4　小括

　海外の女性後継者研究ではジェンダーバイアスの存在が指摘されている。世界的に男性優位女性劣位の考えがあり，女性は後継者候補として見なされにくく（Barbara & Wendi, 1990），女性後継者は事業承継後に経営者としての正統性を確保するために，ジェンダーバイアスを含む多くの障壁を克服しなければならないとされる（Dumas, 1998）。ジェンダーバイアスは国の文化に大きく依拠しており（Emrich et al., 2004），日本国内においても文化的な背景による男女分業意識が未だ見られ，女性経営者あるいは女性後継者が少ない背景には，後継者選定におけるジェンダーバイアスを始めとし，後継者育成や後継者としての正統性を確保するプロセスにおいて，ジェンダーバイアスの存在が確認される。

　女性後継者は，男性経営者や女性起業家との比較において特性の違いが見られ，日本政策金融公庫総合研究所（2013）の調査では，「知識ノウハウ専門能力不足，業界内のつきあいなどに苦労する女性経営者が多い」「女性経営者は男性経営者よりも仕事にあてる時間が少ない」「事業拡大意欲は，男性経営者の方が女性経営者よりも強い傾向にある」「重要な経営方針の決定について，女性経営者は役員や従業員さらには外部の専門家等に相談を重ねた上で決定する傾向がある」等の違いが挙げられている。

　女性経営者は，起業・創業より事業承継によって経営者となる女性が多いにもかかわらず，国内の女性後継者研究は海外と比較して未だ進んでいない。大企業に比べて中小企業の方が，女性が経営者になりやすい環境であるにもかかわらず，後継者選定の際に女性は候補となりにくく，幼少期から後継者教育を受けて育つ環境にない。他に後継ぎがいない状況でやむを得ず後継者になる女性後継者の場合は，準備期間が短くなることが想定され，十分な事前準備ができないことが考えられる。

　中小企業の事業承継に関して，女性への事業承継数が少ないことは，女性への事業承継の模範となる事例（ロールモデル）が少ないことにつながる。家事・育児や介護など女性特有の要因によって，業務に割く時間が少なくなる女

性経営者はどう克服しているのか，ロールモデルとなる事例が多ければ，すで
に障壁を乗り越えた女性経営者を真似ることもできる。

　公的な女性起業向け支援策はあるが，女性の承継向けの公的な支援策は現状
ないことも課題の1つと言える。能動的に経営者になった女性起業家でさえも，
経営ノウハウ，資金調達，人材確保，顧客・取引先の開拓の面で不安を感じて
おり，これらを支援する体制が必要とされている（田中，2008）。そのような
支援体制が構築できれば，女性への事業承継を選択肢とする企業も増える可能
性もある。

注 ──────────

1　「経済センサス活動調査」（総務省と経済産業省が2022年5月31日発表した速報値）によ
　ると，2021年6月時点の全国の企業数は367万4000社，民営事業所数は507万9000カ所であ
　る。

2　日本政策金融公庫総合研究所（2013）によると，「従業者20人以上の会社・事業を経営
　する女性は146.1千人と極めて少数になる」「男性経営者と比較すると，企業規模が大きく
　なるほど女性経営者の割合は少なくなる」とある。

3　「中小企業経営者に関するアンケート」（調査時点2012年8月）の調査対象は，日本政策
　金融公庫（中小企業事業）の融資先1,543社である。調査方法は，調査票の送付・回収とと
　もに郵送，回答は無記名で，644社（回収率41.7%）から回答を得ている。回答内容は，
　従業員20人以上の企業が71.6%，従業員19人以下の企業は男性経営企業28.4%，女性経営
　企業26.8%であった。

4　「生産年齢人口」とは，生産活動に従事できる15歳以上64歳未満の人口のこと。

5　「M字カーブ」とは，女性の年齢階級別労働力率の変化を描くと，M字のようになる現
　象のこと。現在では，25〜29歳をピークに減少し，35〜39歳がM字の底となり，40〜44歳
　で再び上昇している。

6　「一般労働者」とは，常用労働者のうち短時間労働者を除いた労働者をいう。

7　ここでいう「年収」とは，「推定年収＝きまって支給する現金給与額×12か月＋年間賞
　与その他特別給与額」をいう。

8　「完全失業者」とは，総務省「労働力調査」の定義に基づき，以下の3つの条件を満た
　す者をいう。
　①仕事がなくて調査期間中に少しも仕事をしなかった（就業者ではない）。
　②仕事があればすぐ就くことができる。
　③調査期間中に，仕事を探す活動や事業を始める準備をしていた（過去の求職活動の結果
　　を待っている場合を含む）。

9　調査対象：全国18歳以上の日本国籍を有する者5,000人，有効回収数：3,059人（回収率
　61.2%），調査時期：2016年8月25日〜9月11日（調査員による個別面接聴取）

10　起業経営者8名，承継した経営者6名，計14名に対し，「起業・承継時の人脈形成・金
　融調達などの課題及び克服経験」「自己分析」「自社の課題分析」「差異化」「今後の経営方
　針」等についてインタビューを行い，その結果を取りまとめている。

11　本稿における「女性視点」とは，高橋・本庄（2017）が女性経営者の強みとして用いる
　「女性独自の視点やアイデアの多様性」および「組織マネジメントにおける人材育成の観

点」をさす。高橋・本庄（2017）は，CiNiiに掲載された論文の文脈から「女性視点」をとらえた。1982年から学術・社会・政治のテーマに「女性視点」があらわれ，1990年代後半よりビジネスの場で「女性視点」を活かす文脈が見受けられ始め，2015年からは組織マネジメントにおける「女性視点」が見受けられるようになった。いずれも「女性視点」はポジティブな意味合いで使われているとしている。そして，「マーケティングにおける女性視点」および「組織における女性視点」に集約し，女性特有の思考・行動様式に即したサービスを展開する企業事例の分析を行い，「女性視点」は女性経営者の強みになることを示した。

12　一般社団法人発明学会によると，福井泰代氏が考案した「地下鉄乗り換えマップ」，中沢信子氏が考案した「初恋ダイエットスリッパ」，笹沼喜美賀氏が発明した「クリーニングペット」（糸くず取り洗濯ネット）が，主婦目線で開発された製品とされている。福井泰代氏は「株式会社ナビット」，中沢信子氏は「有限会社アイデア工房阿蘇山」を起業。婦人発明家協会顧問も務めた。

13　帝国データバンク（2021）では，1990年に4.5％であった女性社長比率は，2000年には5.6％，2010年には6.8％，2021年は8.1％に上昇している。なお，母数は全国約117万社の事業会社。

14　Salganicoff（1990）は，後継プロセスを，後継者が入社し，現社長と共に働き経営権を委譲されるまでの期間とした。

15　高田（2021）の用いる「後継プロセス」は，日本の事業承継研究の中では「準備期間」と表現される。

16　女性のTEAに対する男性のTEAの比率（男性TEA比率）は，比率が1のときは男性と女性の起業家数が同じであることを，1より小さいときは女性の起業家が男性のそれを上回ることを示す。経済の発展段階を勘案するために，インドやエジプトなど要素主導型経済5か国，ロシアやブラジルなど効率主導型経済11か国，欧米や日本・韓国などイノベーション主導型経済31か国に分けて，分析されている。（出所：経済産業省「起業家精神に関する調査報告書」2022年3月）

17　Goffee & Richard（1985）をもとに，①利益追求を目的にした起業家への自立志向と②従来の性別的役割への執着の2軸のマトリックスにより，A.従来型女性起業家（①高，②高），B.革新型女性起業家（①高，②低），C.家庭型女性起業家（①低，②高），D.急進型女性起業家（①低，②低）に分類している。

18　起業準備者のうち，35〜59歳の女性の回答。

第4章

ファミリービジネスに関する
問題の所在

1 ファミリービジネス研究の視点

1.1 ファミリービジネス研究における理論

　日本には，創業100年以上の長寿企業が約50,000社以上も存在する（横澤，2012；落合，2014b）。長寿企業は，数世代にわたり事業承継され，その多くがファミリービジネスであるとされる（Yokozawa & Goto, 2004）。ファミリービジネスとは，「ファミリーが同一時期あるいは異なった時点において役員または株主のうち2名以上を占める企業」とされ，日本における企業数の9割を超える企業がファミリービジネスとされている（後藤，2012）。

　ファミリービジネスは，スリー・サークル・モデルで示されるように，「ファミリー」「ビジネス」「オーナーシップ」の3つのサブシステムが，有機的に絡み合いながら営まれる（Gersick et al., 1997）。そのため，非ファミリー企業と異なり，サブシステム間のさまざまな利害関係の調整が必要とされ，複雑なシステムと捉えられる。

　2000年代にスタートした日本のファミリービジネス研究は，「老舗」あるいは「長寿企業」の研究に主眼があったが（後藤，2006；横澤，2012），かつては遅れた存在とされてきたファミリービジネスが，きわめて長寿で業績も優れ

ていることがわかってきた（奥村，2015;白田，2019）。ファミリー企業は，非ファミリー企業よりも業績が良く，永続性が長いだけではなく，従業員の定着性が高く，変革に対して適応的であるとも言われるが，不祥事には事欠かない面も際立つ。奥村（2015）は，ファミリービジネスの経営が，いわゆる普通の企業と異なるのは，非経済的な要因が経営に入り込むことにあり，不祥事が起こるのはこの点でもあると指摘している。ファミリービジネスは，ファミリープランニングと戦略プランニングを並行的に行う必要があり[1]，並列的に計画を行うことで企業の永続性を確保する。

　奥村（2015）は，欧米のファミリービジネス研究にて用いられてきた理論を整理し，資源ベース理論，社会情緒的理論，エージェンシー理論が中心であるとした。もともと資源ベース理論は，競争戦略研究を発端とする理論であるが，「価値（Value）」「稀少性（Rareness）」「模倣可能性（Immutability）」「組織（Organization）」を自社の持つ潜在能力と捉え，この見えざる経営資源をどう組み立てて経営に活かすかが永続性に影響を及ぼす。社会情緒的理論（SEW理論）では，「非財務的な効用」により，ファミリービジネスの特徴が説明できる。

　エージェンシー理論では，ファミリービジネスにおけるガバナンスの問題を説明するが，非ファミリーである一般の株主（プリンシパル）が，非ファミリーの経営者（エージェント）に委託するのだとすると，ファミリービジネスは遅れた存在となる。しかし，ファミリー企業は非ファミリー企業より業績が良く，永続性が長い理由として，「所有と経営の一致」によるモラルハザードの回避にあるとしている。プリンシパルとエージェントの間の「利害の不一致」が起きず，短期的な株価を気にせず長期的視野にたって経営を行うことができるため，決して非ファミリーのプロの経営者に経営を託すことが，最良の道ではないとしている。

1.2　ファミリービジネスにおける事業承継

　ファミリービジネスにおける事業承継は，オーナー経営者からファミリーメンバーもしくは非ファミリーメンバー（専門経営者）への経営権の承継とされ

る（Beckhard & Dyer, 1983）。本書では，Beckhard & Dyer（1983）の定義に基づき，ファミリービジネスにおける事業承継の中でも，特に経営戦略やマネジメントといった経営学の主要領域と関わりのある分野を対象とする。

奥村（2015）は，ファミリービジネス研究の理論的課題は，伝統と革新の二律背反性を踏まえて「永続性」「事業承継」「ガバナンス」とした。ファミリービジネスの事業承継研究は，現経営者が果たす役割と課題から始まり，関心が次世代の後継者に広がり，その後両者ならびに利害関係者との関係性に焦点が移行してきた（後藤，2012）。

落合（2014b）は，現経営者の課題，後継者の課題，組織プロセス，環境・コンテクスト，世代間の連鎖性といった研究テーマに分けて，ファミリービジネスの事業承継研究を整理した（図4-2）。その中には，ファミリービジネスにおけるアントレプレナーシップ研究も含まれる。ファミリーアントレプレナーシップ研究では，企業家研究や経営戦略研究の領域から研究がすすめられ，ファミリービジネスを取り巻く環境やコンテクストとの関係から関心が高まってきた研究領域である（落合，2014b）。

事業承継は，ファミリービジネスが直面する最も重要な課題とされ（Handler, 1994），欧米を中心に多くの研究が蓄積されてきた（後藤，2012）。Ward（1987）によると，第二世代への承継を通じた企業の生存率は約30％になり，第三世代への承継を通じると生存率は約13％，それ以上の場合の生存率は約3％になるとしている。事業承継の困難さが存在している中で，ファミリービジネスであることが事業承継上の重要な要因になっている可能性が示唆されている。

2　ファミリービジネスの女性後継者研究

本書が着眼する女性後継者について，日本の事業承継研究ではまだ知見の蓄積が少ないため，FBR（Family Business Review）の中で「Succession」「Successor」「Women」「Female」をキーワードに論文検索をした358本について，本書との関連度合いをカテゴリー分けし，研究テーマ別に分類した。その結果，ファミリービジネスの事業承継における女性とマネジメントに関する

論文（カテゴリーA）は34本，ファミリービジネスの事業承継に関する論文（カテゴリーB）は74本，その他（カテゴリーC）は250件であった。カテゴリーAに分類された論文を研究視点ごとに分類すると，ファミリービジネスにおける女性の役割や妻の関与・影響に関する論文は13本，父（母）から娘への承継に関する論文は7本，ジェンダーバイアスに関する論文は6本，女性起業家およびアントレプレナーシップに関する論文は8本，ダイバーシティに関する論文は1本，その他に後継者選定や世代間コンフリクト，阻害要因に関する論文が9本であった[2]。

これらを年代別にまとめた**図表4-1**を見ると，FBRの中で「Succession」「Successor」「Women」「Female」で論文検索した結果（**図表2-2**）と同様に，1990年から2000年代前半に論文数が多いことがわかる。研究視点別には，ファミリービジネス内でこれまで家業を支える存在であった女性の役割が変化し，女性も事業の後継者としてマネジメントに関わるようになってきたのが1990年代初めだった。父から娘への事業承継が増え，その際に父から息子への事業承継とは違った困難があるとのではないかとの前提にたち，父から娘への事業承継をテーマとした事例研究がさかんに行われた。父から息子への事業承継と比較研究もされ，実務的見地からも求められた研究だったことが伺える。

1990年代後半には，女性起業家などファミリーアントレプレナーシップ研究からの知見も取り入れられ，その過程で常にジェンダーバイアスの存在が議論

図表4-1　女性のマネジメントに関する論文数（FBR）

	1990年以前	1990年前半	1990年後半	2000年前半	2000年後半	2010年前半	2010年後半	2020年以降	合計
FBの女性の役割・影響，妻の役割・関与		4	1	5		2		1	13
父（母）から娘への承継	2	2		1	2				7
ジェンダーバイアス		1	2	1			1	1	6
女性経営者・女性起業家		1	6	1					8
ダイバーシティ							1		1
その他※			1	1	2		1	3	8

※後継者選定，コンフリクト，阻害要因ほか
出所：筆者作成

され続け，2010年代後半にはダイバーシティ研究へと進みつつある。

　女性後継者研究の歴史が浅いのは日本だけではない。事業の繁栄は一族の繁栄と同義であるファミリービジネスにおいて，事業の長は一族の長を兼ねていた。一族の長は伝統的に男性長子相続が主流であり，マネジメントに関わる女性の絶対数は少なく研究対象になりにくかった（Jimenez，2009；高田，2021）。従来の事業承継における研究では男性後継者を中心としており，女性後継者に着目した研究は蓄積が薄く体系化に乏しいとされている（Danes & Olson，2003；Lerner & Malach-Pines，2011；Sharma & Irving，2005；Vera & Dean，2005；高田，2021）。

　なぜ女性後継者が少ないのか，高田（2021）によると，他家に嫁ぐ可能性のある娘は後継者候補にはなりにくかったとしている。後継者を選択する際には性別が重要で，男性が第一順位で考えられるのが当然の流れであった（Keating & Little，1997；Vera & Dean，2005）。Stavrou（1999）は，経営者の子供に娘と息子がいた場合，たとえ姉と弟で年齢が離れた関係であったとしても，息子を後継者に選ぶとしている。性別の壁は女性後継者が少ない最も大きな理由とされた（Jimenez，2009）。

　Dumas（1992）は，「女性が後継者になるのは難しい」「たとえ後継者となっても周囲から正当な後継者として認められることが難しい」として，現実的に父親全員が娘を後継者候補とは考えられないとした調査結果を示した。父親は，息子には苦しくとも修行をさせるが，娘のことは守ろうとするため，厳しい現実の矢面に立たせたくない，もしくは父親が女性の能力をそれほど認めていないといった理由により，娘は後継者に選ばれにくいとされる（Hollander & Bukowitz，1990）。たとえ早くに入社したとしても，娘が後継者として育成されることはほとんどなく，後継者として扱われてこなかった（Vera & Dean，2005）。

　ファミリービジネスの現場では，父親や男性の意見が重視されるために（Wang，2010），多くの女性後継者は，自分のマネジメント能力に自信が持てないことが多く（Curimbaba，2002），後継者として自己効力感を強く持ちにくいとされている（Overbeke，Bilimoria & Perelli，2013）。

3 ファミリービジネスの女性の役割

Cesaroni & Sentuti（2014）は，ファミリービジネスにおける娘の役割について，単なる男性の補助としての役割，お飾りの存在としてファミリービジネスの公式な行事に関わる役割，実際にマネジメント業務を行う役割の3つに分けている。これまでの多くは男性の補助もしくは公式な行事への参加のどちらかが主流であり，ファミリービジネスにおいて女性は「Invisible」な存在であるとされた。意思決定にはかかわらず，調整役として目立たずにサポート業務に徹してきた（Cappuyns，2007）。

ファミリービジネス研究において，ファミリービジネスを支える裏方ではなく，ビジネスの後継者として，娘に関心が持たれるようになったのは最近のことである（Vera & Dean，2005）。娘がサポート役ではなく，マネジメント上の意思決定に加わり後継者になるということは，本人が強い意志を持って父親や一族を説得し，明確な業績を積んで周囲から認められる必要がある。そのため，男性後継者よりも困難が多いプロセスを歩むことになるとされる（Wang，2010）。

Barnes（1988）やDumas（1989）らによって女性後継者研究が始められ，その後ファミリービジネスにおける娘の役割（Stavrou，1999）や彼女達のモチベーション，リーダーシップなどを中心に研究が進められた（Danes & Olson，2003；Francis，1999）。しかし，ファミリーの資産を守るために何をすべきか，どのように教育育成され正当性を得て社長になるのかという観点が中心であった（高田，2021）。

妻や娘のほか，一族の女性は，ファミリービジネスにおいては「Invisible」な存在であり，無給で働く。ファミリービジネスの女性は，後継者育成や親族の調整役として重要な役割を担うとされている。時に後継者である長男の嫁選びから，現経営者である夫の方向性の誤りを正す役目も負う場合もある。家業を守るための代々受け継がれた伝統としきたりがあり，それを規範としながら全体を傍観し，必要に応じて襟を正す。ファミリービジネスの女性には「Invisible」に支える役割があり，表立ったリーダーとは考えられてこなかったが，

ファミリーの血統を優先する場合には娘を後継者とするケースがあり，海外のファミリービジネス研究は進んだ。

先行研究では，娘が後継者になるのは2つのケースがあるとされている。家族構成もしくは他の家族の置かれている状況により他に継ぐ人がいない場合（Vera & Dean, 2005）と，本人が強く希望する場合（Danes & Olson, 2003）である。前者を消極的承継，後者を積極的承継としたとき，承継時の障壁や承継後の事業継続に影響を及ぼすだろうか。家族構成や家族の置かれている状況は自分ではコントロール出来ないものであり，やむを得ず後継者になる女性と，立候補して後継者になる女性にとって，経営を任される上でマインド以外の現象に違いは現れるのだろうか。

Vera & Dean（2005）によると，女性が後継者となる場合に，男性後継者との比較において困難が多いとされる。その理由は3つあり，1つ目は女性が事業承継する際の準備期間の短さが挙げられている。男性後継者は20代から30代で家業に入社してキャリアを積むが，女性の同時期は結婚や出産・育児があるため，40代から50代になり本格的に関わりを持つ場合が多いとされる（Salganicoff, 1990）。息子は父親をロールモデルとし時間をかけて後継者として学習する機会があるともされている（Davis & Tagiuri, 1989）。2つ目は男性長子相続の慣習があり，女性後継者は受け入れられにくい（Barnes, 1988）。3つ目は父が築き上げた組織に後から入っていくことから，正当性の確保に苦労する（Dumas, 1989）。子供がいる女性後継者の場合は特にワークライフバランスの問題を抱えるため，正統性を得るために苦悩するともされている（Cole, 1997；Salganicoff, 1990）。

Nelson & Constantinidis（2017）は，ファミリービジネスの後継者研究において，性とジェンダーがどのように関わってきたか，文献レビューを行った。多くの文献はジェンダーを考慮しておらず，男性優位性が十分に検討されないまま，家父長制といった男性リーダーの規範が当然のこととして扱われていた。家長は通常，後継者の選定を含め，家業における意思決定を行うが，家族の調和や秩序を保つ役目を果たす一方で，女性のファミリービジネスへの積極的な参加を排除したり減少させたりもする。結果として，ジェンダーを考慮しないことは，私たちの研究成果を減少させるか，あるいは誤った方向へ導く。ジェ

ンダーを十分に考慮することは，ファミリービジネスの事業承継をより良く理解するための道筋を提供し，学術的および実務的に価値をもたらすと結論付けている。

4　小括

多くの長寿企業が存在する日本において，その多くを占めるファミリービジネスに関する研究では，スリー・サークル・モデルを筆頭に，資源ベース理論，社会情緒的理論，エージェンシー理論が用いられる（奥村，2015）。伝統と革新の中で営まれるファミリービジネスにとって「永続性」「事業承継」「ガバナンス」がメインテーマであり，スリー・サークル・モデルの「ファミリー」「ビジネス」「オーナーシップ」の3つのサブシステムが影響し合うことで，複雑性が増す。事業承継は，ファミリービジネスが直面する最も重要な課題とされ（Handler，1994），欧米を中心に多くの研究が蓄積されてきた（後藤，2012）。

欧米のファミリービジネス研究では，ファミリービジネスにおける女性の役割について研究が進められた。家業を支える「invisible」な存在であった女性がファミリービジネス内で変化し，1990年代から女性も事業の後継者としてマネジメントに関わるようになった。多くは父から娘への事業承継であり，父から娘への事業承継に関する研究が増え，父から息子への事業承継との比較研究もされた。2010年代後半からはダイバーシティの視点での研究も進められている。

事業と一族の繁栄が同義であるファミリービジネスにおいて，事業の長は一族の長を兼ねていたため，他家に嫁ぐ可能性のある娘は後継者候補にはなりにくかった（高田，2021）。性別の壁は女性後継者が少ない最も大きな理由とされ（Jimenez，2009），伝統的に男性長子相続が主流である一族の長に準じて，女性がマネジメントに関わる例が少なく，そのため研究対象になりにくかった（Jimenez，2009；高田，2021）。これまでは男性リーダーを規範とすることが当然のこととして扱われることが多かったが，今後はジェンダーを十分に考慮することで，ファミリービジネス研究に学術的および実務的に価値をもたらす

ことが示唆されている（Nelson & Constantinidis, 2017）。

注─────────

1　ファミリービジネスの不祥事の問題に取り組んだのが，PPP（パラレル・プランニン
　グ・プロセス・モデル）である（奥村, 2015）。
2　研究視点によるカウントは，重複あり。

第5章

リサーチデザイン

1　先行研究の限界

1.1　中小企業の事業承継における先行研究から得られた知見と限界

　中小企業の事業承継は，単なる所有の移転ではなく，見えざる資産を含めた複雑な要素が影響し合うものであり，立場の違いによる多面的な視点や承継プロセスをフェーズに分けた研究が進められているものの，「承継前」から「承継中」への着眼が多く，準備期間の存在が中小企業の事業承継の議論の中心となっている。

　企業は社員の生活・生計にも責任を負っており，事業存続は絶対条件である。事業存続のためには経営革新が必要であり，その一つに新事業展開がある。後継者は経営革新を阻害する要因を回避または排除し，自社に合った経営革新をいかに進められるかが，事業承継の成否を分ける鍵となる。

　中小企業における事業承継に関しては，後継者選定の意思決定や後継者育成に関する研究，円滑に事業承継するための方策に関する研究，事業承継が企業価値や企業業績に及ぼす影響に関する研究など，さまざまな視点から多くの先行研究がある。本書では，主な先行研究を3つの論点からレビューした。

　先行研究から得られた知見は，少子化が進む中で後継者不足の問題はより深

刻になり，そのような中で親族外承継が選択できる環境を作ることが重要になること，後継者を決定する際に，先代社長の子に男子がいるかどうかは非常に重要な要素になっており，男子がいない場合には，第三者への承継の可能性が検討されること，親族内承継と親族外承継を決定づける要因は，資産価値や企業価値とは有意な関係があるとは言えないことなどである。

　事業承継を円滑に進める上で，後継者教育が非常に重要であるが，先代社長は後継者の教育・育成を行うだけでなく，事業の将来性を高めておくこと，後継者は右腕となる人材育成や経営理念・経営戦略の再構築が重要であることがわかっている。先代社長と後継者とのコミュニケーションやステークホルダーとのコミュニケーションを大切にすること，そのために事業承継の準備期間を十分に取ることが良好な関係構築にも役立つ。事業用資産のスムーズな移転についても，事前準備が鍵となる。

　廃業・清算せずに事業承継を選択する経営者は，売上高が増加傾向にある企業の経営者が多く，企業業績が良い方が事業承継のインセンティブになることが示唆されている。特に，資産価値が高い企業よりも収益力のある企業の方が，事業承継される可能性は高いことがわかった。また，経営者引退時までに借入金が完済されている企業が多いが，引退時に借入金を完済できない場合には，廃業を選択できず事業承継を選択せざるを得ない場合もあり，金融機関からの借入の多寡は，事業承継か廃業かの選択に影響を与えていることもわかった。

　事業承継の成否を評価する際に用いる指標にはさまざまな指標が使われており，「自己資本経常利益率」「売上高経常利益率」「売上高成長率」「従業員数成長率」「利潤成長率」等があるが，中小企業や小規模企業の事業承継において，この財務指標が果たして最適なKPIであるだろうか。

　後継者の性別という属性を考慮しなければ，これらの先行研究のすべてが参考になるものである。しかし，本書の目的は，女性後継者の実態を明らかにすることであり，これらの先行研究の結果が女性の事業承継にあてはまるものかどうかはわからない。

1.2　女性経営者における先行研究から得られた知見と限界

　女性経営者に関する研究には，男性経営者との行動や考え方の違いをジェンダーギャップの点から見た研究，女性経営者の特徴をとらえた上で優位性に着目した研究などがある。また，起業によって経営者となった女性起業家が直面する困難性などに関する研究もある。女性経営者に関するさまざまな視点での研究のうち，本書では，主な先行研究を3つの論点からレビューした。

　先行研究から得られた知見としては，男性経営者・管理者と女性経営者・管理者の間には，共通点はあるものの，明確な相違点があるとは言えないということがわかっている。しかしながら，女性経営者には男性経営者にない特徴を見出そうと多くの研究者が調査を行っている。さまざまなアンケート調査結果をまとめると，家事・子育て・介護などにかかる時間が女性の方が多いことから，時間的・精神的負担があること，社会経験が少ない女性経営者は，経営知識や業務ノウハウ不足に悩む傾向にあること等は明らかになっている。女性経営者は男性経営者と比べて，調和を重視する姿勢は見られるものの，リスクを回避する傾向や事業拡大意欲に乏しいという点については，明らかな違いは見られなかった。

　女性経営者の特徴をとらえる際に，優位性に着目すると，女性経営者は従業員教育において，優位性があることがわかった。特に育児経験のある女性経営者の場合は，そのノウハウが従業員の育成に活かされることがある。社内に自然に醸成された固定観念に捕らわれず，経営知識や業務ノウハウが多くないことが，却って企業の経営状態を客観的に見ることができるといった優位性もある。社会活動に参加する機会が多い女性経営者は，社会的責任にも積極的である点，消費者目線の製品開発において女性に優位性がある点も明らかになっている。

　女性経営者に関する研究のうち，女性起業家に関する研究は比較的多い。女性の起業家は飲食・サービス業に多く，リスク回避の傾向にあり，資金調達が難しいと感じている。さらに家事・育児・介護との両立や経営ノウハウ不足，ロールモデルの不足などの点が女性の起業特有の課題とされている。女性起業

家は能動的に経営者になるので，女性後継者と比較すると積極的であるとの指摘もされている。女性の起業にはこのような特徴があり，これらを踏まえた上で，男性とは違った支援の仕方が望ましいとされていた。

これらの先行研究のすべてが参考になるものであるが，本書の目的は，中小企業における承継により経営者になった女性後継者の実態を明らかにすることであり，これらの先行研究の結果が中小企業の女性の事業承継にもあてはまるものかどうかはわからない。また，これらの先行研究が実態の把握と問題点の指摘にとどまり，女性への事業承継におけるあるべき支援策などの政策提言はされていないという限界があった。

男性起業家との比較において，女性起業家の実態と意義を示した藤井・金岡（2014）の調査は，家事・育児の負担と社会経験や管理職経験の乏しい特徴があること，準備期間の短さが創業当初の業績に苦労することといった女性起業家のマイナス要因と，女性視点を取り入れることで新しい業種・業態が創造されるプラス要因を示したことは，女性後継者研究にとっても有意義な研究データとなる。しかしながら，男性起業家と女性起業家の平均値の差が統計的に有意な差と言えるかどうかの分析は行われていないため，学術的に「男女差がある」と結論付けることは難しい。

女性後継者研究は，女性経営者研究の中で扱われており，起業・創業と違った事業承継という特殊な要素が加味された研究は国内では僅少である。それ故に女性後継者研究は知見の蓄積が必要な研究分野である。

直接的に女性後継者に着目した研究は，先行研究レビューの中で2件のみであった。これらは女性後継者研究のスタートラインであり，女性後継者研究を進める意義を提供した上で，今後の研究の可能性を広く示すものである。

小野瀬（2013）は，男女役割分業意識を踏まえながら，女性後継者の優位性について，2社の事例より，事業における客観性と社員育成スキルの2点を示した。高田（2021）は，女性後継者が後継者に決定し，社長になるまでの後継プロセス[1]について27名に対する定性調査を行い，後継者本人からみたプロセスの違いによって後継パターンを5つに分類[2]した。後継者自身が正統性[3]を得ていくまでの心と行動の変化をとらえ，実践的な知見が得られている。本書が着目する承継後のプロセスへの着目は今後の課題とされている。

　小野瀬（2013），高田（2021）とも，あくまで女性後継者のみを対象とした定性調査の結果考察されたものであり，男性後継者との違いについては言及されてはいない。本書において，男性後継者との違いを定量調査でもって示すこととの意義も大いにある。高田（2021）は，調査対象を資本金1,000万円以上かつ従業員20人以上の企業としている。女性経営者は，資本金別に見ると1,000万円未満の企業で最も高くなる[4]ことを考慮すると，1,000万円未満の企業も調査対象に入れる必要がある。

　本書は，経営者としての男女の性差由来の経営能力に着目しているわけではないが，男女役割分業意識を背景とする女性への家事・育児・介護の負担を抱えた後継者への経営者としてのネガティブな期待感あるいは周囲の配慮も，女性が後継者候補になりにくい背景に影響を与える可能性はある。しかし先行研究では，そういった要素は言及されていない。高田（2021）は，女性後継者の未婚・既婚，子供のあり・なしについて調査項目には入れているものの，その負担のあり・なしや負担の度合いについては言及されてはいない。

1.3　ファミリービジネスにおける先行研究から得られた知見と限界

　ファミリービジネスにおける先行研究では，ファミリービジネスの定義を確認し，ファミリービジネスにおける最大の関心事が事業承継であること，スリー・サークル・モデルに代表されるように，「ファミリー」「ビジネス」「オーナーシップ」の3つのサブシステムが重なりあい，相互に影響し合う複雑なシステムであること，そして，ファミリービジネス研究の中でアントレプレナーシップの着眼があり，伝統と革新の中で営まれるファミリービジネスを形作る構成要素とされていることがわかった。

　海外ファミリービジネスに関する論文の中でファミリービジネスにおける女性の役割がどのように扱われてきたかに着目してレビューを行った。その結果，これまで家業を支える存在であった女性の役割がファミリービジネス内で変化し，1990年代初頃から女性も事業の後継者としてマネジメントに関わるようになってきていた。その後，父から娘への事業承継に関する研究が増え，父から

息子への事業承継との比較研究もされたが，2010年代後半にはダイバーシティ
の視点での研究が進みつつある。

　もともとは海外のファミリービジネス研究において，ファミリービジネスの
「女性」は「invisible」な存在であり，しばしば無給で行われることへの議論
がなされてきた。ジェンダーバイアスの存在の指摘から，1990年代後半になり
娘を後継者とする研究がさかんに行われるようになったが，サンプルバイアス
の問題もあり，まだ十分な知見の蓄積があるとは言えない。

　これまでも欧米でのファミリービジネスの「女性」の研究は進められている
が，国内におけるファミリービジネスにおける「女性」の研究は未だ数少ない。
特に「女性」をマネジメントとして扱うことは少なく，母や祖母として後継者
を育てあげる，ファミリー内の調整役としての機能の言及に留まる。

　これにはファミリービジネス内においても，女性は後継者となりにくいこと
が関係している。事業の繁栄は一族の繁栄と同義であるファミリービジネスに
おいて，事業の長は一族の長を兼ねていた。他家に嫁ぐ可能性のある娘は後継
者候補にはなりにくく（高田，2021），性別の壁は女性後継者が少ない最も大
きな理由とされた（Jimenez，2009）。一族の長は伝統的に男性長子相続が主
流であり，マネジメントに関わる女性の絶対数は少なく研究対象になりにく
かった（Jimenez，2009；高田，2021）。

　海外のファミリービジネス研究においてもジェンダーバイアスが指摘されて
いるが，日本は歴史的に男女分業意識が未だ根強いことを勘案すると，日本国
内のファミリービジネス研究においても，ジェンダーバイアスの存在が事業承
継に影響を及ぼす可能性がある。文化や慣習の異なる海外のファミリービジネ
ス研究の知見を，日本国内の事業承継研究にどのように活かすことができるか
を模索する必要がある。

2　リサーチクエスチョンと分析視座

　先行研究によると，前経営者の存在が経営革新の阻害要因の一つであるとさ
れているが，中小企業の事業承継において，前経営者が会長として残ることは
少なくない。経験の浅い後継者が，前経営者が作り上げた企業風土のもとで成

熟した社員を束ね，組織の中枢で社内改革を進めることができるのだろうか。

　後継者として育てられていない場合，本人が後継者と意識して行動する期間は当然短くなり，本来なら時間をかけて育成されるべき経営者の素養が十分と言えないまま事業承継することになる。社会人経験や企業経営の経験が少ない女性後継者が新事業を展開する場合，事業成長にプラスに作用する要因にはどのようなものがあるのだろうか。小野瀬（2013）が明らかにした事業への客観性や人材育成の優位性はプラス要因となりうるのか，それ以外にもプラス要因はないのだろうか。女性経営者研究や女性起業家研究で得た知見は，女性後継者研究にもあてはめて考えることができるのだろうか。

　先行研究の限界を踏まえ，女性に事業承継した中小企業の事業成長要因を探るために，以下のリサーチクエスチョン（以下，RQ）を設定する。

RQ1：中小企業の女性後継者が未だ少ないのは，女性への事業承継に際して障壁要因があるのではないか。

分析視座1：男性後継企業と女性後継企業では，特性に違いはあるのか。

分析視座2：中小企業において女性が事業承継する際に，障壁要因はあるのか。

分析視座3：事業承継時に障壁要因があるとすれば，中小企業の女性後継者はどう克服しているのか。

RQ2：企業経営の経験が少なく，経営者になるための準備が十分でない女性後継者の事業承継後の事業成長要因は何か。

分析視座1：前経営者の影響力や企業内の慣性（inertia）が承継後の事業成長の阻害要因となるのか。

分析視座2：事業承継後に新事業を展開する場合，経営に対する客観性や人材育成における優位性が事業成長要因となるのか。

分析視座3：中小企業特有の，あるいは女性後継者特有の事業成長要因はあるのか。

　RQ1の分析視座1では，男女後継者全体との比較において，定量調査により，男性後継企業との比較における女性後継企業の特性，親族内承継と親族外承継を分ける要因，事業成長要因を洗い出す。分析視座2では，定性調査により，先行研究では明らかにされていない女性後継者の障壁要因はないか，多面的に

探る。分析視座3では，分析視座1で導き出された女性後継企業の特性を踏まえ，分析視座2で導き出された障壁要因を，どのように克服しているのかを探る。特に中小企業あるいは同族経営であることが克服する方法論に影響を与えているのかどうかを分析する。

　RQ2の分析視座1では，定性調査にて，女性後継企業の事業成長の阻害要因を多面的に探り，分析視座2では，定量調査により，男性後継企業との比較において導き出された女性後継企業の特性が，事業成長要因となるのかを調査する。分析視座3では，分析視座2で導き出された事業成長要因の他に，中小企業特有の事業成長要因や，女性後継者特有の事業成長要因があるのか，多面的に調査する。

3　研究手法

3.1　中小企業研究の視点と研究方法

　渡辺（2008）は，日本の中小企業研究は1930年代から本格的に展開されており，中小企業研究の軸として4つの研究視点を提示している。1つ目は研究の立脚点ともいうべき中小企業経済論か中小企業経営論か，2つ目はどのような中小企業を研究対象とするのか，3つ目は中小企業を客観的に分析の対象とするのか（客観論），中小企業の経営に踏み込み「中小企業のあり方」を提言するのか（規範論），4つ目は中小企業の問題性を重視するのか，貢献性を重視するのかといった研究に対する価値判断の問題が挙げられている。

　中小企業研究の方法論では，文献・資料考証的研究と実態調査を中心とした研究があるが，中小企業研究の実態調査では，インタビュー調査とアンケート調査が採用されることが一般的で，調査の方法論をめぐる理論・研究は，重視されてこなかった（渡辺，2008）。こうした中小企業研究のインタビュー調査について，渡辺（2008）は「抽象的な理論にもとづいて現実を解釈するのではなく，実証的な事実のなかから理論を構築しようとする意図の現われ」とした上で，インタビュー調査の結果に，普遍性，一般性があるかどうかは確定し難いとしている。

　アンケート調査結果を計量分析に応用する試みはさかんに行われている。計量分析は経済学の方法論であり，どの分野にも受け入れられる手法として米国で発展し，グローバルスタンダードとなりつつある（渡辺，2008）。

　中小企業研究のアンケート調査では，常にサンプル母集団について議論される。さらに，質問表は仮説の検証に使われるものであり，統計分析の意義を持つに過ぎないこと，研究者の知識の中にそれまで存在しなかった構造および機能に関する諸事実がわかることは滅多にないと指摘している。アンケート調査は意識調査には有効であることを否定しないが，それだけでは万能ではないと言える（渡辺，2008）。

　中小企業論は製造業を対象にしていたが，今後はサービス業も含めた研究が必要ではないかとの指摘もある。経済理論の基礎が確立した当時（19〜20世紀）は製造業が経済発展の中心であったが，現在ではサービス業が進展しており，業種別の従業者数は，製造業は商業部門に次いで従業者数の多い業種である。その上で渡辺（2008）は，中小企業研究は深化し，研究の多様化，個別化，細分化が進んできたが，中小企業の存立条件，存立形態，存立分野の研究に原点回帰する必要があることを指摘している。

3.2　本研究のリサーチデザイン

　中小企業の女性への事業承継研究においては，後継者選定や育成などの準備段階，経営資源を円滑に移転するための事業承継実施段階，事業の存続やさらなる成長を目指す発展段階など各ステージにより異なる命題に対応したリサーチデザインが考えられる。その中でも本書は，事業承継後の発展段階に焦点をあてて，中小企業の女性後継者が事業承継後に事業を存続・成長させる要因を明らかにする。

　先行研究レビューによると，中小企業の事業承継は，所有と経営と家族といった要素が複雑に絡み合い，大企業の経営者の交代とは違った難しさがあること，後継者の選定が最も難しく，円滑な事業承継のためには事業承継の準備が必要で，十分な準備期間を設けて，その間に後継者育成，社内環境整備，対外的な準備を進める必要があるとされる。

　女性への事業承継では，他に後継者がいないためやむを得ず，準備期間なく行われることが多いとされる。後継者として育てられていない女性が，経営者としての素養や企業経営経験を積むことなく，経営を任されたとき，先行研究で指摘されているような準備が十分にできない中で，いかに事業を承継し，事業を存続させ，事業成長させられるのか，女性への事業承継前後における障壁要因を明らかにした上で，それを克服し，事業を存続さらには事業を成長させている企業の事業成長要因を明らかにする。

　中小企業の女性への事業承継研究のフィールドは，まだ初期段階の研究分野である。そのため現状把握が必要であり，研究の前提として予備調査を行う（第6章）。はじめに事業承継に関する記事データを分析することで，事業承継における関心事を捉える。中でも女性への事業承継はいつごろ注目されるようになったのか，年代によって関心事が変化している様子をとらえる。そして，女性に事業承継するプロセスを類型化し，それぞれの特徴を捉えるとともに，

図表5-1　本書のリサーチデザイン

<u>先行研究レビュー</u>

中小企業の事業承継	女性経営者	ファミリービジネス
（第2章）	（第3章）	（第4章）

<u>予備調査</u>
・事業承継の記事データ分析
・女性への事業承継プロセスの類型
・中小企業の女性後継者像

女性と事業承継	（第6章）

<u>定量調査</u>
・中小企業の男性後継者と女性後継者の比較
・女性へ事業承継した中小企業の親族内承継と親族外承継を分ける要因

中小企業の男性後継者と女性後継者	（第7章）

<u>定性調査</u>
・女性に承継した中小企業の事業承継時の障壁要因（RQ1）
・女性に承継した中小製造業の事業成長要因（RQ2）

親族内承継した中小企業の女性後継者	（第8章）

親族内承継した中小製造業の女性後継者	（第9章）

出所：筆者作成

実際に女性に事業承継した企業と女性後継者のフロフィールを分析する。

　果たして，中小企業の事業承継において，男性後継企業と女性後継企業に違いはあるのか，定量的にその差異を明らかにする。その上で，親族内承継と親族外承継を分ける要因について定量的に分析する（第7章）。

　中小企業の男女後継企業において差異となる要因を踏まえ，女性に事業承継した中小企業の承継前後における障壁要因を明らかにした上で，それを克服して事業を成長させる要因を探る。定量調査で明らかにできる項目は限定的であり，多面的に要因を探るため定性調査を行う。先行研究の限界を踏まえ，設定したRQと分析視座について，定量調査の結果（第7章）を踏まえて，親族内承継における女性への事業承継前後における障壁要因を明らかにする（第8章）。

　最後に，定量調査の結果（第7章）を踏まえ，女性への事業承継前後における障壁要因（第8章）を克服し，事業を成長させている中小企業の事業成長要因を明らかにする（第9章）。調査の着眼点と調査対象を**図表5-1**に示す。

注—————————
1　高田（2021）は，女性後継者が後継者として正統性を得るまでの期間を3つに分類し，幼少期の育ち方から受けた教育，家業との関わりのエピソードをふくめて入社前までをAターム，入社から自分が後継者であると認識した時点までをBターム，自分が後継者であると認識した時点から社長になるまでをCタームとした。高田（2021）の「後継プロセス」は本書における「準備期間」に相当する。
2　「約束型」「初期立候補型」「中期立候補型」「成り行き型」「簒奪型」
3　高田（2021）は，「正当性」としている。「正統性」とは「正しい血統」，「正当性」とは「道理にかなう，秩序が守られる」，と理解したうえで，本稿では「後継者として周囲のステークホルダーに認められること」とし，「正統性」に統一する。
4　帝国データバンク（2021）によると，資本金が「1000万円未満」では女性経営者が9.1%で最も高く，「1,000万円5,000万円未満」では7.6%，「5,000万円1億円未満」では5.4%であり，「1億円以上」の企業では女性経営者は2.3%にとどまる。中小・小規模企業では女性社長比率が高まるが，資本金規模が大きい中堅・大企業では低水準となっている。

第6章

事業承継の変遷と予備的考察

1　事業承継の記事データ分析

1.1　事業承継の変遷

　日経テレコンデータベースにて，「事業承継」に関連する記事を検索した。当データベースには1876年12月2日以降の日本経済新聞をはじめ，日経産業新聞，日経MJ，47都道府県の新聞，日刊工業新聞等500超の媒体に掲載された記事が収録されている。調査日は2021年12月31日であり，合計11,743,084件の記事データの中から「事業承継」のキーワードに該当する記事を抽出した。

　調査の結果，「事業承継」に関する記事は7,676件，そのうち「事業承継-女性」に該当した記事は299件であった。この中には，「女性」への事業承継に関する記事だけではなく，女性役員・女性管理職の登用や女性社員を増やす，女性の育児休暇等の女性就労，女性起業家についても含まれる（図表6-10）。「男性」への事業承継に関しては，敢えて「男性」と表記しないため，「事業承継-男性」と検索すると160件になる。いくつかの制約条件はあるものの，「事業承継-女性」の記事は，「事業承継」全体の3.9％である。

　上記抽出データを年別に見ると（**図表6-1**），「事業承継」については1978年に記事が出現し，1999年の168件から年間100件以上の記事があらわれ，2008年には年間465件と急増した。その後2011年に128件まで減少したが，再び増加

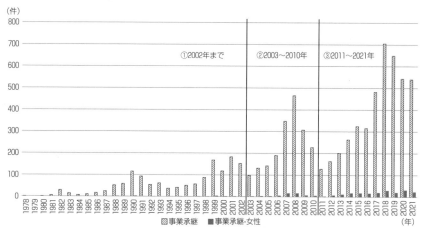

図表 6-1　「事業承継」に関する記事検索結果（年別）

注）1953年に1件あるが，その後1977年まで0件が続いたため省略した。
（検索条件）
掲載日付：1876/12/2～2021/12/31
検索ワード：グラフ1「事業承継」，グラフ2「事業承継」and「女性」
出所：筆者作成

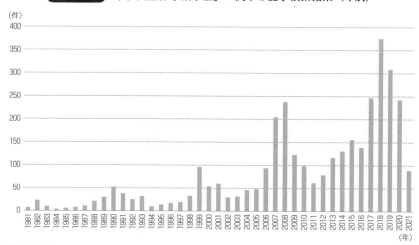

図表 6-2　「中小企業-事業承継」に関する記事検索結果（年別）

（検索条件）
掲載日付：1876/12/2～2021/12/31
検索ワード：（「事業承継」or「事業継承」）and「中小企業」
出所：筆者作成

図表6-3　「事業承継」に関する記事タイトル頻出テキスト

	ワード	頻出件数		ワード	頻出件数		ワード	頻出件数
1	事業	2,593	26	税制	236	51	民間	153
2	承継	1,903	27	他	227	52	機関	148
3	支援	1,307	28	地銀	223	53	情報	148
4	中小	1,275	29	税	216	54	育成	146
5	銀	1,277	30	買収	214	55	法人	145
6	企業	961	31	融資	212	56	再生	141
7	経営	687	32	経済	205	57	産業	140
8	継承	556	33	日本	197	58	課題	139
9	社長	457	34	専門	194	59	調べ	139
10	信金	457	35	商議	190	60	取引	139
11	金融	439	36	拡大	189	61	千葉	137
12	後継	415	37	人材	188	62	東京	133
13	会社	412	38	投資	183	63	子会社	134
14	地域	372	39	営業	179	64	設立	131
15	連携	339	40	業務	174	65	成長	129
16	強化	321	41	活用	173	66	資産	122
17	セミナー	316	42	創業	170	67	改正	122
18	相談	307	43	センター	166	68	拠点	121
19	ファンド	292	44	頭取	165	69	資金	121
20	提携	291	45	静岡	165	70	紹介	120
21	県内	267	46	株	158	71	銀行	118
22	ビジネス	262	47	コン	158	72	長野	118
23	聞く	225	48	戦略	157	73	顧客	115
24	仲介	244	49	サル	156	74	地方	115
25	相続	238	50	対策	154	75	支店	114

出所：筆者作成

し2018年に705件に達した。「事業承継-女性」は1986年に出現し，約20年間は10件に満たず，2007年と2008年に17件と最多になり，2011年には3件にまで減少したものの，再び増加し2020年には32件となっている。

中小企業の事業承継については，1981年に記事が出現し，2008年に238件と1度目のピークを迎える。その後2011年にかけて一旦は62件まで減少したものの，再び増加し2018年に376件に達した（**図表6-2**）。タイトルを詳細に見ていくと，2005年より「後継者不足」のワードが目立つようになり，同時に「後継者育成」も見られるようになった。2021年には「M&A」が出現し，少子化に伴う後継者不足を背景に，第三者への承継が話題となっている。

「事業承継」に関する記事タイトルのテキストマイニング分析の結果を見る

82

図表6-4 「事業承継」記事タイトルの共起ネットワークと対応分析結果

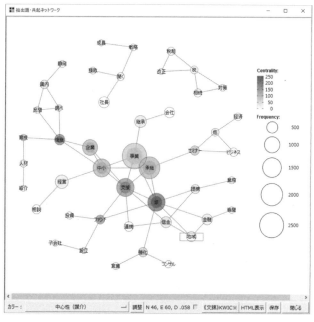

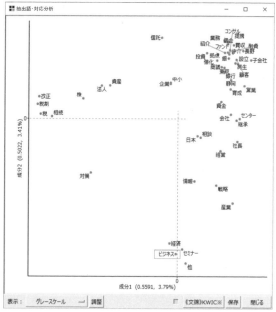

出所：KH coderを用いて筆者作成

と（**図表6-3**），「事業」「承継」以外で最も多く出現したのは「支援」であった。続いて「中小」「企業」であり，事業承継に関して，中小企業への支援の必要性や支援内容がトピックとして多く取り上げられていることがわかる。

「銀」については，KH coderのサブグラフ（**図表6-4**）でわかるように金融機関との結びつきである。事業承継の支援には，「信金」「金融」の役割や「地域」「連携」が浮かび上がる。「ファンド」「投資」あるいは金融機関を通しての「コンサル」「強化」の関連付けも見える。

中小企業との関連では「経営」「相談」，承継との関連では「セミナー」とあり，中小企業の事業承継における支援方法が浮かび上がるが，「税」「税制」「相続」「対策」については，一つのトピックとしては見られるものの，「事業承継」や「中小企業」との関連付けはない。このことから，中小企業の事業承継における関心事は多岐にわたり，税制以外に個別の事情に応じた支援が求められていることがわかる。そして，事業承継の際には，特に地域の金融機関が支援の主軸となっている様子が伺える。

1.2　年代別「事業承継」における関連語の変遷

「事業承継」に関する記事数を年別に見たときに，①2002年まで，②2003年から2010年まで，③2011年から2021年までの3つの山ができている（図表6-1）。この3つの期間を年代として，年代別に記事タイトルのテキストマイニング分析を行った。

その結果，「支援」「コンサル」「仲介」といった単語は，①2002年まで，②2003年から2010年まで，③2011年から2021年までと，徐々に上位に位置づけられるようになった。「ファンド」に関しては，①2002年までは出現していなかったが，②2003年から2010年まで，③2011年から2021年の期間で，上位にあらわれるようになっている（**図表6-5**）。

年代別の記事データの共起ネットワークと対応分析の結果を見ると，①2002年までは，「改正」「減税」「要望」「改革」といった税に関するテキストが特徴的に出現している（**図表6-6**）。「コンサル」「戦略」「情報」や，「セミナー」「ビジネス」「スクール」といった支援の在り方も特徴的にあらわれるが，これ

図表6-5 年代別「事業承継」記事タイトル頻出テキスト

	①2002年まで	（件）	②2003年～2010年	（件）	③2011年～2021年	（件）
1	事業	463	事業	593	事業	1,537
2	企業	227	中小	350	承継	1,365
3	承継	207	承継	331	支援	945
4	中小	203	支援	281	銀	865
5	継承	187	銀	265	中小	722
6	銀	147	継承	249	企業	528
7	経営	133	企業	206	経営	382
8	税	131	経営	172	金融	315
9	相続	127	他	149	信金	315
10	会社	125	セミナー	136	地域	286
11	税制	111	会社	124	後継	279
12	社長	94	強化	104	社長	277
13	支援	81	ビジネス	92	連携	275
14	対策	79	社長	86	ファンド	214
15	相談	77	インフォメーション	82	県内	207
16	信金	72	金融	79	提携	207
17	ビジネス	62	後継	77	地銀	181
18	後継	59	ファンド	71	強化	166
19	日経	57	地域	71	会社	163
20	信組	56	信金	70	相談	161
21	改正	55	相談	69	仲介	158
22	株	54	子会社	66	セミナー	154
23	強化	51	再生	65	人材	148
24	資産	50	買収	65	創業	143
25	評価	49	経済	63	融資	141
26	要望	49	提携	61	頭取	140
27	株式	48	税制	58	民間	139
28	公開	48	聞く	54	聞く	137
29	スクール	46	投資	53	コンサル	131
30	金融	45	連携	53	拡大	131
31	日本	43	営業	51	日本	130
32	活用	41	仲介	51	静岡	128
33	情報	36	県内	48	商議	124
34	支店	35	情報	48	専門	124
35	仲介	35	戦略	47	買収	121
36	運用	34	融資	45	継承	120
37	専門	34	業務	43	経済	114
38	聞く	34	育成	42	千葉	111
39	商議	33	来月	42	調べ	111
40	組織	32	機構	41	センター	110
41	営業	31	センター	39	課題	109
42	自民	31	コンサル	38	業務	109
43	商工	31	株	38	ビジネス	108
44	戦略	31	税	38	活用	107
45	開発	30	相続	38	機関	101
46	財務	30	塾	36	投資	100
47	資金	30	専門	36	営業	97
48	投資	30	法人	36	コロナ	96
49	法人	30	講座	35	成長	96
50	コンサル	29	拡充	34	地方	95

出所：筆者作成

図表 6 - 6　年代別サブグラフと対応分析結果

①2002年まで

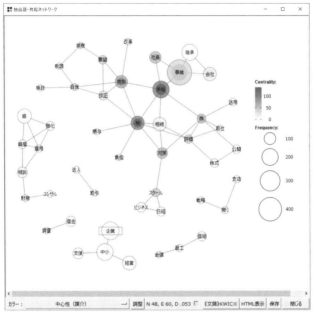

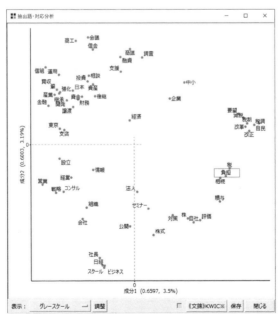

②2003年〜2010年まで

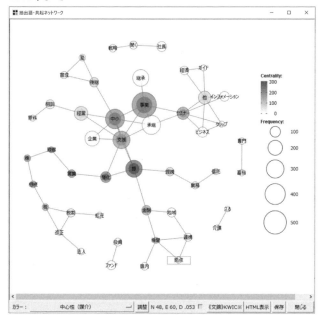

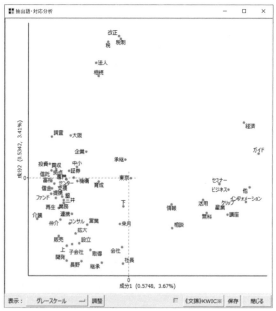

③2011年～2021年まで

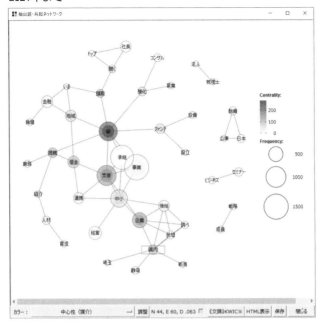

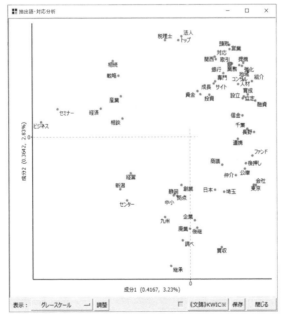

出所：KH coderを用いて筆者作成

らは少し距離がある。②2003年から2010年になると，「ファンド」「投資」「育成」も加わり，支援者や支援機関の距離が近く，これらが「連携」する様子が伺える。③2011年から2021年には，金融機関も含めさらに支援の連携が強まり，さらに「買収」といった手法や，「成長」「戦略」があらわれ，一方で税関連を特徴的とする語群は見られなくなる。

　以上より，事業承継上の課題解決には，税制をはじめとする制度上の支援はいったん落ち着き，企業の事情に合わせた個別支援が必要とされ，親族内承継にとどまらず，M&A手法を視野に入れた企業の成長戦略を描くといった方向性が伺える。

1．3　女性に関する事業承継の変遷

　「事業承継」「女性」をキーワードに記事検索した結果を年代別に見ると（**図表6‐7**），1986年から記事が出現し，約25年は年間10件にも満たなかったが，2007年と2008年に17件と突出し，2011年には3件となった後，再び増加し，2020年に32件となった。「中小企業‐事業承継」（図表6‐2）の増減と似ているが，「事業承継‐女性」（図表6‐7）は増加し続けており，近年の関心の高まりが伺える。女性の事業承継に向けた関心は，事業承継全体から見ると僅少であるが（図表6‐1），関心度は確実に高くなりつつある。

　次に，「事業承継」「女性」で検索した記事タイトルのテキストマイニング分析の結果を見ると（**図表6‐8**），「事業」「承継」以外で最も多く出現したのは「女性」「社長」「経営」「支援」であった。続いて「中小」「企業」であり，事業承継に関して，「女性」「社長」「経営」への関心，「支援」の必要性などが浮かび上がる。「銀」については金融機関との結びつきではあるが，「事業承継」や「女性」「社長」「経営」との直接的な結びつきではなく，政策的あるいは地域活性や起業，地方創生との関連になっている。

　「支援」については，図表6‐4では「信金」「金融」や「地域」「連携」との関連があるのに対し，**図表6‐9**では，「事業」「承継」と関連しているに過ぎず，他のテキストとの関連は具体的に見られない。特記すべきは，図表6‐4で見られた「ファンド」「買収」「投資」「コンサル」といった関連は図表6

図表 6-7　「事業承継-女性」に関する記事検索結果（年別）

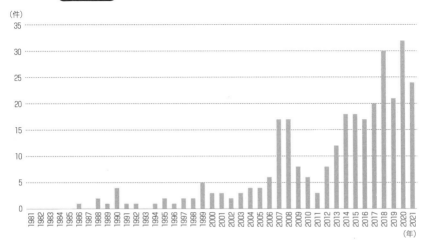

（検索条件）
掲載日付：1876/12/2～2021/12/31
検索ワード：「事業承継」and「女性」
出所：筆者作成

図表 6-8　「事業承継-女性」に関する記事タイトル頻出テキスト

	ワード	頻出件数		ワード	頻出件数		ワード	頻出件数
1	事業	68	21	地域	13	41	特集	9
2	女性	56	22	インフォメーション	12	42	Work	8
3	社長	53	23	継ぐ	12	43	トップ	8
4	承継	51	24	挑む	12	44	マネー	8
5	経営	37	25	継承	11	45	拡大	8
6	支援	37	26	顧客	11	46	関西	8
7	企業	29	27	日経	11	47	首相	8
8	他	26	28	ガイド	10	48	人材	8
9	中小	26	29	育成	10	49	静岡	8
10	銀	24	30	県内	10	50	専門	8
11	聞く	22	31	産業	10	51	相談	8
12	創業	19	32	戦略	10	52	調べ	8
13	セミナー	18	33	地方	10	53	電子	8
14	ビジネス	18	34	中	10	54	ライフ	7
15	後継	18	35	日本	10	55	リーダー	7
16	金融	17	36	民間	10	56	活性	7
17	経済	17	37	Women	9	57	起業	7
18	娘	17	38	センター	9	58	現場	7
19	会社	14	39	学ぶ	9	59	再生	7
20	強化	13	40	後継ぎ	9	60	支店	7

出所：筆者作成

図表6-9 「事業承継-女性」記事タイトルの共起ネットワークと対応分析結果

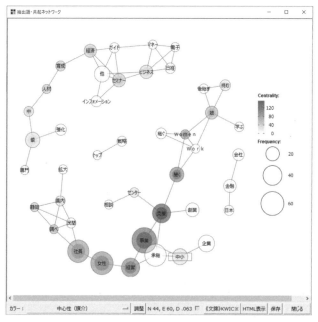

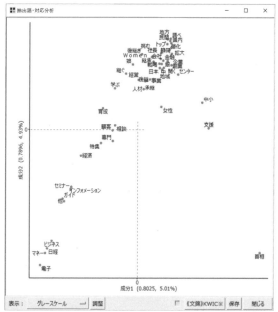

出所：KH coderを用いて筆者作成

図表 6 - 10　「事業承継-女性」に関する記事分類

分類	件数
女性への事業承継，女性後継者	79
女性経営者，女性起業家	43
女性役員，女性管理職	16
女性社員，女性の就労	89
その他女性関連	58
女性に直接の関連なし	56
合計	341

出所：筆者作成

- 9には見られず，「人材」「活用」「育成」の関連は見られる。他にも「父」「後継ぎ」「娘」「挑む」あるいは「家業」「継ぐ」「跡取り」「学ぶ」といった関連は，図表6-9にしか見られない。このことから，女性の事業承継における関心事は，事業承継全体の関心事とは異なる関連が見られ，女性が経営者になることをチャレンジととらえる様子や，応援する，支援する必要性はあるものの，まだ具体的ではないといった様子が伺える。

　「事業承継」「女性」で検索した299件の記事データに，「女性後継者」（7件），「跡取り娘」（30件），「後継ぎ娘」（5件）の検索結果を追加し，341件の記事データの中から，女性後継者に関する記事を特定する。タイトルあるいは記事内容から，「女性への事業承継，女性後継者」「女性経営者，女性起業家」「女性役員，女性管理職」「女性社員，女性の就労」「その他女性関連」「女性に関連なし」に分類した（**図表6-10**）。その結果，「女性への事業承継，女性後継者」に該当する記事は79件であり，1986年に初めて2件掲載されている。1986年は「男女雇用機会均等法」が施行された時期である。3件目は1989年に松下電器商学院女子部の記事が掲載されており，家業に入る予定あるいは事業承継予定の女性が経営学を学び，家業を支えるとともに松下ブランドへの忠誠心を強くする様子が記事になっている。まさにファミリービジネスの女性の役割が描かれている。

2　女性への事業承継のパターン分析

　女性が事業承継する際には，どのようなプロセスで後継者となるのだろうか。高田（2021）は，後継者にとって後継プロセスは，家業の持つ理念や必要性を学ぶ期間，および次期経営者としての正当性[1]を獲得する二つの役割を持つとし，女性の後継プロセスに着目して女性後継者を類型化した。

　27名の女性後継者を調査し，入社から社長になるまでの道のりに着目し，5つに分類した。入社時に親から将来の後継の約束があり，本人もそのつもりで入社しキャリアを積み，然るべき時に社長となった約束型，入社時から会社を継ぐ意思があり，立候補して後継者として認められた初期立候補型，最初は家業を手伝うだけのつもりで入社したが，次第に会社を継ぎたいと思い立候補し，親に認められた中期立候補型，家業のことを考えてはいたが，後継の意志そのものは出さずにおり，時間の経過と共に親が「お前の代になったら」を言葉に出し始め，自然にその方向に物事が進み，ある日後継が決まった成り行き型，入社時は家業を継ぐ気は稀薄だったが，親の経営行動に危機感を覚え，親を追い出す形で後継をした簒奪型である。

図表6-11　女性への事業承継パターン

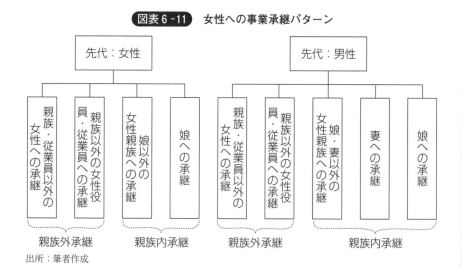

出所：筆者作成

　高田（2021）の調査の結果，最も多かったのが成り行き型10名，中期立候補型 7 名，約束型 4 名，初期立候補型 3 名，簒奪型 3 名であった。ただし，これは娘への事業承継の中で，娘がどの段階で後継者候補になり，後継者になる決意をしたかに着目した分類であり，この中に妻である女性後継者，あるいは先代の逝去によって後継者となった女性は含まれない。

　Dumas（1990）は，女性後継者の行動と父親の関係を 3 つに分類した。 1 つ目は父の意向を第一に行動する愛娘としての役割を演じる（Caring for the father）タイプ， 2 つ目は父を助け暖簾に忠実な跡取り娘の役割を演じる（Caretaker of the kings gold）タイプ， 3 つ目は父から権力を簒奪し自らの道をいく（Taker of the gold）タイプである。

　高田（2021）やDumas（1990）は父から娘への事業承継について類型化しているが，妻やそれ以外の女性への事業承継を含め，女性への事業承継パターンを誰から誰への承継かに着目して類型化したものが**図表 6 -11**である。

　「女性への事業承継，女性後継者」に該当する記事79件の中から，氏名が掲載されている54名の女性後継者を抽出した（**図表 6 -12**）。記事内容により判明する範囲で分類すると，「父から娘への承継」が32名，「母から娘への承継」が 3 名であり，先代の性別は不明だが「娘への承継」が 9 名を入れると，約 8 割は「娘への承継」であった。その他には，「夫から妻への承継」が 2 名，親族外承継が 2 名，誰から誰への承継かはわからないが「家業を継いだ」 4 名，事業承継であることのみ判明した 2 名を含めて，女性への事業承継の多くは「父から娘への承継」であることがわかる。

　Dumas（1990）の 3 つタイプは，多くの場合， 1 つの記事データから判別することは難しいため，日経テレコン記事データから抽出された中小企業の女性後継者の中では，日本電鍍の伊藤麻美氏，石坂産業の石坂典子氏，ダイヤ精機の諏訪貴子氏，ホッピービバレッジの石渡美奈氏のみ判別を試みた。日経テレコンデータベースをはじめ企業HP等の公開情報を使用して分析を行った。日本電鍍以外の 3 社は父から娘への承継であるが，日本電鍍の場合は，創業者である父が亡くなった後に親族ではない役員が後継者となったが経営がうまくいかず，複数回の経営者交替を経て，創業者の娘が事業を継いでいる。

　石坂産業は，娘にやりたいことがあり，入念に準備して父を説得するといっ

図表 6 - 12　日経テレコン記事より抽出した女性後継者の承継パターン

No	日付	媒体	社名	代表者名	所在地	承継パターン
1	1989/04/14	日経産業	鉄デンキ	鉄真紀	兵庫県多可郡	父→娘
2	1989/04/14	日経産業	山本電機	山本優子	愛知県岡崎市	父→娘
3	1989/11/30	日経夕刊	アリストクラト	ジョイス・ラポス	フィリピン・マニラ	母→娘
4	1994/11/28	日経夕刊	プラネット三友	竹内美千代	東京都中野区	父→娘
5	1994/11/28	日経夕刊	岡本ホテル	岡本美奈子	静岡県熱海市	母→娘
6	1994/11/28	日経夕刊	オカダ	岡田由美	大阪市	父→娘
7	1999/02/23	日経夕刊	土屋酒造	土屋桜子	東京都狛江市	父→娘
8	1999/02/28	日経	テクノーカ甚左衛門	大橋清美	茨城県竜ケ崎市	娘へ
9	2001/06/07	日経兵庫	トープラ	北沢美枝子	大阪府東大阪市	父→娘
10	2001/06/07	日経兵庫	フソー	大野すみ子	兵庫県尼崎市	父→娘
11	2004/09/14	日経夕刊	エアァシェンペクス	江村林香	東京都新宿区	親族外
12	2005/03/09	日経夕刊	安達太陽堂	長谷川桂子	岡山県新見市	娘へ
13	2006/08/21他	日経名古屋他	日本電鍍工業	伊藤麻美	さいたま市	娘へ
14	2010/07/17	日経夕刊	大泉書店	大泉満佐子	山形県新庄市	母→娘
15	2011/10/15他	日経西部他	糀屋本店	浅利妙峰	大分県佐伯市	父→娘
16	2012/02/20	日経産業	マロニー	河内幸枝	大阪府吹田市	父→娘
17	2012/09/27他	日経静岡他	蒲原屋	新谷琴美	静岡市内	公募
18	2013/01/05	日経名古屋	護国之寺	広瀬有香	岐阜市	父→娘
19	2013/01/30他	日経産業他	小金屋食品	吉田恵美子	大阪府大東市	父→娘
20	2014/01/11	日経	銀座いせよし	千谷美恵	東京都中央区	娘へ
21	2014/01/11	日経	山の壽造造	山口郁代	福岡県久留米市	娘へ
22	2014/07/08	日経近畿B	みす武	大久保和佳	京都市	娘へ
23	2014/07/08	日経近畿B	サンプレ	佐藤可奈	大阪市	(家業)
24	2014/07/08他	日経近畿B他	うまもん	中野百合子	山口県岩国市	(家業)
25	2016/06/01	日経MJ流通	大塚家具	大塚久美子	東京都江東区	父→娘
26	2016/06/27他	日経産業他	森トラスト	伊達美和子	東京都港区	父→娘
27	2016/07/16	日経近畿B	新征テクニカル	与那嶺まり子	兵庫県尼崎市	(家業)
28	2016/07/16	日経近畿B	大阪糖菓	野村しおり	大阪府八尾市	-
29	2016/07/16	日経近畿B	比叡ゆば本舗ゆば八	八木幸子	滋賀県守山市	夫→妻
30	2016/07/16	日経近畿B	ユーシン精機	小谷真由美	京都市	夫→妻
31	2016/07/16	日経近畿B	大阪バネ工業	笠井洋子	東大阪市	父→娘
32	2016/07/16他	日経近畿B他	平安伸銅工業	竹内香予子	大阪市	娘へ
33	2017/08/14他	日経他	石坂産業	石坂典子	埼玉県三芳町	父→娘
34	2017/08/14他	日経他	ダイヤ精機	諏訪貴子	東京都大田区	父→娘
35	2018/03/26	日経	-	鈴木みどり	奈良県	(家業)
36	2018/03/26	日経	上羽絵惣	石田結実	京都市	父→娘
37	2018/03/26	日経	梅乃宿酒造	吉田佳代	奈良県葛城市	父→娘
38	2018/11/26	日経	宗家花火鍵屋	天野安喜子	東京都江戸川区	父→娘
39	2018/11/26	日経	竹下製菓	竹下真由	佐賀県小城市	父→娘
40	2018/11/26	日経	中央葡萄酒	三沢彩奈	山梨県甲州市	父→娘
41	2019/03/22	日経	マックス	大野範子	大阪府八尾市	父→娘
42	2019/11/06	日経北海道	一平本店社	石塚千津	北海道室蘭市	父→娘
43	2019/12/04	日経埼玉	河村屋	染谷静香	埼玉県三芳町	父→娘
44	2020/02/28	日経産業	オカモトヤ	鈴木美樹子	東京都港区	父→娘
45	2020/02/28	日経産業	ユタカ産業	野口恵理	東京都世田谷区	-
46	2020/02/28	日経産業	結城商事輸送	結城恵美	横浜市	父→娘
47	2020/05/19	日経産業	湯建工務店	大関泰子	東京都大田区	父→娘
48	2020/07/01	日経東京	時洋 (ナダ・ドリーム・ファクトリー)	吉岡幸織	東京都千代田区	父→娘
49	2020/12/19	日経東京	TDM1874ブルワリー	石田美寿々	横浜市緑区	娘へ
50	2020/12/19	日経東京	佐藤農園	佐藤愛美	横浜市緑区	娘へ
51	2021/01/06	日経中部	寿商店	森朝奈	名古屋	娘へ
52	2021/05/03	日経	東横イン	黒田麻衣子	東京都大田区	父→娘
53	2021/10/06	日経	センショー	堀内麻祐子	大阪市	父→娘
54	2021/10/20	日経	ホッピービバレッジ	石渡美奈	東京都港区	父→娘

（検索条件）掲載日付：1876/12/2～2021/12/31
検索ワード：「事業承継」and「女性」の記事データから女性後継者名を抽出
出所：筆者作成

たことはあったが,「父の夢を私が実現させる」という思いからは,父の意向を第一に行動する「Caring for the father」に近い。ダイヤ精機は,父の存命中は,何度も経営方針の違いから対立が見られたが,父の逝去により事業承継しているため,「家業を助ける」姿勢から「Caretaker of the kings gold」といえる。ホッピービバレッジは,先代の父との関係は良好で対立は見られず,父を助け暖簾に忠実に跡取り娘を演じる「Caretaker of the kings gold」に近い。日本電鍍は,経営がうまくいかなかった前経営者からの承継では,権力を簒奪し自らの道をいく「「Taker of the gold」,実質的に父からの承継と捉えると「父が築いた功績を私が守る」娘の思いは「Caring for the father」といえる。

女性への事業承継は全体として,先代との関係が良好で,創業家として基本的に経営理念は引き継いでいくが,これまでにはない新しいことには取り組んでいく姿勢が見られる。共通目標はありながら,そこに至るプロセスは違う。時代の変化に合わせ,あるいは顧客ニーズに迅速に反応して,新しい商品・サービスの開発を行い,家業としての事業の持続可能な将来を見据えて行動する点が目立つため,父の意向を第一に行動する愛娘としての役割を演じる「Caring for the father」,父を助け暖簾に忠実な跡取り娘の役割を演じる「Caretaker of the kings gold」に近いものの,一致するとはいい難いケースも多かった。

3　女性後継者の事業承継プロセス分析

中小企業の女性後継者はどのような存在なのだろうか。どのようにして後継者になるのだろうか。本研究の調査の視点はどのようにおくべきか,インタビュー調査の視点を探る目的で,日経テレコン記事およびメディアの出現回数が多い中小企業の4名の女性後継者(**図表6-13**)について,公開情報をもとに分析を行う。新聞記事やインターネット記事の公開情報から,高田(2021)およびDumas(1990)のフレームワークを用いて,女性後継者の後継プロセスを考察する。

図表6-13	女性後継者の記事数	
企業名	後継者名	日経テレコン記事件数
日本電鍍株式会社	伊藤麻美氏	23
石坂産業株式会社	石坂典子氏	23
ダイヤ精機株式会社	諏訪貴子氏	21
ホッピービバレッジ株式会社	石渡美奈氏	41

※掲載日付：1876/12/2～2021/12/31, 掲載日順
出所：筆者作成

3.1　日本電鍍工業　伊藤麻美氏

　日本電鍍工業株式会社（以下，日本電鍍）は，1956年に伊藤光雄氏が創業，1958年に法人化した金属めっき加工業である。1972年に埼玉県大宮市に工場を移転，貴金属めっきを中心に精密機械や医療機器の最終工程の表面処理加工を幅広く手掛けている。

　伊藤麻美氏（以下，麻美氏）は，東京六本木で生まれ育ち，いわゆる「お嬢様」であった。インターナショナルスクールで学び，大学卒業後はラジオパーソナリティーになったが，1998年ジュエラーを目指し米国留学，宝石鑑定士の資格を取得した。1991年に父が逝去した後の会社は，経営陣が事業を引き継いでいたが，取引先の海外移転や後継者の放漫経営で倒産寸前の状態になり，「実家が売却される」との継母からの電話で米から麻美氏が緊急帰国した。最盛期には年間売上高50億円であったが，赤字経営が続き，当時の負債額は10億円超，最盛期には200名の社員がいたが，当時は48名にまで減っていた。麻美氏は「自分が社長になるしかない」と2000年に代表取締役に就任した。

　麻美氏は社長就任後，3年で黒字転換を図った。本来はリストラを断行するところだが，雇用の維持にこだわり，10億円の負債は個人保証した。9割を占める「時計」の比率を減らし，当時のブームである携帯電話やパソコンのめっきに乗り出そうとしたが，自社の強みは「厚み」のある高品質のめっきであることに気づき，需要があり景気に左右されない「医療」「健康」「美容」に目をつけた。技術的に難しい案件にも社員一丸となって取り組み，成果を上げていった。

　2007年には経済産業省「元気なモノ作り中小企業300社」に選定され, 2000年の経営危機当時には門前払いであった金融機関も支援に乗り出す中で, 麻美氏は「市場は海外に求めるが, 国内の雇用を守り, 国内で事業継続させることを重視した規模拡大を目標としない戦略」を打ち出している。

　日本電鍍の事業承継は, 父から親族外の従業員への承継を経て, 娘へ承継があった。「家業」という意味では, 父から娘への親族内承継であるが, 9年間は親族外である男性経営陣3人が, 1名の再任を含めて4代に渡り社長職についている。誰が現経営者に事業承継したかという観点でいうと, 現経営者の親族外からの承継である。

　麻美氏は光雄氏の一人娘であるが, 幼少期から後継者とされていたわけではなく, 両親からは「今しかできないこと, 好きなことをやればいい」と背中を押されていた。光雄氏はこれまで, 会社を立ち上げ, 軌道にのると他人に運営を任せてきたため, 父が他界したときも経営陣が会社を引き継ぐのは自然であった。しかし倒産危機と聞き, 急に帰国した創業者の娘が事業承継する「簒奪型」と言える。ただし父から簒奪したのではない。

　日本電鍍の事業承継は, 一般的には父の意思を継いだ娘の事業承継とされているが, これまでの類型にはあてはめにくい。Dumas（1990）の3つのタイプに当てはめると,「父が築いた功績を私が守る」という思いからは, 父の意向を汲んで行動する「Caring for the father」が近しい。しかし麻美氏の直前の経営者との関係でいくと, 前経営者から権力を簒奪し自らの道をいく「Taker of the gold」である。

3.2　石坂産業　石坂典子氏

　石坂産業株式会社（以下, 石坂産業）は, 1967年に石坂好男氏が土砂処理業として創業した。1971年に法人化し, 1975年に産業廃棄物収集運搬処理業を開始した。1982年に埼玉県三芳町に移転,「大量に捨てられるゴミを再資源化する工場を建てる」のが先代の夢であった。1999年にダイオキシン騒動があり地元住民からのバッシングにより立ち退きや廃業を迫られ, 主力事業だった建設系産業廃棄物の焼却による縮減事業から再資源化事業へと業態転換を図る。

石坂典子氏（以下，典子氏）は，高校卒業後，米バークレー大学に短期留学し，ネイリストを目指す。勉強資金を稼ぐため，父の会社を手伝う中で，経営危機を目の当たりにし，後継者として立候補した。当時2人目の子供を妊娠中であり，先代には反対されたが，「1年やってだめなら辞める」と宣言し，2002年に代表権のない社長に就任した。

典子氏は産業廃棄物の90％以上をリサイクルできる先進的な再資源化施設を設立し，国内外から年間4万人の見学者を受け入れ，「見せる経営」を実践している。2013年にはJHEP（Japan Habitat Evaluation and Certification Program）認証AAAランク[2]を取得，風評被害を乗り越えて，持続可能な社会を目指し，サーキュラ・エコノミーにおける廃棄物処理について日々画策している。「ウーマン・オブ・ザ・イヤー2016」情熱経営者賞を受賞，7歳下の妹康子氏は専務として典子氏を支えている。

石坂産業の事業承継の類型は，父から娘への親族内承継である。典子氏は後継者として育てられたことはなく，後継者と言われたこともなかった。父はいずれ長男に継がせるつもりでいたようだが，他社で働いており，継ぐ意思はなく，長女である典子氏が立候補した。産業廃棄物処理業の世界は男性社会であり，「女性に社長は無理」と父には反対されたが，1年という期限付きでチャンスをもらった「中期立候補型」と言える。

典子氏の経営方針をDumas（1990）の3つのタイプに当てはめると判別が難しい。「父の夢を私が実現させる」という思いからは，父の意向を第一に行動する「Caring for the father」の面が見られるが，父を助け暖簾に忠実に跡取り娘を演じる「Caretaker of the kings gold」の面もある。しかし目標は同じでもプロセスの違いから，典子氏がやりたいことは，初めは父に受け入れてもらえなかった。入念に準備して説得を試みて，中には期限付きで承諾を得たことからすると，先代から権力を簒奪し自らの道をいく「Taker of the gold」の面もある。

3.3 ダイヤ精機　諏訪貴子氏

ダイヤ精機株式会社（以下，ダイヤ精機）は，1964年に精密部品加工とし

て中小ものづくり企業が多く集まる東京都大田区に創業した。自動車メーカー及び各種部品メーカー向けの金型・ゲージ・治工具の設計・製作・製造の一貫加工メーカーとして，2008年にはIT経営実践企業に認定されている。

　諏訪貴子氏（以下，貴子氏）は，ダイヤ精機の創業者諏訪保雄氏の長女であり，幼いころから父が働く姿を見て育った。貴子氏が生まれる前に亡くなった兄の代わりとして育てられたが，直接「会社を継いでほしい」と言われたことはなかった。大学進学の際に，医学部を希望したが，父の勧めで工学部に進学し，卒業後はエンジニアとして働いた。出産を機に退職し，1998年に父に請われてダイヤ精機に入社したが，社内分析を行った結果，人員過剰であることがわかりリストラを提案するも，自分がリストラされる。その後も父との意見が合わず入退社を繰り返したが，2004年に父の逝去に伴い，社員に請われて社長に就任した。

　就任直後から経営再建に着手し，生産管理システムを導入，コスト管理や取引先との交渉力を高め，若手社員への技術伝承も積極的に進めた。当時ではDX（デジタルトランスフォーメーション）の先駆けであり，2012年には「ウーマン・オブ・ザ・イヤー2013大賞」（リーダー部門）を受賞している。2014年に自著『町工場の娘』を出版，テレビドラマ化された。2018年から日本郵便社外取締役を務め，2021年秋には政府の「新しい資本主義実現会議」のメンバーに選出されている。

　ダイヤ精機の事業承継の類型は，父から娘への親族内承継である。兄は貴子氏の生前に逝去しており，姉は専業主婦で会社には関わっていないため，他に継ぐ子供はいなかった。「兄の代わり」として育てられたが，後継者と言われたことはなかった。先代（父）から請われて入社したときは，後継者になる意識がなくはなかったが，父との方向性の違いから入退社を繰り返している。父の逝去により，社員たちから「全力でバックアップするから社長になってほしい」と頼まれて事業承継したことを勘案すると，承継発生時は社員からの間接依頼による「約束型」と捉えられるが，最初の入社時の経緯を勘案すると「簒奪型」にも近い。高田（2021）の分類では判別がつきにくいケースである。

　Dumas（1990）の女性後継者の行動と父親の関係性では，父の逝去により事業承継しているため，どのタイプにも該当しにくいが，貴子氏の経営方針は，

父の意向を第一に行動する「Caring for the father」ではなく，父を助け暖簾に忠実に跡取り娘を演じる「Caretaker of the kings gold」とも言えないが，「家業を助ける」という姿勢からは「Caretaker of the kings gold」の面がある。ただし父の存命中は，何度も経営方針の違いから対立が見られたことからすると，先代から権力を簒奪し自らの道をいく「Taker of the gold」の面もある。

3.4　ホッピービバレッジ　石渡美奈氏

ホッピービバレッジ株式会社（以下，ホッピービバレッジ）は，石渡秀氏が10歳にて始めた石渡五郎吉商店を起源とする。清涼飲料やラムネを製造・販売する中で，1948年にホッピー[3]を開発した。その後，創業者の息子である光一氏が事業承継し，居酒屋を中心にロングセラー商品としての地位を確立した。

石渡美奈氏（以下，美奈氏）は，大学卒業後は一般企業に入社し，数社経験を積み，1997年ホッピービバレッジに入社した。当時父は美奈氏の入社に反対だったが，父のそばで経営を学んでいるうちに，「いずれ会社をあなたに渡すから，僕は口を出さない」と言われ，2003年に副社長になり，2006年から事業承継の準備が始まった。

美奈氏は，2010年3月6日に3代目社長に就任した。その年は創業100周年の節目であり，3月6日は創業者である祖父の命日であった。美奈氏の社長就任と同時に，光一氏は代表取締役会長となった。光一氏は「お前の邪魔になるなら引退する。僕の立場はいかようにでもしてくれ」と自分の立場を娘に託したが，「10年は代表権を一緒に持ってほしい」と美奈氏が頼み，複数代表制とした。美奈氏が入社し，社長就任後，2019年に光一氏が逝去するまで，約20年間伴走し，父から娘へ事業承継していった。

美奈氏はラジオ番組出演の他，自ら広告塔として積極的なブランディング活動をしており，承継前に一時は8億円に落ち込んでいた売上は，5倍の40億円に伸びている。ただし，利益が出ていることで株価も上がっており，先代が亡くなったときは膨大な税金がかかることになったが，「先代を現役のまま送りたい」という美奈氏の意向が優先された。

ホッピービバレッジの事業承継の類型は，父から娘への親族内承継である。

図表 6 - 14　　4 社の企業概要と事業承継の概要

会社名	日本電鍍工業（株）	石坂産業（株）	ダイヤ精機（株）	ホッピービバレッジ（株）
代表者	伊藤麻美	石坂典子	諏訪貴子	石渡美奈
本社所在地	埼玉県さいたま市	埼玉県三芳町	東京都大田区	東京都港区
創業 （会社設立）	1956年 （1958年）	1967年 （1971年）	1964年	1905年
創業者	伊藤光雄（父）	石坂好男（父）	諏訪保雄（父）	石渡秀（祖父）
創業者との 関係	娘（一人娘）	娘（二人姉妹の姉）	娘（長女，亡兄）	孫
従業員	73名 （2022年2月）	約180名 （2021年1月）	36名 （パート・アルバイト除く）	約40名
資本金	1,000万円	5,000万円	1億8,700万円	1,000万円
年商	7億3,000万円 （2020年度）	6,162百万円 （2020年8月期）	3億700万円 （2005年7月）	41億円 （2019年3月期）
事業内容	電気めっき加工，無電解めっき加工，イオンプレーティング，その他の表面処理。電気メッキやイオンプレーティングなどの表面加工	産業廃棄物中間処理業，収集運搬業・積替保管許可，再生品販売業，古物商	自動車メーカー及び部品メーカー向け精密部品・治工具，設計製作	ホッピー・サワー・ビール・リキュール及び各種清涼飲料水 炭酸飲料水の製造・販売
会社URL	https://www.nihondento.com/	https://ishizaka-group.co.jp/	http://www.daiyaseiki.co.jp/	https://www.hoppy-happy.com/
承継年	2000年	2002年	2004年	2010年
承継タイプ	父→（他者3名，4代）→娘（6代目）	父→娘（2代目）	父→娘（2代目）	祖父→父→娘（3代目）
承継年齢	娘32歳 ※9年間は経営陣が経営	父66歳，娘30歳	父64歳，娘32歳	父75歳，娘41歳
事業承継の経緯	23歳で父が病死（1991年）。その後，当時の経営陣が引き継いだが倒産の危機になり，継母からの電話で米から帰国。はじめは反対されたが「自分が社長になるしかない」と決意した。	社長になるつもりはまったくなかったが，産業廃棄物処理業の現状を目の当たりにし，自ら社長に立候補した。	先代（父）に請われ入社するも，方向性の違いから退社。その後も入退社を繰り返す。父の急逝により社員に請われて事業承継することになり，社員の反対は受けながらも3ヵ月計画の経営改革を断行し，「新生ダイヤ」を誕生させた。	2003年に「いずれお前に三代目のバトンを渡す」と，父からはっきり言われて副社長になった。
経営者プロフィール	清泉インタナショナルスクール，上智大外国語学部卒業。ラジオパーソナリティーを経て，宝石鑑定士を目指しカリフォルニアに留学。1999年に帰国，入社。一児の母，夫も家業を継ぎ，スキー場経営，単身赴任。	高校卒業後，米バークレー大学に短期留学。92年入社。二児の母。	成蹊大学工学部卒，大手自動車部品メーカーに女性初のエンジニア採用，2年後結婚出産退職，専門学校を出て司会者に。ダイア精機の社員として働くもリストラを提案し，自分がリストラされる。2年後，それをまた繰り返す。	立教大学文学部卒業，日清製粉入社人事部所属，93年退社。広告会社，東京ガスを経て，1997年入社。2003年副社長，2010年社長就任。早稲田大学院商学研究科修士課程修了（MBA）。慶應義塾大学院SDM修士課程修了。
その他	負債10億円で危機状態にあった会社をわずか3年で黒字転換，現在は自己資本比率60%	妹・知子氏は専務（ISO担当）	自著「町工場の娘」（日経BP刊）NHKでドラマ化「ザ・町工場」	ラジオ番組「看板娘ホッピーミーナのHOPPY HAPPY BAR」（ニッポン放送）でパーソナリティーを務める。 二代目石渡光一氏は代表権のある会長に就任，2019年没（84歳）。
業種	製造業（金属メッキ）	産廃業（サービス）	製造業（精密部品）	製造業（小売）
企業規模	中小企業	中小企業	中小企業	中小企業

注）調査日時点
出所：日経テレコンデータベースおよび各社公開情報をもとに筆者作成

美奈氏は一人娘であるが，「会社を継いでほしい」と言われたことはなく，幼い頃から親族の会話の中で，漠然と「自分は会社を継ぐ立場にはある」と感じていた。入社当時は父に反対されていたので「約束型」とは言い難いが，一緒に経営に関わり，父は「伴走型」を自負していることから「成り行き型」，さらには「いずれ会社をあなたに渡す」という発言が見られるので「初期立候補型」と考えられる。

　美奈氏は，先代の父との関係は良好で対立は見られないが，目標は同じでもプロセスが違う傾向はみてとれる。伴走型であるが，Dumas（1990）の3つのタイプでは，父の意向を第一に行動する「Caring for the father」，父を助け暖簾に忠実に跡取り娘を演じる「Caretaker of the kings gold」ともに近いが，どちらにも当てはまらない面がある。

3.5　女性後継者の事業承継プロセスの傾向

　日経テレコン記事データおよび各種メディアに出現回数の多い4名の中小企業の女性後継者の事業承継プロセスをまとめる（**図表6-14**）。

　女性への事業承継の類型として，誰から誰への事業承継かに着目したものが，図表6-11である。先代が男性で，娘への承継，妻への承継，娘や妻以外の女性親族への承継，親族以外の女性従業員への承継，親族や従業員以外の女性への承継の5パターン，および先代が女性で，娘への承継，娘以外の女性親族への承継，親族以外の女性従業員への承継，親族や従業員以外の女性への承継の4パターンの合計9パターンがある。

　高田（2021）は，入社から社長になるまでの道のりに着目し，5つに分類した。入社時に親から将来の後継の約束があり，本人もそのつもりで入社しキャリアを積み，然るべき時に社長となった「約束型」，入社時から会社を継ぐ意思があり，立候補して後継者として認められた「初期立候補型」，最初は家業を手伝うだけのつもりで入社したが，次第に会社を継ぎたいと思い立候補し，親に認められた「中期立候補型」，家業のことを考えてはいたが，後継の意志そのものは出さずにおり，時間の経過と共に親が「お前の代になったら」を言葉に出し始め，自然にその方向に物事が進み，ある日後継が決まった「成り行

図表 6 -15　　**4 社の事業承継パターン**

企業名	後継者名	事業承継の類型	高田 (2021)	Dumas (1990)
日本電鍍	伊藤麻美氏	父から娘への親族内承継（父の逝去後，当時の経営陣3名/4代を経て）	（1代前から）簒奪型	（1代前から）Taker of the gold（父から）Caring for the father
石坂産業	石坂典子氏	父から娘への親族内承継	中期立候補型	Caring for the father もしくはCaretaker of the kings gold もしくはTaker of the gold
ダイヤ精機	諏訪貴子氏	父から娘への親族内承継	約束型もしくは簒奪型	Caretaker of the kings goldもしくはTaker of the gold
ホッピービバレッジ	石渡美奈氏	父から娘への親族内承継	成り行き型あるいは初期立候補型	Caring for the father あるいはCaretaker of the kings gold

出所：筆者作成

き型」，入社時は家業を継ぐ気は稀薄だったが，親の経営行動に危機感を覚え，親を追い出す形で後継をした「簒奪型」である。

　Dumas (1990) のタイプは，女性後継者の行動と父親の関係に着目し，父の意向を第一に行動する愛娘としての役割を演じる（Caring for the father），父を助け暖簾に忠実な跡取り娘の役割を演じる（Caretaker of the kings gold），父から権力を簒奪し自らの道をいく（Taker of the gold）の3つである。

　高田 (2021) の27名の調査結果では，最も多かったのが成り行き型であったが，今回の4名のうち成り行き型と言える可能性が高いのは，1名のみであった。成り行き型は，後継者選定を含めた事業承継をする側の準備や引継ぎ環境を整えるだけでなく，後継者側の意識の醸成といった要素が，意見の対立は少なく自然に遂行される。約束型と比較すると計画性は低くみえるが，実は拘束力のない中で円滑に経営を引継ぐ理想の形とも言える。

　約束型は，高田 (2021) では4名だったが，今回の調査でははっきりと約束型と言えるケースはなかった。ダイヤ精機の場合は，父が亡くなった後に社員に請われて入社した場面を切り取って見ると約束型であるが，父が存命中は意

見の対立が見られ入退社を繰り返したことから約束型とは言い難い。

　日本電鍍の場合は，簒奪型といっても，父からの簒奪ではなく，親族外の経営陣からの簒奪である。放漫経営により業績悪化した経営陣から家業を立て直す使命感を持った上での簒奪であり，その後業績回復し，企業は成長している。したがって「簒奪型は失敗する」と一概には言えず，多様な事情の中に簒奪型が存在する。

　そして，今回の調査分析では，中期立候補型が1名見られただけで，立候補型があまり見られなかった。高田（2021）の調査では，27名中初期立候補型3名，中期立候補型7名であり，合わせて10名で，成り行き型に匹敵する。今回は公表された文献をもとにした調査であったため，親族内の個別事情は詳細には分からず，結果として立候補型と判別できなかった可能性はあるが，特に初期立候補型のように，入社時に本人が後継者になるつもりで入社するケースは，女性の事業承継には少ないと考えられる。

　事業承継時に先代が存命であるかどうかも，事業承継に影響を与える一要因と考える。石坂産業とホッピービバレッジは，前経営者が存命中に事業承継できており，後継者と伴走した時期がある。経営者として独り立ちできるまで，正統性を得るまでの移行期間を少なからず設けることができ，安定的に事業承継できる可能性が高くなる。ダイヤ精機と日本電鍍は，後継者が決まっていない時期に創業者が逝去し，急いで誰かを後継者としなければ事業を存続させることができなかった。倒産や廃業の危機を目前に，半ば強制的に，あるいは周囲から懇願されて後継者になる。高田（2021）の調査は，「後継者として公式に指名された」「間接的な指名があった」「自分から立候補した」の視点で類型化しているため，この点については当てはめるのがやや困難であった。

　Dumas（1990）の3つタイプでは，高田（2021）の簒奪型が父から権力を簒奪し自らの道をいく（Taker of the gold）に該当することは明らかであるが，父の意向を第一に行動する愛娘としての役割を演じる（Caring for the father），父を助け暖簾に忠実な跡取り娘の役割を演じる（Caretaker of the kings gold）は，あてはまり度がそう高くはない。先代との関係も良好で，創業家として基本的に経営理念は引き継いでいくが，これまでにはない新しいことには取り組んでいく姿勢が見られる。目標は共通だが，そこに至るプロセスは違う

ということである。時代の変化に合わせ，あるいは顧客ニーズに迅速に反応して，新しい商品・サービスの開発を行い，家業としての事業の持続可能な将来を見据えて行動する点が目立つため，父の意向を第一に行動する愛娘としての役割を演じる（Caring for the father），父を助け暖簾に忠実な跡取り娘の役割を演じる（Caretaker of the kings gold）と言いにくいケースが多かった。

　今回の調査分析で判明したことは他にもある。大企業や上場企業の場合，女性後継者を指名する際には，男性後継者の指名時よりも周囲が納得する明確な理由が必要になる場面がある。「実績がある」「他の（男性の）子より優秀である」といった積極的理由あるいは「他に継ぐ者がいない」という消極的理由が必要とされるが，これは裏を返せば，根底に「長男が継ぐ」「（長男が継げないなら）次男が継ぐ」「男子がいないときには娘婿が継ぐ」といった考えがあることが伺える。しかし，中小企業の後継者指名時にはあまり見られない。たとえ創業家というだけで当然にして後継者となるのは，理由として不十分ではあっても，「他に継ぐ者がいない」という消極的理由が何より上回る。それだけ中小企業の後継者不足は深刻で，企業存続か廃業かの二者択一の中で，誰かがやらなければならず，実質的選択肢が限られてしまうことのあらわれである。

注 ───────────

1　事業承継研究において，一般的には「正統性」が用いられているが，高田（2021）は「正当性」を用いている。「正統性」を用いた論文には，落合（2014a），安田・許（2005），安田（2005），落合（2014b），後藤（2017），堀越（2017），村上（2008），佐竹（2019），落合（2016），村尾・那須（2019），神谷（2018）がある。「正当性」を用いた論文には，藤井（2016）がある。

2　JHEP（Japan Habitat Evaluation and Procedure）認証は，生物多様性の保全への貢献度を，客観的・定量的に評価，認証し，可視化できる認証制度。「Habitat」は野生生物の生息環境という意味。
（出所：公益財団法人日本生態系協会（JHEP）Webページhttps://www.ecosys.or.jp/certification/jhep/）

3　「ホッピー」とは，麦芽とホップで作られた炭酸清涼飲料水で，製造工程はビールと同等だが，アルコール度数は0.8％のビアテイストの焼酎割り飲料である。（出所：ホッピービバレッジWebページ「よくあるご質問」https://www.hoppy-happy.com/contact/faq/）

第7章

中小企業の事業承継の特性

1　定量分析に関する問題意識

　準備期間や経営者になってからの時間の使い方，意思決定のプロセス等，さまざまな形の男女差があるが（日本政策金融公庫総合研究所，2013），このことはジェンダーギャップと呼べるのであろうか。また，中小企業の事業承継という研究テーマにおいて，データ分析を用いた研究はほとんど扱われていない（安田，2005）。

　Storey（1994）は，企業のパフォーマンスは，企業家属性，企業属性，企業戦略の3要素によって決定されるとしている。企業家属性とは，経営者の性別，年齢，学歴，過去の職歴などの経営者個人が経営者になる前に決定される個人の属性のことである。企業属性とは，企業規模，社歴，業種，立地等の企業そのものの属性が含まれる。そして，企業戦略は，経営者教育や社員教育，外部株主の存在，技術の洗練度，市場でのポジショニングなど，企業経営開始後に決定される要素のことである。これら3要素のうち，本研究では，企業属性，企業家属性（経営者属性）を中心とし，業績指標との関係について分析する。

　本章では，女性に事業承継した企業の研究をする上で，男性に事業承継した企業との違いはあるのか，あるとすればどのような違いなのかを分析する必要がある。女性に事業承継した企業の特性を捉え，事業承継する際の決定要因，企業業績を維持，向上させるための要因，事業成長を測るための指標はどのよ

うなものかをデータ分析により探る。

その上で，女性に事業承継した中小企業400社の財務データをもとに，プロビット回帰分析と多変量解析を用いて，女性に承継した中小企業の特性を明らかにする。女性に事業承継した中小企業の企業業績に影響を与える要因に言及し，女性に事業承継した中小企業の承継後の事業成長に関する研究の前提とする。

2 　既存データ分析からわかる中小企業の事業承継

中小企業の事業承継研究において，データ分析を用いた研究は僅少であり，そのほとんどは欧米で行われている。Gonzalez（2006）は，事業承継した企業について，子息への承継とそれ以外への承継に分けてパフォーマンスを比較した。その結果，子息への承継企業のパフォーマンスがより悪いことを指摘している。同様にして，Lauterbach et al.（1999）は，米国での事業承継事例を通じて，親族外の人物に承継したほうが長期的に見て業績を向上させることを明らかにしている。中井（2009）は，事業承継した企業（第二創業）と創業した企業との間の企業業績の差を分析し，事業承継をするか廃業するかの選択の決定要因を明らかにした。それによると，負債があり，超過収益力をもたらす相対的な強みがなく，従業員規模が小さく，経営者の在任期間が長い企業において，親族間承継となる確率が高いとしている。

安田（2005）は，先代経営者の子息等への承継とそれ以外の第三者への承継に分けて，それぞれの承継タイプと企業属性の関係を検証し，承継後のパフォーマンスの決定要因について分析を行った。それによると，親族内承継と親族外承継では企業属性や承継後のパフォーマンスの決定要因が大きく異なり，親族内承継企業は，企業年齢が高く収支が黒字基調であり，かつ，先代が他界した，もしくは高齢化を理由に事業承継に至っているとした。さらに親族内承継と親族外承継では承継後のパフォーマンスに有意な差はなく，親族内承継では50歳代半ばが承継の最適年齢であるとした。

また，安田・許（2005）によると，中小企業の事業承継後のパフォーマンスに与える影響は，事業承継と創業では経営者の年齢，教育といった経営者属性

が企業のパフォーマンスに与える影響が全く異なり，同じ事業承継でも親族内承継と親族外承継では，属性がパフォーマンスに与える影響が異なるとした。

　これらは中小企業において女性が事業承継した場合にも同様のことが言えるのだろうか。この研究では，親族内に承継した企業と親族外に承継した企業が同じ決定要因なのかを示した上で，それらのパフォーマンスが異なるかどうかを分析する。大企業と比べると，中小企業は売上高や利益の金額そのものの規模が小さく，黒字経営を行うのが容易ではない実情があり，企業のパフォーマンスを測る指標として，ROA（総資産利益率：Return on Assets）やROE（自己資本利益率：Return on Equity）で評価することが難しい。特に女性への事業承継の場合は，準備期間がとれないケースが多く，社会経験や経営ノウハウ不足に起因して苦難が生じることがある。先行研究で得られた知見を踏まえると，女性に事業承継した企業は業績が芳しくない傾向になる可能性がある。

　本章では，女性が事業承継した中小企業において，親族内承継と親族外承継の企業とで指標に差が見られるかどうか，承継後の業績を測るためにはどのような指標に現れるのかを明らかにする。

3　男性が事業承継した企業と女性が事業承継した企業の違い

3.1　調査概要

　事業承継前後における女性後継企業の特性をあらわす指標とはどのようなものだろうか。エヌエヌ生命（2020）によると，中小企業の女性後継者206名への意識調査の中で，「事業承継する準備期間はなかった」「突然だった」は44.6％を占めた。女性への事業承継は突然あるいはやむを得ず発生することが多く，十分な準備ができない中で事業を承継した女性後継者が一定程度存在している。しかし，この調査は女性経営者のみを対象に行っており，男性経営者との比較において「女性への事業承継の準備期間は短い」と言えるかは不明である。したがって，事業承継の準備について，女性後継企業の特徴的な指標と言えるのか，定量的に分析を行う。

　日本政策金融公庫総合研究所（2009）が実施した「中小企業の事業承継に関

するアンケート調査」の個票データ（n＝9,397）を用いて，事業承継の準備について，男性後継企業と女性後継企業の違いおよび事業承継に与える影響について分析する。使用する個票データは，日本政策金融公庫の融資先である中小企業に対し，経営状況や現経営者の属性，先代経営者からの事業承継の状況について，無記名方式にて調査したものである。先代からどのように事業承継したかを中心に調査が行われており，事業承継の準備について行われた国内調査の中で，最大の企業数を保有する調査データである。この調査の個票データを，東京大学社会科学研究所附属社会調査・データアーカイブ研究センターSSJデータアーカイブを通じて貸与を受け，定量分析を行う。

3.2 事業承継の準備

日本政策金融公庫総合研究所（2009）の個票データ（n＝9,397）から，男性後継企業4,540件，女性後継企業303件を抽出し，先代との現経営者の関係を見ると，男性後継企業は「長男」「長男以外の男の実子」が72％を占めるのに対し，女性後継企業は「女の実子」は31％にとどまり，女性後継者は「配偶者」が49％と最も多い（**図表7-1**）。

事業承継の準備について詳細を見ると，男性承継企業は55％が「後継者候補として計画的に準備をして承継」しているのに対し，女性後継企業は45％が

図表7-1 先代と現経営者の関係

	男性後継企業（n＝4,186）		女性後継企業（n＝263）	
長男	2,455	59％	-	-
長男以外の男の実子	558	13％	-	-
女の実子	-	-	82	31％
娘むこ	307	7％	-	-
配偶者	5	0.1％	130	49％
上記以外の親族	367	9％	36	14％
従業員（親族以外）	317	8％	10	4％
社外の人（親族以外）	177	4％	5	2％

注）「無回答」を除く
出所：筆者作成

図表7-2　事業承継の準備

	男性後継企業（n＝4,176）		女性後継企業（n＝260）	
後継者候補として計画的に準備した	2,283	(55%)	50	(19%)
準備期間：0～2年	428	(10%)	20	(8%)
準備期間：3～5年	705	(17%)	10	(4%)
準備期間：6年以上	1,076	(26%)	18	(7%)
後継者候補の一人ではあったが，準備もないまま承継した	1,434	(34%)	94	(36%)
後継者候補ではなく，準備もないまま承継した	459	(11%)	116	(45%)

注）「無回答」を除く
出所：筆者作成

「後継者候補ではなく，準備もないまま承継」している。「後継者候補として計画的に準備をして承継」したとしても，3年以上の準備期間があった企業は，男性では43％なのに対し，女性は11％であり（**図表7-2**），女性後継者は十分に準備期間がとれないまま事業承継する実態が伺える。

3.3　売上高および借入残高

　日本政策金融公庫総合研究所（2009）では，財務情報として「直近の年間売上高」および「借入金残高」の実数を調査している。非上場企業の財務情報は公開義務がなく，中小企業の財務情報は限定的である中で，事業承継を行った企業の売上高および借入残高の傾向を知るためには稀有なデータであり，分析する意義はある。

　「売上高」は，男性後継企業は「1億円以上5億円未満」が30％と最も多く，次いで「10億円以上50億円未満」が26％となっている。女性後継企業も最も多いのは「1億円以上5億円未満」30％であるが，次は「1,000万円以上5,000万円未満」24％となっている。つまり，男性後継企業の売上規模は「1億円以上5億円未満」と「10億円以上50億円未満」の層にわかれ，女性後継企業の売上規模は「1,000万円以上5,000万円未満」と「1億円以上5億円未満」の層にわかれるが（**図表7-3**），全体的に女性後継企業は男性後継企業よりも売上規模が小さい傾向にある。

図表 7 - 3 　男女後継企業の売上高と借入残高の分布

	男性後継企業（ n =4,190)				女性後継企業（ n =271)			
	売上高		借入残高		売上高		借入残高	
1,000万円未満	176	4%	545	13%	29	11%	66	24%
1,000万円以上5,000万円未満	511	12%	718	17%	65	24%	64	24%
5,000万円以上 1 億円未満	351	8%	435	10%	25	9%	26	10%
1 億円以上 5 億円未満	1,258	30%	1,328	32%	82	30%	75	28%
5 億円以上10億円未満	677	16%	504	12%	35	13%	19	7%
10億円以上50億円未満	1,054	25%	573	14%	31	11%	19	7%
50億円以上100億円未満	116	3%	68	2%	4	1%	0	0%
100億円以上	47	1%	19	0%	0	0%	2	1%

出所：筆者作成

図表 7 - 4 　平均の差の検定結果（売上高と借入残高）

（万円）	男性後継企業（ n =4,540)			女性後継企業（ n =303)			F 検定 （ p 値）	t 検定※ （ t 値）
	平均値	中央値	標準偏差	平均値	中央値	標準偏差		
売上高	106,334	38,040	227828	40,950	11,333	81560	1.28 E-75	4.89*** (1)
借入残高	63,915	15,725	173498	36,556	5,002	148840	0.00038	2.61*** (1)

※ (1)　 F 検定の結果, p 値＞有意水準0.05の場合は等分散性があると言えるため，等分散
　　　　を仮定した 2 標本による t 検定を行った。
　 (2)　 F 検定の結果, p 値＜有意水準0.05の場合は等分散性があるとは言えないため，分
　　　　散が等しくないと仮定した 2 標本による t 検定を行った。

出所：筆者作成

　「借入残高」は，男性後継企業は「 1 億円以上 5 億円未満」が32％と最も多く，次いで「1,000万円以上5,000万円未満」17％，「10億円以上50億円未満」が14％となっている。女性後継企業の最多は「 1 億円以上 5 億円未満」の28％であるが，次は「1,000万円未満」が24％，「1,000万円以上5,000万円未満」が24％となっている（図表 7 - 3 ）。売上高と同様にして，全体的に女性後継企業は男性後継企業よりも借入の規模が小さい傾向にある。

　「売上高」および「借入残高」について，男性後継企業と女性後継企業の平均値に有意な差があるかのF 検定および t 検定を行った。その結果，有意な差がみとめられ，女性後継企業は男性後継企業より従業員数や売上高，借入残高が少ないといった特性は有意であると言える（**図表 7 - 4** ）。

3.4　小括

　日本政策金融公庫総合研究所（2009）の個票データを用いて，事業承継の準備期間や事業承継後の業績について，男性後継企業と女性後継企業の違いを分析した。

　先代と後継者の関係を男女後継企業で比較すると，男性後継企業は「長男」「長男以外の男の実子」は72％，「配偶者」は0.1％であるのに対し，女性後継企業は「女の実子」は31％にとどまり，女性後継者は「配偶者」が49％と最も多くなることから（図表7-1），女性後継企業は，娘への承継だけではなく，妻への承継が多いことがわかった。

　事業承継の準備として，男性承継企業は半数以上が計画的に準備をして承継しているのに対し，女性後継企業はもともと後継者候補ではなく，半数近くが準備もないまま承継していることから（**図表7-2**），女性後継者は十分に準備期間がとれないまま事業承継する実態が伺える。これは，エヌエヌ生命（2020）の女性後継者へのアンケート結果にある，「事業承継する準備期間はなかった」「突然だった」が半数近くを占め，女性後継者は突然あるいはやむを得ず事業承継することが多く，十分な準備ができない中で事業を承継するとした結果と整合する。

　売上高については，男性後継企業は1億円以上が75％であるのに対し，女性後継企業は55％にとどまり，5,000万円未満の企業が35％程度存在する（図表7-3）。相対的に女性後継企業は男性後継企業よりも売上規模が小さい傾向と言える。借入残高は，男性後継企業は1億円以上が60％であるのに対し，女性後継企業は1億円以上が43％で，5,000万円未満の企業が48％である（図表7-4）。売上高と同様に，女性後継企業は男性後継企業よりも借入の規模が小さい傾向と言える。さらに，売上高と借入残高について，男女後継企業による平均値の差は，検定の結果，統計的に有意であることがわかった。

　中井（2009）は，負債や従業員規模，経営者の在任期間や相対的な強みが，事業承継をするか廃業するかの選択の決定要因となることを示唆したが，男女後継企業を比較分析した結果からも，女性後継企業は廃業を選択する可能性が

114

あった企業に近い企業属性や企業業績であると言える。

4　男性後継企業と女性後継企業の比較分析

4.1　調査概要

　女性に事業承継した中小企業の研究をする上で，男性に事業承継した企業との違いはあるのか，あるとすればどのような違いなのかについて，さらに詳細に分析する。事業承継した中小企業の個票データを用いて，男性へ事業承継した企業と女性へ事業承継した企業に分けて，それぞれの平均値の差が有意であるかの検定を行う。

　本節では，日本政策金融公庫総合研究所（2015）が実施した「中小企業の事業承継に関するインターネット調査」の個票データ（n＝4,110）を用いて，男性に事業承継した企業と女性に事業承継した企業を比較し，女性に事業承継した企業の特性を捉える。使用する個票データは，日本政策金融公庫と取引がない企業も含めた中小企業および小企業[1]に対し，経営状況や現経営者の属性，今後の事業承継の課題について，無記名方式にて調査したものである。この調査の個票データを，東京大学社会科学研究所附属社会調査・データアーカイブ研究センター SSJデータアーカイブを通じて貸与を受けた。

　日本政策金融公庫総合研究所が2009年に実施した「中小企業の事業承継に関するアンケート調査」は，先代からどのように事業承継したかを中心に調査が行われているが，2015年に実施した「中小企業の事業承継に関するインターネット調査」は，次の事業承継の課題を中心に調査が行われている。したがって保有項目に違いがあり，時系列に単純比較することはできないが，最新の個票データを用いて，事業承継を行った企業の属性，および経営者の属性，業績推移を分析し，業種別の傾向も分析する。

4.2　企業属性

　事業承継により経営者となった企業を特定する。現在営んでいる事業が「自

身が創業」した事業でない場合に事業承継と特定する。その上で，「親族が創業した企業」であれば「親族内承継」，そうでなければ「親族外承継」とする。

　なお，現在営んでいる事業が「自身が創業」した事業である場合には起業として扱う。

　4,110件の個票データのうち，男性が経営者である企業は3,596社（87％），女性が経営者である企業は514社（13％）であった。男性の中で「自身が創業した」のは65％（起業），「自身が創業した」のではないのは35％（事業承継），そのうち親族内承継は26％，親族外承継は9％であった。女性の中で「自身が創業した」のは66％（起業），「自身が創業した」のではないのは34％（事業承継）であり，そのうち親族内承継は17％，親族外承継は17％であった（**図表7-5**）。

　この結果を見ると，男性が経営者である企業と女性が経営者である企業では，企業・創業と事業承継の割合はほぼ変わらないが，事業承継企業の内訳を見ると，女性企業と男性企業で傾向に違いがあらわれる。男性が経営者である企業は，親族内承継が親族外承継のほぼ3倍であるのに対し，女性が経営者である企業は親族内承継と親族外承継の割合が同率になる。ただし全体の割合でいうと2％であり，稀少なために同率になった可能性はある。

　帝国データバンク（2021）では，男性経営者は起業・創業と事業承継がほぼ同率であるが，女性経営者は起業・創業より事業承継により社長に就任する割合が高い傾向であった[2]。今回の分析結果では，男女とも起業・創業が約3分の2，事業承継が約3分の1であり，特に女性企業においては，起業・創業と事業承継の比率に大きな違いが見られる。今回使用した日本政策金融公庫総合

図表7-5　**男性経営者と女性経営者の就任経緯**

	男性経営者 （n=3,596）		女性経営者 （n=514）	
起業・創業	2,343	65％	341	66％
事業承継	1,253	35％	173	34％
親族内承継	931	26％	87	17％
親族外承継	322	9％	86	17％

出所：筆者作成

研究所（2015）のアンケート結果は，中小企業に対し行ったものであり，帝国データバンク（2021）とは企業規模が異なるための影響と考えられる。

事業承継をした企業（1,426社）のうち，企業形態について男性後継企業と女性後継企業を比較すると，男性後継企業は個人経営33％に対し，株式会社・有限会社は63％と法人経営が多いが，女性後継企業は個人経営62％，株式会社・有限会社は28％と個人経営が多い。親族内承継と親族外承継で分けて比較すると，男性後継企業はいずれも法人経営が個人経営の約２倍であるが，女性後継企業は，親族内承継は個人経営28％に対し法人経営は21％，親族外承継は個人経営34％に対し法人経営は８％と傾向に違いが見られる（**図表 7 - 6**）。

従業員数を比較すると，男性後継企業は「２～４人」が38％で最多であるのに対して，女性後継企業は「１人（本人のみ）」が40％で最多となっている。親族内承継と親族外承継で分けて比較すると，男性後継企業も女性後継企業も，親族内承継では「２～４人」が最多で，親族外承継では「１人（本人のみ）」が最多となっている（**図表 7 - 7**）。

男性後継企業と女性後継企業の企業形態および従業員規模を合わせると，女性後継企業は男性後継企業と比較して，個人経営で従業員数がより少ない，つまり，企業規模が小さいことがわかる。

続いて，創業年（企業年齢）別に男性後継企業と女性後継企業を比較して見ると，男性後継企業は「40年以上50年未満」が17％で最多，次いで「50年以上60年未満」15％であるのに対して，女性後継企業は「10年未満」が33％で最多であり，40年未満の企業が約８割を占める。

図表 7 - 6　男女後継企業の企業形態

	親族内＋親族外				親族内承継				親族外承継			
	男性後継企業		女性後継企業		男性後継企業		女性後継企業		男性後継企業		女性後継企業	
合計	1,253	100%	173	100%	931	74%	87	50%	322	26%	86	50%
個人経営	417	33%	107	62%	308	25%	49	28%	109	9%	58	34%
株式会社※	785	63%	49	28%	592	47%	36	21%	193	15%	13	8%
NPO法人	2	0%	0	0%	0	0%	0	0%	2	0.2%	0	0%
その他の法人	49	4%	17	10%	31	2%	2	1%	18	1%	15	9%

※有限会社含む
出所：筆者作成

図表 7 - 7　男女後継企業の従業員規模

	親族内＋親族外				親族内承継				親族外承継			
	男性後継企業		女性後継企業		男性後継企業		女性後継企業		男性後継企業		女性後継企業	
合計	1,253	100%	173	100%	931	74%	87	50%	322	26%	86	50%
1 人 (本人のみ)	213	17%	70	40%	125	10%	18	10%	88	7%	52	30%
2 ～ 4 人	479	38%	51	29%	414	33%	42	24%	65	5%	9	5%
5 ～ 9 人	199	16%	15	9%	154	12%	7	4%	45	4%	8	5%
10～19人	142	11%	12	7%	104	8%	8	5%	38	3%	4	2%
20～29人	73	6%	8	5%	47	4%	6	3%	26	2%	2	1%
30～49人	69	6%	6	3%	44	4%	4	2%	25	2%	2	1%
50～99人	42	3%	5	3%	24	2%	2	1%	18	1%	3	2%
100～299人	36	3%	6	3%	19	2%	0	0%	17	1%	6	3%
300人以上	0	0%	0	0%	0	0%	0	0%	0	0%	0	0%

出所：筆者作成

図表 7 - 8　男女後継企業の創業年数（企業年数）

	親族内＋親族外				親族内承継				親族外承継			
	男性後継企業		女性後継企業		男性後継企業		女性後継企業		男性後継企業		女性後継企業	
合計	1,253	100%	173	100%	931	74%	87	50%	322	26%	86	50%
10年未満	125	10%	57	33%	45	4%	20	12%	80	6%	37	21%
10年以上 20年未満	135	11%	29	17%	74	6%	11	6%	61	5%	18	10%
20年以上 30年未満	134	11%	29	17%	85	7%	15	9%	49	4%	14	8%
30年以上 40年未満	142	11%	20	12%	108	9%	14	8%	34	3%	6	3%
40年以上 50年未満	210	17%	13	8%	175	14%	7	4%	35	3%	6	3%
50年以上 60年未満	191	15%	8	5%	157	13%	7	4%	34	3%	1	1%
60年以上 70年未満	154	12%	7	4%	139	11%	4	2%	15	1%	3	2%
70年以上 80年未満	39	3%	4	2%	38	3%	4	2%	1	0%	0	0%
80年以上 90年未満	29	2%	0	0%	26	2%	0	0%	3	0%	0	0%
90年以上 100年未満	25	2%	0	0%	24	2%	0	0%	1	0%	0	0%
100年以上	69	6%	6	3%	60	5%	5	3%	9	1%	1	1%

出所：筆者作成

　親族内承継と親族外承継で分けて比較すると，男性後継企業は，親族内承継では「40年以上50年未満」14％，「50年以上60年未満」13％であるが，親族外承継では「10年未満」が最多となっており，親族外承継を行った企業の約6割が30年未満である。女性後継企業は，親族内承継も親族外承継どちらも「10年未満」が最多であり，3分の2の企業が30年未満である（**図表7-8**）。

　以上より，親族内承継の方が企業年齢は高い傾向にあり，それは男性後継企業において顕著である。つまり老舗企業ほど男性後継者が継いでおり，比較的若い企業において女性への事業承継，あるいは親族外承継が行われる傾向にある。

4．3　経営者属性

　男性後継企業と女性後継企業の経営者属性を比較する。経営者の年齢[3]を比較すると，男性後継者は40代が33％で最多であり，40代から60代が85％を占める。女性後継者も40代が28％で最多であるが，30代から50代で75％と，男性後継者と比較してやや若い年齢構成になる。親族内承継と親族外承継で分けて見ると，男性後継者は親族内承継，親族外承継どちらも40代と50代が多いが，女性後継者は，親族内承継は40代と50代が多いが，親族外承継では30代40代が拮抗する（**図表7-9**）。

　後継者として代表に就任した年齢を比較すると，男性後継者は30代が33％，40代が34％，次いで50代が17％で，30代から50代で83％を占める。これに対し，女性後継者は30代が35％，20代が26％，次いで40代が20％で，20代から40代で80％を占め，女性後継者の方が就任年齢は低い傾向にある。親族内承継と親族外承継を分けて見ると，男性後継者は親族内承継では30代が最多で，親族外承継では40代が最多になる。女性後継者は親族内承継，親族外承継ともに30代が最多となる（**図表7-10**）。

　代表に就任した年齢から調査時点までを経営者としての経験年数として，男性後継者と女性後継者を比較すると，男性後継者は「5年未満」が37％，女性後継者は「5年未満」が38％で最多となっており，男女後継者の間で経営経験に大きな違いは見られない。親族内承継と親族外承継を分けて見ても，男性後

継者，女性後継者とも「5 年未満」が最も多い（**図表 7 -11**）。

　以上，男性後継者，女性後継者の経営者属性を比較すると，男性後継者より女性後継者の方が経営者年齢は低く，男性後継企業は親族外承継と親族外承継で経営者年齢の構成があまり変わらないのに対し，女性後継企業は親族外承継の方が経営者年齢は低い傾向にある。就任年齢についても，女性後継者の方が若くして経営者に就任する傾向にあり，親族内承継と親族外承継で，男性後継

図表 7 - 9　男女後継者の年齢

| | 親族内＋親族外 | | | | 親族内承継 | | | | 親族外承継 | | | |
	男性後継企業		女性後継企業		男性後継企業		女性後継企業		男性後継企業		女性後継企業	
合計	1,253	100%	173	100%	931	74%	87	50%	322	26%	86	50%
10歳代	0	0%	0	0%	0	0%	0	0%	0	0%	0	0%
20歳代	7	1%	12	7%	6	0.5%	4	2%	1	0.1%	8	5%
30歳代	125	10%	42	24%	89	7%	16	9%	36	3%	26	15%
40歳代	413	33%	49	28%	319	25%	22	13%	94	8%	27	16%
50歳代	384	31%	39	23%	291	23%	25	14%	93	7%	14	8%
60歳代	262	21%	22	13%	181	14%	14	8%	81	6%	8	5%
70歳代	56	4%	9	5%	40	3%	6	3%	16	1%	3	2%
80歳代	6	0.5%	0	0%	5	0.4%	0	0%	1	0.1%	0	0%

出所：筆者作成

図表 7 -10　男女後継者の就任年齢

| | 親族内＋親族外 | | | | 親族内承継 | | | | 親族外承継 | | | |
	男性後継企業		女性後継企業		男性後継企業		女性後継企業		男性後継企業		女性後継企業	
合計	1,253	100%	173	100%	931	74%	87	50%	322	26%	86	50%
10歳代	2	0.2%	3	2%	1	0.1%	1	1%	1	0.1%	2	1%
20歳代	118	9%	45	26%	96	8%	21	12%	22	2%	24	14%
30歳代	409	33%	60	35%	334	27%	28	16%	75	6%	32	18%
40歳代	422	34%	34	20%	318	25%	20	12%	104	8%	14	8%
50歳代	207	17%	21	12%	132	11%	11	6%	75	6%	10	6%
60歳代	82	7%	9	5%	43	3%	5	3%	39	3%	4	2%
70歳代	12	1%	1	1%	6	0.5%	1	1%	6	0.5%	0	0%
80歳代	1	0.1%	0	0%	1	0.1%	0	0%	0	0%	0	0%

出所：筆者作成

図表 7-11 男性後継者と女性後継者の経営経験

	親族内＋親族外				親族内承継				親族外承継			
	男性後継企業		女性後継企業		男性後継企業		女性後継企業		男性後継企業		女性後継企業	
合計	1,253	100%	173	100%	931	74%	87	50%	322	26%	86	50%
5年未満	462	37%	66	38%	321	26%	31	18%	141	11%	35	20%
5年以上10年未満	246	20%	40	23%	164	13%	18	10%	82	7%	22	13%
10年以上15年未満	205	16%	23	13%	151	12%	12	7%	54	4%	11	6%
15年以上20年未満	137	11%	16	9%	115	9%	8	5%	22	2%	8	5%
20年以上25年未満	86	7%	9	5%	73	6%	4	2%	13	1%	5	3%
25年以上30年未満	50	4%	9	5%	47	4%	5	3%	3	0.2%	4	2%
30年以上35年未満	34	3%	6	3%	30	2%	5	3%	4	0.3%	1	1%
35年以上40年未満	18	1%	2	1%	17	1%	2	1%	1	0.1%	0	0%
40年以上45年未満	10	1%	2	1%	8	1%	2	1%	2	0.2%	0	0%
45年以上50年未満	3	0.2%	0	0%	3	0.2%	0	0%	0	0%	0	0%
50年以上	2	0.2%	0	0%	2	0.2%	0	0%	0	0%	0	0%

出所：筆者作成

者は親族外承継の方が就任年齢が高くなるのに対し，女性後継者はあまり違いが見られない。経営者になってからの年数（経営経験）は，男性後継者，女性後継者ともに大きな違いは見られず，親族内承継，親族外承継で分けて見ても，顕著な違いは見られない。

4.4 企業業績

企業業績については，1年前の同時期と比較した売上状況，同業他社と比較した業績，今後10年間の事業の将来性について，男性後継企業と女性後継企業について比較する。

　1年前の同時期と比較した売上状況について，男性後継企業，女性後継企業いずれも「減少」が最多であり，「不変」「増加」の順となっている。親族内承継と親族外承継をわけて見ると，女性後継企業は親族内承継と親族外承継のいずれも「減少」が最多であるのに対し，男性後継企業は，親族内承継は「減少」が32％と最多であるが，親族外承継は「不変」が11％と最多になっている（**図表7-12**）。

　同業他社と比較した業績を比較すると，男性後継企業は「やや悪い」が45％で最多，女性後継企業は「やや良い」が39％，「やや悪い」が38％と僅差であるが，「やや良い」が最多であった。親族内承継と親族外承継に分けて見ると，男性後継企業は，親族内承継は「やや悪い」が最多，親族外承継は「やや良い」が最多となるのに対して，女性後継企業は，親族内承継は「やや良い」が最多，親族外承継は「やや悪い」が最多であった（**図表7-13**）。

図表7-12　男女後継企業の売上状況（前年比）

	親族内＋親族外		親族内承継		親族外承継	
	男性後継企業	女性後継企業	男性後継企業	女性後継企業	男性後継企業	女性後継企業
合計	1,241　100%	168　100%	928　74%	87　52%	313　26%	81　48%
増加	279　22%	33　20%	197　16%	19　11%	82　7%	14　8%
不変	458　37%	56　33%	326　26%	27　16%	132　11%	29　17%
減少	504　41%	79　47%	405　32%	41　24%	99　8%	38　22%

注）回答は「1：増加」「2：不変」「3：減少」「4：1年前は事業を始めていなかった」の択一であるが，「4：1年前は事業を始めていなかった」と回答した男性後継企業12社，女性後継企業5社は除外した。

出所：筆者作成

図表7-13　男女後継企業の同業他社との業績比

	親族内＋親族外		親族内承継		親族外承継	
	男性後継企業	女性後継企業	男性後継企業	女性後継企業	男性後継企業	女性後継企業
合計	1,253　100%	173　100%	931　74%	87　50%	322　26%	86　50%
良い	63　5%	13　8%	45　4%	5　3%	18　1%	8　5%
やや良い	466　37%	67　39%	331　26%	36　21%	135　11%	31　18%
やや悪い	561　45%	65　38%	431　34%	33　19%	130　10%	32　18%
悪い	163　13%	28　16%	124　10%	13　8%	39　3%	15　9%

出所：筆者作成

図表7-14　男女後継企業の事業の将来性

	親族内＋親族外				親族内承継				親族外承継			
	男性後継企業		女性後継企業		男性後継企業		女性後継企業		男性後継企業		女性後継企業	
合計	1,253	100%	173	100%	931	74%	87	50%	322	26%	86	50%
成長が期待できる	159	14%	28	19%	99	8%	13	8%	60	5%	15	9%
成長は期待できないが，現状維持は可能	528	47%	69	47%	385	31%	33	19%	143	11%	36	21%
事業を継続することはできるが，今のままでは縮小してしまう	436	39%	49	34%	351	28%	30	17%	85	7%	19	11%
事業をやめざるをえない	130	12%	27	18%	96	8%	11	6%	34	3%	16	9%

出所：筆者作成

　今後10年間の事業の将来性については，男性後継企業，女性後継企業いずれも「成長は期待できないが，現状維持は可能」が最多で，次いで「事業を継続することはできるが，今のままでは縮小してしまう」となっている。親族内承継と親族外承継に分けて見ても，その傾向は変わらない（**図表7-14**）。

　以上，男性後継企業と女性後継企業の企業業績を比較すると，売上高（前年比）は総じて減少傾向にあるものの，女性後継企業の方がやや強めの減少傾向である。売上高（同業他社比）については，男性後継企業は同業他社よりやや悪い傾向が強く，女性後継企業は同業他社よりやや良い傾向である。事業の将来性については，男女後継企業とも，総じて成長は期待できないものの現状維持は可能といった傾向である。

4.5　業種別比較

　男性後継企業と女性後継企業を業種別に比較すると，男性後継企業は，建設業（18%），製造業（15%），小売業（14%），サービス業（11%）の順に多い。女性後継企業は，教育・学習支援業（17%），専門・技術サービス業（16%），小売業（12%），サービス業（12%）の順に多い。男性後継企業は製造業が多く，女性後継企業はサービス業が多いと言える。

　男性後継企業のうち親族内承継では，建設業が最多，次いで製造業，小売業
と続き，親族外承継ではサービス業が最多となる。女性後継企業は，親族内承
継では小売業，不動産業が多く，親族外承継では，教育・学習支援業，専門・
技術サービス業が多くなる（**図表 7 -15**）。

図表 7 -15　**男女後継企業の業種別比較**

	親族内＋親族外				親族内承継				親族外承継			
	男性後継企業		女性後継企業		男性後継企業		女性後継企業		男性後継企業		女性後継企業	
合計	1,253	100%	173	100%	931	74%	87	50%	322	26%	86	50%
建設業	226	18%	6	3%	183	15%	4	2%	43	3%	2	1%
製造業	183	15%	5	3%	151	12%	3	2%	32	3%	2	1%
情報通信業	20	2%	4	2%	4	0%	1	1%	16	1%	3	2%
運輸業 （含倉庫業）	48	4%	4	2%	35	3%	3	2%	13	1%	1	1%
卸売業	100	8%	8	5%	80	6%	7	4%	20	2%	1	1%
小売業	174	14%	20	12%	148	12%	15	9%	26	2%	5	3%
不動産業	103	8%	13	8%	81	6%	11	6%	22	2%	2	1%
物品賃貸業	3	0%	0	0%	3	0%	0	0%	0	0%	0	0%
専門・技術 サービス業	63	5%	27	16%	33	3%	9	5%	30	2%	18	10%
宿泊業	10	1%	2	1%	8	1%	2	1%	2	0%	0	0%
飲食店	50	4%	7	4%	42	3%	5	3%	8	1%	2	1%
生活関連 サービス業	46	4%	8	5%	34	3%	2	1%	12	1%	6	3%
娯楽業	5	0%	1	1%	2	0%	0	0%	3	0%	1	1%
医療・福祉	47	4%	11	6%	34	3%	6	3%	13	1%	5	3%
教育・学習 支援業	19	2%	29	17%	8	1%	4	2%	11	1%	25	14%
サービス業	136	11%	20	12%	75	6%	8	5%	61	5%	12	7%
その他	20	2%	8	5%	10	1%	7	4%	10	1%	1	1%

出所：筆者作成

4.6　平均の差の検定

　以上の比較分析を踏まえて，男性後継企業と女性後継企業の差異が統計的に有意な差と言えるかを確かめる。企業属性として「従業員数」「創業からの年数（企業年齢）」，経営者属性として「回答時の後継者年齢（経営者年齢）」「代表就任時の年齢（就任年齢）」「経営者年齢と就任年齢の差（経営経験）」，企業業績として「前年より売上が増加傾向にあるか（売上前年比）」「他社と比較して業績が良いか（売上他社比）」「事業の将来性」について，男性後継企業と女性後継企業の違いに有意な差があるかを確かめるため，F検定およびt検定を行う。

　F検定およびt検定の結果，「従業員数」「企業年齢」「経営者年齢」「就任年齢」「売上前年比」の差異は有意と言えるが，「経営経験」「売上他社比」「事業の将来性」の差については有意とは言えなかった（**図表7 -17**）。女性後継企業は男性後継企業と比較して，企業年齢，経営者年齢，就任年齢が低く，従業員数は少ない特徴があると言える。

4.7　小括

　日本政策金融公庫総合研究所（2015）の個票データを用いて，事業承継を行った企業の属性，および経営者の属性，業績推移，業種別の傾向について，男性後継企業と女性後継企業の違いを分析した。

　女性後継者は男性後継者より若くして事業承継をする傾向にあり，仕事に就く年齢に男女差はないとすると，準備期間が十分にとれないまま後継者となり，経営者としての資質やノウハウの蓄積が乏しい分，承継後の経営に苦難を生じさせることが考えられる。従業員規模が小さく，経営資源不足に悩むことが想定されるが，小規模でも一定の売上が確保できている，あるいは生産性が高い経営が行えているとも言える。一般的に小規模であれば小回りが利き，かじ取りのしやすさや事業リスクが小さく抑えられる点からも，効率的な経営ができると考えられる。

図表7-16　男女後継企業の平均の差の検定結果

		男性後継企業[6] （n＝1,253）	女性後継企業[6] （n＝173）	F検定 （p値）	t検定[5] （t値）
従業員数[1]	平均値	2.95	2.45		
	中央値	2	2	0.1579	3.44*** (1)
	標準偏差	1.78	1.88		
企業年齢 （年）	平均値	48	28.72		
	中央値	44	20	0.000063	4.90*** (2)
	標準偏差	59.29	46.83		
経営者年齢 （歳）	平均値	52.20	47.07		
	中央値	51	46	0.000061	5.16*** (2)
	標準偏差	10.71	12.52		
就任年齢 （歳）	平均値	42.10	37.10		
	中央値	41	35	0.0346	5.30*** (2)
	標準偏差	10.64	11.77		
経営経験 （年）	平均値	10.10	9.97		
	中央値	7	7	0.3239	0.16 (1)
	標準偏差	9.69	9.92		
売上状況[2] （前年比）	平均値	2.20	2.32		
	中央値	2	2	0.2931	−1.94* (1)
	標準偏差	0.79	0.81		
売上状況[3] （他社比）	平均値	2.66	2.62		
	中央値	3	3	0.0386	0.50 (2)
	標準偏差	0.77	0.84		
事業の将来性[4]	平均値	2.43	2.43		
	中央値	2	2	0.0200	−0.07 (2)
	標準偏差	0.84	0.94		

注）＊1　1：1人（本人のみ），2：2～4人，3：5～9人，4：10～19人，5：20～
　　　29人，6：30～49人，7：50～99人，8：100～299人，9：300～499人，10：500
　　　～999人，11：1,000人以上
　　＊2　1：増加，2：不変，3：減少，4：1年前は事業を始めていなかった
　　＊3　1：良い，2：やや良い，3：やや悪い，4：悪い
　　＊4　1：成長が期待できる，2：成長は期待できないが，現状維持は可能，3：事業
　　　を継続することはできるが，今のままでは縮小してしまう，4：事業をやめざるを
　　　えない
　　＊5　(1)　検定の結果，p値＞有意水準0.05の場合は等分散性があると言えるため，等
　　　分散を仮定した2標本によるt検定を行った。
　　　　(2)　F検定の結果，p値＜有意水準0.05の場合は等分散性があるとは言えないた
　　　め，分散が等しくないと仮定した2標本によるt検定を行った。
出所：筆者作成

5 親族内承継と親族外承継の比較分析

5.1 分析モデル

　親族内承継と親族外承継の比較分析では2つのモデルを用いる。モデルⅠは承継企業の企業属性と承継タイプの関係の分析であり，モデルⅡは承継企業の企業属性と企業業績の分析である。

　モデルⅠの被説明変数は承継タイプ（親族内承継または親族外承継）である。企業年齢や企業規模，経営者年齢などの企業の基本的属性との関係を見る。被説明変数の承継タイプは，承継者が先代の親族である場合は「親族内承継」，その他のケースは「親族外承継」とする。「親族内承継」は1の値をとり，「親族外承継」は0の値をとる「親族内承継ダミー」を被説明変数に用いることとする。この変数を企業属性に係る被説明変数とするプロビット回帰分析を行うのがモデルⅠである。

　モデルⅡは企業業績とその決定要因を分析する。被説明変数として売上高，売上高成長率（増減率），当期利益，売上高当期利益率，売上高当期利益成長率（増減率），従業員1人あたりの売上高，従業員数，従業員成長率（増減率），自己資本比率，自己資本利益率（ROE），総資産利益率（ROA）などが考えられる。このうち，ROEやROAなどの総合的な収益力を示す指標は，大企業と比較して経営資源に乏しい中小企業の実態を評価することは難しいことと，データサイズが十分でないことから，中小企業においても収集可能な売上高や当期利益をベースにした「黒字基調ダミー」「売上増加傾向ダミー」を被説明変数に採用する。

(1) 企業年齢

　企業年齢は，設立年または創業年からどの程度の年数が経ったのかについての変数である。サンプルには創業から80年超といった企業も含まれているため，自然対数表示の変数を使用する。単純比較はできないものの，男性後継者と女性後継者を区別しない安田（2005）の調査結果と比較すると，企業年齢は女性

後継者の方が低い[4]。**図表7-16**の男性後継企業と女性後継企業の企業年齢の差を見ると，女性後継企業の企業年齢は男性後継企業の企業年齢を約20年下回っている。

　企業年齢は，老舗企業であるかどうかの指標になる。東京商工リサーチ「全国老舗企業調査」によれば，創業100年以上の老舗企業は，2017年時点で3万社を超えており，2012年より20％増加している。老舗企業では，家業として事業を行う傾向にあり，事業承継時には子息を中心とする親族内承継を望むケースが多い[5]。したがって，企業年齢は事業承継の形態に影響を及ぼすと考えられる。

(2)　従業員数と資本金

　従業員数と資本金は企業規模を表す指標であり，中小企業に該当するか否かを判別する際にも用いられる。中小企業の定義に該当する企業と言えども，従業員数，資本金どちらも大小のバラツキがあるため，自然対数表示の変数を使用する。単純比較はできないが，男性後継者と女性後継者を区別しない安田(2005)の調査結果と比較すると，従業員数は女性後継企業の方が相対的に少ない[6]。男性後継企業は5人から9人の従業員規模が多いが，女性後継企業は2人から4人の従業員規模が多く，男性後継企業と女性後継企業の従業員数の平均値の差は有意であった（図表7-16）。女性後継企業のうち，親族内承継企業と親族外承継企業を比較すると，親族外承継企業の方が，従業員数，資本金ともに大きい（図表7-19）。

　企業規模と承継タイプの関係については，従来の研究においても明らかにされていない（安田，2005）。しかしながら，これまでの研究の過程で行った事業承継企業へのインタビューによると，多くの従業員を抱える企業が廃業を選択するのは容易ではなく，従業員のためにも事業を継続することが伺えた。承継する者からすると，企業規模が大きいほどその企業が魅力的に映り，事業承継する動機になりうるとも考えられる。

　以上を踏まえると，承継される企業の規模は承継タイプに対して，何らかの影響を与えると考えられるため，従業員数を2つのモデルの説明変数とする。この変数の係数の予測される符号は，モデルⅠは負（企業規模の小さな企業ほど親族内承継となりやすい），モデルⅡは正である。

(3) 経営者年齢

　経営者の高齢化については，中小企業の構造的問題の一つと認識されている。事業承継において，先代経営者の年齢が高齢化すると廃業を選択する割合が高まり，高齢な経営者ほど親族への事業承継になる傾向がある（中井，2010）。経営者年齢は，事業承継において親族内承継と親族外承継を分ける要因の一つになる可能性がある。なお経営者に定年という概念はなく，経営者の年齢層は幅広いため，自然対数表示の変数を使用する。経営者年齢は，中小企業全体では親族内承継企業の方が親族外承継企業より低いが，女性後継企業では親族内承継企業の方が親族外承継企業より高くなっている[7]。図表7-16の男性後継企業と女性後継企業の経営者年齢の差を見ると，女性後継企業は男性後継企業より経営者年齢が約5歳低い。

　企業のパフォーマンスを巡る研究においては，経営者の年齢と企業のパフォーマンスの関係は最大の関心事とされている。創業後のパフォーマンスの研究結果は二つに分かれている。40歳代の創業がもっとも成功しやすいという第一の仮説と，創業年齢が若いほど成功しやすいという第二の仮説がある（安田，2005）。経営者が新しく生まれるという点において事業承継は創業と似ており，経営者の年齢は事業承継後の企業の業績に何らかの影響を与えると考えられる。

　したがって，経営者年齢を2つのモデルの説明変数とするが，この変数の係数の予測される符号は，モデルＩは正（経営者年齢の高い企業ほど親族内承継となりやすい），モデルⅡは負である。

(4) 売上高と利益

　中小企業にとって，売上高や当期利益の金額の大きさは，大企業と比較にならない。財務省「法人企業統計調査季報」によると，2020年の売上高[8]は，大企業144.7兆円に対し，中小企業は135.3兆円である[9]。同年の経常利益で比較しても，大企業11.5兆円に対し中小企業は5.8兆円と半分以下である。

　事業承継企業の平均売上高を男女別で分けて見ると，男性後継企業では10.6億円，女性後継企業では4億円である（図表7-4）。なお，女性後継企業の売上高前年比は男性後継企業の売上高前年比より減少傾向にあるが，他社と比

較した売上状況は，男性後継企業と女性後継企業で有意な差は見られなかった。

　業績を測るための財務指標には自然対数を用いるとともに，赤字企業も多いため，業績が黒字か赤字かを判別する「黒字基調ダミー」，売上が前年比増加しているか否かを示す「売上増加基調ダミー」を採用する。

　企業の収支状況は，承継タイプの決定に一定の影響を与える可能性がある。経営が安定しており黒字基調であれば，事業承継する者が，承継に対し積極的な姿勢を示す可能性があるのに対して，そうではない場合には承継する者が消極的になり，後継者が見つからないということも考えられる。したがって，モデルⅠでは承継対象企業の収支基調（黒字基調ダミー）を説明変数に加えるが，この変数の係数の予測される符号は，モデルⅠでは正，つまり黒字基調の企業ほど親族内承継となりやすいと想定される。

(5)　従業員一人あたりの売上高と自己資本比率

　従業員一人あたりの売上高は，労働生産性を構成する要素である。2018年度には大企業の労働生産性は製造業で1,367万円であったのに対し，中小企業の労働生産性は同じく製造業で543万円であった。変化する市場構造において改善を要する喫緊の課題であり，労働生産性を高めることが，事業の持続可能性にもつながると考えられる。OECD（Organisation for Economic Co-operation and Development：経済協力開発機構）諸国内において日本の労働生産性は極めて低く[10]，国際競争力を持つためにも，早急な改善が必要な指標として注目されている。

　自己資本比率は，一般的には企業の安全性を示す指標である。財務情報が公開されていないことが多い中小企業において，唯一安全性が測れる指標とも言える。したがって，企業の経営状態を測る指標として，従業員一人あたりの売上高と自己資本比率の自然対数を説明変数に用いる。

(6)　業種

　男性後継企業と女性後継企業を業種別に比較すると，男性後継企業は，建設業や製造業といった業種の企業が多く，女性後継企業は，教育・学習，小売業・サービス業が多い（図表7-15）。業種によっては，親族内承継が多い業

130

図表 7 -17　モデルの構成

	モデルⅠ	モデルⅡ
企業年齢（自然対数）	Y	Y
従業員数（自然対数）	Y	Y
資本金（自然対数）	Y	Y
経営者年齢（自然対数）	Y	Y
黒字基調	Y	
売上増加基調	Y	
親族内承継ダミー		Y※
業種ダミー	Y	Y
売上高（自然対数）	Y	Y
従業員1人あたり売上高（自然対数）	Y	Y
自己資本比率（自然対数）	Y	Y

注）Yは説明変数，※モデルⅡは全体，親族内，親族外に分けて検証
出所：筆者作成

種と親族外承継が多い業種があり（図表 7 -20），特に建設業においては，親族外承継より親族内承継が 8 ％上回っている。このことから，承継後の業績は承継企業がどの業種に属しているかによって異なることが考えられる。

　モデルⅠおよびモデルⅡにおいて，産業大分類の業種（製造業，建設業，卸売業，小売業・飲食業，サービス業・その他の業種）に係る業種ダミー変数を用いる。

5.2　データセット

　本節では，中小企業に該当する企業のうち，2020年10月時点で経営者が女性であり，創業以外の理由によって社長に就任した企業400社を無作為抽出したデータを用いる。帝国データバンクCOSMOSⅡに収録される約116万件の企業データの中で，代表者が「女性」である企業は36,509社，そのうち「中小企業」の定義に該当するのは21,456社であった。

　代表者が「女性」である企業36,509社のうち，就任経緯が「創業」である企業12,875社を除き，就任経緯が「同族承継」「買収」「内部昇格」「外部招聘」

「出向」「分社化」のいずれかである23,634社の中で「中小企業」に該当する企業を抽出した。中小企業に該当するか否かの判断は，「中小企業基本法」（第2条）に基づき，業種別に資本金と従業員数のいずれかに該当する場合，中小企業と分類した。なお無作為抽出作業は帝国データバンク側で行い，業種や地域，

図表 7 -18　就任経緯別企業数と構成比

| | 分析用データ（n =400） | | TDB |
	社数	構成比	構成比
同族承継	308	77.00%	78.33%
親族外承継	92	23.00%	21.67%
買収	9	2.25%	2.48%
内部昇格	72	18.00%	12.85%
外部招聘	8	2.00%	2.32%
出向	3	0.75%	4.02%

注）TDB「全国女性社長分析」のデータには，中小企業以外の大企業が含まれている。また「同族承継」で「内部昇格」したケースは「同族承継」「内部昇格」両方に含まれている。
出所：筆者作成

図表 7 -19　基本統計量：企業属性

		親族内承継（n =308）	親族外承継（n =92）	全体（n =400）
企業年齢（年）	平均値	41.06	30.36	38.60
	中央値	40.00	29.50	38.00
	標準偏差	0.8924	1.8021	0.8325
従業員数（人）	平均値	23.84	62.79	32.80
	中央値	11.50	11.50	11.5
	標準偏差	2.8500	21.0304	5.3569
経営者年齢（歳）	平均値	52.75	44.51	50.85
	中央値	59.00	56.00	58.00
	標準偏差	1.3398	2.9128	1.240
資本金（千円）	平均値	45,410	252,747	93,098
	中央値	13,750	10,000	12,000
	標準偏差	12,207.4769	88,176.0668	22,698.4074

出所：筆者作成

図表 7 -20　**基本統計量：業種別**

			親族内承継 （n ＝308）	親族外承継 （n ＝92）	全体 （n ＝400）
企業数 （社）	製造業		49 （15.9%）	13 （14.1%）	62 （15.5%）
	建設業		82 （26.6%）	17 （18.5%）	99 （24.8%）
	卸売業		59 （19.2%）	21 （22.8%）	80 （20.0%）
	小売/飲食		23 （7.5%）	6 （6.5%）	29 （7.3%）
	サービス業		48 （15.6%）	19 （20.7%）	67 （16.8%）
	その他		47 （15.3%）	16 （17.4%）	63 （15.8%）
資本金 （千円）	製造業	平均値	65,604	382,953	132,145
		中央値	13,000	20,000	17,000
		標準偏差	322,993	1,098,069	579,872
	建設業	平均値	22,122	92,609	34,226
		中央値	20,000	35,000	20,000
		標準偏差	17,254	174,670	77,078
	卸売業	平均値	56,907	288,834	117,788
		中央値	20,000	10,000	18,000
		標準偏差	122,732	1,033,428	540,349
	小売/飲食	平均値	205,480	183,463	172,914
		中央値	16,250	10,000	10,000
		標準偏差	890,566	840,045	810,455
	サービス業	平均値	21,529	153,409	58,928
		中央値	18,000	10,000	15,000
		標準偏差	18,669	592,129	315,369
	その他	平均値	85,550	203,201	115,429
		中央値	10,000	11,000	10,000
		標準偏差	416,350	528,726	445,994

出所：筆者作成

資本金，売上高等を問わずに400件を抽出した。

　400件の企業の就任経緯別の内訳は**図表 7 -18**の通りであり，この構成比は帝国データバンク（2020）と比較して大きな差異は見られなかった。ただし，帝国データバンク（2020）には，中小企業以外の大企業が含まれていることと，「同族承継」で「内部昇格」したケースは「同族承継」「内部昇格」の両方に含まれているといった点においては，差異となり得る。

図表 7 -21　基本統計量：業績指標

		親族内承継 （n =308）	親族外承継 （n =92）	全体 （n =400）
売上高 （百万円）	平均値	816.17	1,966.66	1,080.78
	中央値	330.00	337.50	333.50
	標準偏差	89.9946	700.0529	176.3327
売上高成長率 （%）	平均値	1.25	1.52	1.31
	中央値	−0.31	1.52	0.03
	標準偏差	1.5473	2.9662	1.3711
当期利益 （千円）	平均値	18,613.10	57,380.41	27,529.58
	中央値	4,900.00	6,184.50	5,000.00
	標準偏差	4,163.4892	27,476.3670	7109.0714
売上高利益率 （%）	平均値	−3.81	0.07	−2.92
	中央値	1.44	2.24	1.57
	標準偏差	4.9694	3.2929	3.8995
従業員 1 人あたり売上高 （百万円）	平均値	47.52	43.65	46.63
	中央値	27.72	22.48	26.83
	標準偏差	3.8828	6.9265	3.3845
自己資本比率 （%）	平均値	16.72	17.15	16.82
	中央値	0.00	0.00	0.00
	標準偏差	1.4963	2.9641	1.3369

出所：筆者作成

　同族承継の企業を「親族内承継」，同族承継以外の就任経緯の企業を「親族外承継（親族外承継）」と分類し，親族内承継308社，親族外承継92社，および全体の基本統計量を**図表 7 -19**，**図表 7 -20**，**図表 7 -21**に示す。親族外承継企業は，親族内承継企業よりも資本金が大きく，従業員も多い傾向にあり，親族内承継企業は従業員が少なく，企業年齢や経営者年齢が高い傾向にある（図表 7 -19）。業種別に見ると，親族内承継は，製造業，建設業，小売・飲食業で親族外承継よりも多いが，大きな差は見られない（図表 7 -20）。統計の単純な比較から除外できなかった個々の変数間の疑似相関の可能性を回避するために，本書では多変量解析を使用する。売上高と従業員数の相関係数は0.66，VIFは1.76であり，多重共線性の影響は受けていないと判断した。なお，モデル I ，モデル II とも承継後のデータにて検証を行う。

5.3 親族内承継と親族外承継を分ける要因

モデルⅠに従い，承継された企業属性と企業の承継タイプ（親族内承継と親族外承継）の関係を見ていく。

図表7-22 モデルⅠ　親族内承継になりやすい企業属性

	係数		標準誤差
企業年齢（自然対数）	0.258	***	(0.038)
従業員数（自然対数）	−0.025	*	(0.015)
資本金（自然対数）	−0.019	*	(0.011)
経営者年齢（自然対数）	0.031	**	(0.013)
定数項	−0.007		(0.159)
F値	14.701	***	—
補正R²	0.121		—
黒字基調	−0.051		(0.054)
売上増加基調	−0.022		(0.043)
定数項	0.822		(0.049)
F値	0.706		—
補正R²	0.001		—
製造業	0.201	***	(0.064)
建設業	0.164	***	(0.055)
卸売業	0.171	***	(0.059)
小売・飲食業	0.077	*	(0.045)
定数項	0.654		(0.036)
F値	3.974	***	—
補正R²	0.029		—
売上高（自然対数）	−0.019		(0.016)
従業員1人あたり売上高（自然対数）	0.024		(0.022)
自己資本比率（自然対数）	0.003		(0.012)
定数項	0.795		(0.098)
F値	0.592		—
補正R²	−0.003		—

（注）***：1％有意，**：5％有意，*：10％有意
出所：筆者作成

　図表7 -22は事業承継した企業の属性と承継タイプの関係についてのモデル
Ⅰのプロビット回帰分析の結果を示している。「親族内承継」を1とし,「その
他（親族外承継）」を0としている。
　多変数の影響を考慮しても,企業年齢や経営者年齢が高い企業ほど親族内承
継の確率が高くなることは明らかである。企業規模については,従業員数が小
さい企業ほど,資本金が小さい企業ほど親族内承継の確率は高くなる結果と
なった。これらは想定される結果となったが,売上高や利益をもとにした黒字
基調や売上増加基調については,想定した符号とは逆の結果となっている。た
だし統計的に有意ではないため,黒字基調である企業は親族内承継となりにく
い,売上増加基調である企業は親族内承継となりにくいかどうかはわからな
かった。
　業種を見ると,製造業,建設業,卸売業,小売・飲食業は親族内承継が行わ
れやすいという結果になっている。業績指標と承継タイプについては,符号を
見ると,売上高が高い企業ほど親族内承継になりにくく,従業員一人あたりの
売上高や自己資本比率が高い企業ほど親族内承継になりやすい結果となってい
るが,業績指標と承継タイプに有意性があるとは言えなかった。

5.4　承継後の業績評価に関する指標

　モデルⅡでは,承継企業の企業属性と業績の関係を示している。業績評価を
行うにあたりその要因を分析するため,売上高と利益の状況を示す「黒字基調
ダミー」と「売上増加基調ダミー」を被説明変数とし,全サンプル,親族内承
継,親族外承継に分けて分析した結果が図表7 -23,図表7 -24,図表7 -25で
ある。これを見ると,事業承継した企業の中でも誰が承継するかによって企業
の業績に影響を与える変数が異なることがわかる。
　図表7 -23では,事業承継を行った企業全体について,企業属性と業績の関
係を分析している。これによると,従業員数が多い企業ほど,経営者年齢が高
い企業ほど黒字基調であることがわかる。さらに売上高が高いほど,売上増加
基調にあるほど,従業員一人あたりの売上高が高いほど黒字基調となっている。
売上高が高いほど,黒字基調であるほど,売上高増加基調であるが,業種につ

いては有意な結果は得られなかった。

　親族内承継では，従業員数や資本金など企業規模をあらわす指標および経営者年齢は黒字基調に正の影響を与えるものの，有意な関係と言えるのは従業員数だけであった（**図表 7 -24**）。売上高や利益が高いほど，売上増加基調にある点は，承継企業全体の結果と同じである。

　親族外承継では，従業員数が大きいほど売上増加基調にあるが，黒字基調を

図表 7 -23　モデルⅡ　承継後の業績に与える影響（全体）

	黒字基調		売上増加基調	
	係数	標準偏差	係数	標準偏差
企業年齢（自然対数）	−0.047	(0.037)	−0.007	(0.047)
従業員数（自然対数）	0.065 ***	(0.015)	0.010	(0.019)
資本金（自然対数）	−0.001	(0.011)	0.003	(0.014)
経営者年齢（自然対数）	0.025 *	(0.013)	−0.013	(0.016)
黒字基調	−	−	0.2356 ***	(0.063)
売上増加基調	0.144 ***	(0.039)	−	−
定数項	0.660	(0.156)	0.330	(0.204)
F 値	7.919 ***	−	3.265 ***	−
補正R^2	0.080	−	0.028	−
製造業	−0.060	(0.062)	0.010	(0.077)
建設業	−0.047	(0.054)	0.092	(0.067)
卸売業	−0.072	(0.057)	0.014	(0.071)
小売・飲食業	−0.014	(0.043)	−0.006	(0.054)
定数項	0.835	(0.035)	0.474	(0.044)
F 値	0.502	−	0.582	−
補正R^2	0.005	−	−0.004	−
売上高（自然対数）	0.088 ***	(0.0154)	0.042 **	(0.020)
従業員 1 人あたり売上高 （自然対数）	−0.006	(0.0204)	0.005	(0.026)
自己資本比率（自然対数）	−0.003	(0.011)	−0.017	(0.014)
定数項	0.308	(0.090)	0.260	(0.116)
F 値	12.686 ***	−	2.178 *	−
補正R^2	0.081	−	0.009	−

（注）***： 1 ％有意，**： 5 ％有意，*：10％有意
出所：筆者作成

説明する有意な変数はなかった（**図表7-25**）。売上高が高いほど，売上増加基調にあるほど，黒字基調であり，売上高が高いほど，黒字基調であるほど，売上増加基調にある点においては，承継企業全体の結果と同じである。有意性は確認できなかったものの，従業員数および経営者年齢が黒字基調に正の影響を与え，企業年数と資本金は負に作用するとなっている点も承継企業全体と同じである。売上増加基調に対しては，従業員数が正の影響を与えることが有意

図表7-24　モデルⅡ　承継後の業績に与える影響（親族内承継）

	黒字基調		売上増加基調	
	係数	標準偏差	係数	標準偏差
企業年齢（自然対数）	−0.053	(0.051)	−0.004	(0.065)
従業員数（自然対数）	0.083 ***	(0.018)	−0.024	(0.024)
資本金（自然対数）	0.017	(0.014)	−0.011	(0.018)
経営者年齢（自然対数）	0.020	(0.016)	−0.008	(0.020)
黒字基調	−	−	0.243 ***	(0.071)
売上増加基調	0.152 ***	(0.045)	−	−
定数項	0.475	(0.212)	0.504	(0.269)
Ｆ値	7.309 ***	−	2.402 **	−
補正R^2	0.093	−	0.022	−
製造業	−0.0384	(0.072)	0.046	(0.087)
建設業	0.0094	(0.064)	0.155 **	(0.077)
卸売業	−0.0355	(0.067)	0.060	(0.081)
小売・飲食業	0.0320	(0.050)	0.026	(0.061)
定数項	0.7931	(0.044)	0.425	(0.054)
Ｆ値	0.349	−	1.045	−
補正R^2	−0.009	−	0.001	−
売上高（自然対数）	0.105 ***	(0.019)	0.009	(0.024)
従業員1人あたり売上高（自然対数）	−0.006	(0.025)	0.035	(0.033)
自己資本比率（自然対数）	0.000	(0.013)	−0.030 *	(0.016)
定数項	0.193	(0.109)	0.357	(0.140)
Ｆ値	12.769 ***	−	1.625	−
補正R^2	0.103	−	0.006	−

（注）***：1％有意，**：5％有意，*：10％有意
出所：筆者作成

であるが，企業年齢は正，資本金と経営者年齢は負に作用し，承継企業全体や親族内承継とは異なる結果となっている。

　企業年齢は，親族外承継における売上増加に対してのみ正の影響となっており，後はすべて負の影響となっている。企業年齢が承継後の業績に対して負の影響を与える点は，安田（2005）の結果とは異なるが，従来の企業パフォーマンスに関する研究とは同様の結果である。経営者年齢に関しては，黒字に対し

図表 7 -25　モデルⅡ　承継後の業績に与える影響（親族外承継）

	黒字基調		売上増加基調	
	係数	標準誤差	係数	標準誤差
企業年齢（自然対数）	−0.005	(0.059)	0.063	(0.078)
従業員数（自然対数）	0.027	(0.028)	0.087 **	(0.036)
資本金（自然対数）	−0.018	(0.017)	0.002	(0.023)
経営者年齢（自然対数）	0.032	(0.021)	−0.013	(0.028)
黒字基調	−	−	0.297 **	(0.139)
売上増加基調	0.170 **	(0.079)	−	−
定数項	0.909	(0.232)	−0.127	(0.333)
F 値	2.057 *	−	2.897 **	−
補正R²	0.055	−	0.094	−
製造業	−0.024	(0.054)	−0.009	(0.186)
建設業	−0.191 *	(0.134)	−0.065	(0.142)
卸売業	−0.127	(0.102)	−0.065	0.156)
小売・飲食業	−0.157 *	(0.112)	−0.083	(0.120)
定数項	0.913	(0.086)	0.565	(0.075)
F 値	1.570	−	0.168	−
補正R²	0.024	−	−0.038	−
売上高（自然対数）	0.044 *	(0.027)	0.114 ***	(0.035)
従業員1人あたり売上高（自然対数）	−0.002	(0.034)	−0.043	(0.044)
自己資本比率（自然対数）	−0.018	(0.022)	0.026	(0.028)
定数項	0.605	(0.157)	−0.038	(0.202)
F 値	1.227	−	4.367 ***	−
補正R²	0.007	−	0.099	−

（注）***：1％有意，**：5％有意，*：10％有意
出所：筆者作成

ては正の影響なのに対し，売上増加に対しては負の影響となっているが，親族
内承継と親族外承継において違いは見られなかった。後継者に関して，若い経
営者は売上増加に尽力し，経験が積みあがると黒字化していく流れがあり，マ
ネジメント経験の少ない女性後継者は，経営の経験によって企業を成長させて
いる可能性がある。

　企業年齢と業績の関係は有意な関係が見い出せなかったが，これは安田
(2005) が指摘するサンプルバイアスによるものと考えられる。今回のサンプ
ルは，承継が発生した企業のみから構成されており，事業承継せずに廃業した
企業は存在しない。企業年齢が長く事業承継した企業もあれば，企業年齢が短
くても何らかの理由で事業承継した企業もあると想定すると，通常とは異なる
結果が導き出される可能性がある。

　企業規模と業績指標の関係は多くの先行研究で確認されている。しかし今回
の結果では，従業員数と業績との関係は有意であったが，資本金と業績の間で
は有意な関係は見出せなかった。

　従業員数は全体，親族内承継，親族外承継いずれも黒字基調に対し正の符号
となっている。従業員数が多いほど，黒字基調にあることは，全体および親族
内承継においては統計的に有意と示された。

　資本金については，全体および親族外承継において負であるが，親族内承継
では正の符号となっている。親族内承継を行った企業では，資本金が大きいほ
ど黒字基調であるが，親族外承継では資本金の大きさと黒字との関係は直接的
にはない。ただしこの点において，統計的に有意性は示せなかった。

　経営者年齢における親族内承継と親族外承継の影響の違いについては，親族
内承継と親族外承継における選任プロセスの違いが反映されていると考えられ
る。比較的狭い後継者候補の中で承継者を選ぶ親族内承継に対し，親族外承継
では，年齢等の枠にこだわらず従業員の中から，さらには外部から広く承継者
を選定するため，年齢そのものの影響は少ない可能性がある（安田，2005）。
これは女性への事業承継の場合においても，同じことが想定され，同じ結果と
なったと考えられる。男性後継者の場合は，生来二代目三代目として育てられ，
準備期間を十分にとり計画的に事業承継を進めるケースが見られるが，女性後
継者の場合は，事業承継の準備期間がとれず，急に事業承継をすることになる

ケースも多く，年齢は大きな要素にならないと言える。

5.5　小括

　中小企業における女性への事業承継について，企業属性と承継タイプの関係性および承継後の業績指標の分析を行った。ここから明らかになったことは，以下の通りである。

　女性への親族内承継を行った企業は，親族外承継を行った企業と比較して，資本金や従業員等の企業規模が小さく，企業年齢，経営者年齢は高い傾向にあった。売上高や当期利益の規模は小さく，売上高利益率はマイナス傾向であるが，従業員一人あたりの売上高は高い傾向にあった。

　親族内承継に至る要因として，企業年齢や経営者年齢は高い方が親族内承継になりやすく，従業員数や資本金といった企業規模は小さい方が親族内承継になりやすいという結果となった。これは「従業員規模が小さい企業において，親族間承継となる確率が高い」とした中井（2009）と同じである。中小企業の事業承継において，女性が事業承継した場合でも，企業規模が小さく，企業年齢や経営者年齢は高い方が親族内承継になりやすいと言える。

　企業属性と業績の関係については，親族内承継した企業，親族外承継した企業，どちらにも共通して言えるのは，従業員数が多いほど企業の成長につながりやすいということである。従業員数が小さい方が親族内承継になりやすいことと合わせると，「子息への承継企業のパフォーマンスがより悪い」と結論付けたGonzalez（2006）と，間接的には一致する。

　なお，今回の調査・分析においては，「親族内承継と親族外承継では承継の対象となる企業の属性，承継後のパフォーマンスの決定要因が大きく異なる」とした安田（2005）および安田・許（2005）とは，同様の結果は得られなかった。有意性は確認できなかったが，企業年齢，経営者年齢，従業員数において，親族内承継，親族外承継のどちらも同じ符号を示していた。

　事業の成長を測る指標として，従業員数は，親族内承継か親族外承継かにかかわらず，中小企業内の事業の成長の指標と言える。女性の事業承継に関する研究の中で，小野瀬（2013）は，女性後継者が従業員教育に強みを持つと指摘

している。今回の研究で得られた，女性が承継した企業は，従業員数が多いほど事業成長にポジティブに影響することと合わせると，今回の研究結果が女性への事業承継を行う企業がより増え，廃業せずに事業存続できる企業が増えることにつながる糸口になると言えよう。

　小野瀬（2014）は「事業存続のためにイノベーションが欠かせない」としており，イノベーションと労働生産性の関係にも言及している。親族内承継はイノベーションが低調になりやすい（Classen, et al., 2012）とされるが，親族内承継した女性後継企業は一人あたりの売上高が高い傾向にあった。売上高が変わらないとすると，従業員数が増えれば一人あたりの売上高は下がる関係であることから，親族内承継した女性後継企業は，従業員数を増やし，それ以上に売上高を伸ばしている可能性が見える。従業員数の増加は，従業員の育成に強みを持つ女性後継者の承継後の事業成長を促す要因になる可能性がある。

注

1　スクリーニング調査にて「会社や団体の経営者」「個人事業主」「自由業」のいずれかに回答した人を対象に，事業承継についての詳細調査を行っている。

2　帝国データバンク（2021）によると，男性経営者の就任経緯は，起業・創業41.0％，同族承継38.8％と大差ないが，女性経営者の就任経緯は，起業・創業35.3％，同族承継50.8％と顕著な差異がある。

3　2015年調査当時の経営者の年齢。

4　安田（2005）によると，承継時の企業年齢の平均値は45.4年であり，親族内承継では48.4年，親族外承継では39.9年である。女性後継者の企業年齢の平均値は38.6年，親族内承継では41.1年，親族外承継では30.4年であり（図表 7 -19），事業承継企業全体と比較すると女性後継企業の企業年齢が低い。

5　帝国データバンク（2016）によると，後継者候補は「子供」が40.5％，「非同族」が31.4％となっている。

6　安田（2005）によると，承継時の従業員数の平均値は63.9人であった。親族内承継では57.5人，親族外承継では75.4人である。女性後継企業の従業員数の平均値は32.8人，親族内承継23.8人，親族外承継62.8人であり（図表 7 -19），事業承継企業全体と比較すると女性後継企業の従業員数は少ない。

7　2015年の休廃業・解散企業の経営者年齢平均は68.4歳，事業承継後の中小企業全体の経営者平均年齢は，親族内承継の場合は46.8歳，親族外承継の場合は55.6歳である（中小企業庁，2017a）。女性後継企業の経営者年齢（承継後，調査時点）の平均値は50.9歳，親族内承継52.8歳，親族外承継44.5歳である（図表 7 -19）。

8　数値は後方四半期移動平均。

9　ここでいう大企業とは資本金10億円以上の企業，中小企業とは資本金 1 千万円以上 1 億円未満の企業である。

10　OECD加盟諸国36か国中日本は21位であり，首位のアイルランドのおよそ半分程度の水準である。また，労働生産性上昇率については36か国中35位と，OECD平均を大幅に下

回っている。

第8章

事業承継の障壁

1　事業承継の障壁に関する問題意識

　日本政策金融公庫総合研究所（2013）によると，日本における女性経営者比率は企業規模が小さいほど高い傾向にある。大企業に比べ中小企業の方が，女性が経営者になりやすい環境とも言えるが，中小企業の女性後継者は，男性後継者と比べると実数も比率も少なく，女性が事業を承継する上で何等かの障壁がある可能性を否定できない。

　中小企業の事業承継において，女性への事業承継の割合が少数に留まる現状と，男性後継企業と女性後継企業の特性に違いが見られること（第7章）を踏まえると，女性が事業承継し，事業を継続していく過程において，何らかの課題や障壁の存在が考えられる。

　本章では，男性後継企業と女性後継企業の特性をとらえた上で，中小企業の女性後継者に着目して，女性後継者の準備期間不足に起因する事業承継前後の障壁要因を考察し，特に準備期間が事業承継後の業績にどのように影響するのかを明らかにする。具体的には，先行研究で得られた知見にもとづき，女性への親族内承継を行った中小企業7社へのインタビュー調査により，定性的に障壁要因を導き出す。

2 事業承継における障壁とは

2．1 中小企業の事業承継にはどんな障壁があるのか

　中小企業は所有と経営が一体である企業が大半であり，中小企業の事業承継は，大企業が行う経営者の交代とは違った難しさがある。中小企業の事業承継研究において，後継者をいかにして確保するか，承継準備として何をするか，承継準備に必要な期間はどれくらいあればよいかを中心に検討されてきた。特に後継者確保について，堀越（2017）は，中小企業の事業承継における最大の課題とも言うべき阻害要因としている。

　中小企業の後継者選定において，少子化と言えども実子に引き継がせたいという経営者は少なくない。中小企業の現経営者は，後継者候補に40.5％が「子供」を，31.4％が「非同族」を考えている（帝国データバンク，2019）。少子化の進む日本において，後継者のなり手は今後も減少を続けることが容易に推察され，現状の日本における約26万6,000社のうち，全体の約65.1％，およそ17万社が後継者不在である（帝国データバンク，2020b）。

　井上（2008）は，子息の多寡が後継者決定に強く影響するとしており，単に子息がいないために廃業することになれば，大きな社会的損失につながるため，選択肢を広げる意味で，親族外承継を選択できるような環境を作ることは重要である。足立・佐々木（2018）が指摘するように，近年中小企業では，社内の役員・従業員への承継といった親族外承継を選択する割合が高くなっており，親族外承継が注目されている。しかし，後継者選定に関する議論の中で，息子がいない，あるいは後継者にならない場合，かつ娘はいる場合に娘を後継者にするのか，あるいは娘に承継することを検討した上で，親族外承継を選ぶのかは明らかにはされていない。つまり後継者候補として娘を含む議論がされていない。

　これまで中小企業の事業承継に関して，ファミリービジネスや老舗企業から学ぶ事業存続の観点，後継者選定プロセスや事業承継を成功させる要因，事業承継が承継後の業績に与える影響など，多くの研究がなされてきたが，その中

では後継者が子息に限られた議論が展開されている。子息が承継しないときに，親族外承継へと意識が向く前に，子女へ承継する可能性については議論されてこなかった。後継者選定プロセスにおける女性選択の可能性を阻むものはあるのだろうか。「娘はどんなに適性があっても，ほかに選択肢がないような危機的な状況にならない限り，経営者として考慮されることはない」（Aldamiz-Echevarria et al., 2017；Constantinidis et al., 2009）との指摘もある。

　実際に女性への事業承継を行った企業では，父（母）から女子への承継だけでなく，夫から妻への承継もある。例えば，父から子への承継を決めていたが，父の急逝や病気などを理由に事業承継の時期が早まった場合に，経営をリレーする形で一旦妻が引き継ぐといったケースである。父（母）から娘への事業承継と，夫から妻への事業承継では，障壁となる要因が異なる可能性も考えられる。

　近藤（2013）は，親子間の親族内事業承継では，「後継者には事業運営の経験を積ませ，適切な時期に権限移譲をする」「従業員や取引先からの支持・理解を得られるような配慮が必要」と円滑な事業承継を行うための準備の重要性を挙げている。さらに「先代とのコミュニケーションが欠かせない」「人とのつながり（ネットワーク）を大切にする」「従業員の教育，従業員の幸せの追求をする」「時代に適合した新たな経営戦略を考える」ことが不可欠としている。

　足立・佐々木（2018）は，親族外承継の際，事業承継前に先代社長がしておくべき準備として，「後継者候補に幅広い業務を経験させ，責任ある仕事を任せる」「セミナーや勉強会への派遣，あるいは社長への同行などを通して，後継者に多様な学びの機会を与える」「後継者に社内プロジェクトの遂行を経験させる」「後継者が社長就任への決断をしやすいように，事業の将来に期待をもてる状況にしておく」の4点を挙げている。

　後継者が行うことは，「右腕となる人材を計画的に育成する」「就任後の経営をスムーズに進めていくために，承継に際して，引き受けの条件を先代社長に対して設定する」「経営理念を再構築する」の3点が挙げられている。

　そして，これらは女性への事業承継の場合にも有効かつ不可欠な方策なのか，女性が事業承継する際には特質の方策が他にあるのかについては明らかにされ

ていない。女性が事業承継する上で何らかの障壁要因があるのであれば，それを克服することが女性後継者にとって重要と言えるはずである。

では，これらを実施するための準備期間はどれくらい必要なのか。実務的見地からも準備期間の存在は重要であり，後継者育成には最低でも3年以上かかるとされる（中小企業庁，2014）。円滑な事業承継ができたとしても，承継後の業績維持・向上が課題となる。中小企業は財務指標を公表している企業が少なく，客観的に業績を分析するための情報も限られるため，中小企業の承継後の業績に着目した研究は数少ないが，安田（2005）は，承継までの準備期間は子息等承継では4年，第三者承継では2年が有意に高いパフォーマンスを示すとした。中小企業庁（2016）は，事業承継の準備期間として5年〜10年程度あるとよいとしており，井上（2008）は，経営者の子供や娘婿が後継者の場合は10年から12年，従業員への承継の場合は8.5年，社外の第三者の場合は6.1年としている。

2.2　女性経営者にはどんな障壁があるのか

世界的に男性優位女性劣位の考えがあり，女性は後継者候補として見なされにくいとされている（Barbara & Wendi, 1990）。Dumas（1998）は，女性後継者は事業承継後に経営者としての正統性を確保するために，ジェンダーバイアスを含む多くの障壁を克服し，リーダーシップを発揮するとした。ジェンダーバイアスは国の文化に大きく依拠しており（Emrich et al., 2004），海外の女性後継者研究ではジェンダーバイアスの存在が指摘されている。

日本政策金融公庫総合研究所（2013）の調査結果によると，「知識ノウハウ専門能力不足，業界内のつきあいなどに苦労する女性経営者が多い」「女性経営者は男性経営者よりも仕事にあてる時間が少ない」「事業拡大意欲は，男性経営者の方が女性経営者よりも強い傾向にある」「重要な経営方針の決定について，女性経営者は役員や従業員さらには外部の専門家等に相談を重ねた上で決定する傾向がある」等の違いが挙げられている。

小松（2018）は女性起業家と女性後継者のマインドの違いについて，ゼロから組織化や顧客開拓を行う「起業」と，すでに組織化されている企業を「承継

する」という立場の違いが，女性経営者の特性，意識，行動に少なからず影響を与えており，女性後継者の方が女性起業家との比較においてネガティブであると指摘している。

　能動的に経営者になった女性起業家でさえも，経営ノウハウ，資金調達，人材確保，顧客・取引先の開拓の面で不安を感じており，これらを支援する体制が必要とされている（田中，2008）。近年女性起業家の支援体制は整備が進み，結果として女性起業家数は増加傾向にあり，一定の効果は出ているものと考えられるが，事業承継については女性後継者に特化した支援策は現状整備されていない。

　高田（2021）は，娘が後継者になるには2つのパターンがあるとしている。1つは，ファミリーメンバーの構成上もしくはその時の状況によって，娘より他に継ぐ人がいない（Vera & Dean, 2005他）という環境由来のものと，本人が強く希望する（Danes & Olson, 2003他）という立候補によるものである。前者を消極的承継，後者を積極的承継とすると，これらの違いにより事業承継時の障壁に違いはあるのだろうか。積極的承継であれば経営者になるための心の準備はできているが，消極的承継の場合は自分が経営者になることを想定しておらず，しかも準備期間が短い場合には，経営者になってから為すべきことが多くなると考えられる。

　後継者が娘であれば，父あるいは母の背中をみて育った経緯があり，消極的承継だとしても記憶の中にある前経営者の行動を思い起こすことや，幼少期にかかわった関係者（社員，取引先，金融機関，地域住民など）との関係性の中でアドバイスを受けながら前進できる可能性がある。しかし，妻やそれ以外の関係者が事業承継した場合は，娘よりは弱い関係性あるいは短い期間の中で，しかも前経営者の死と直面し切迫した状況で経営者としての正統性を得ようとする。場合によっては娘より多くの障壁要因が考えられる。

　小野瀬（2013）は，別の世界にいた者は社内の状況を客観的に評価することができ，さらに企業経営と並行して家庭や子育て・介護などを担うことの多い女性特有のバランス感覚で効果的な従業員教育ができる点において，女性後継者の優位性について事例から説明している。

　女性後継者は，男性経営者との比較において特性に違いが見られるが（第5

148

章），どちらかというとマイナス面や弱みが目立つ。事業を承継したときから事業をやめるわけにいかず，事業を存続させることが絶対的な命題であり，女性後継者は障壁があってもそれを乗り越えていかなければいけない状況におかれている。

3　事業承継の障壁に関する調査概要

中小企業において女性へ事業承継する際に障壁となる要因を調査するために，先行研究で得た知見をもとに事業承継を円滑にする方策および事業承継前後で障壁となった要因について，女性が承継した中小企業に対しインタビュー調査[1]を行う。

その前提として，中小企業の事業承継の全体像をとらえ，男性後継企業と女性後継企業の特性の違いを明らかにする目的で，予備調査を行う。具体的には，日本政策金融公庫総合研究所（2009）が実施した「中小企業の事業承継に関するアンケート調査」の個票データを用いて，男性後継企業と女性後継企業を定量的に比較分析する。

3.1　準備期間に関する予備調査

日本政策金融公庫の融資先である中小企業に対し，経営状況，現経営者の属性，先代経営者からの事業承継，今後の事業承継について，無記名方式にて調査した個票データ（n＝9,397）から，男性後継企業4,540件，女性後継企業303件を抽出し，男性後継企業と女性後継企業の平均値に有意な差があるかのF検定およびt検定を行った。

その結果，「経営者年齢」「現経営者の就任年齢」「承継時の先代年齢」「準備期間」「先代との関係」「売上高」「借入残高」に有意な差が見られた（**図表8 - 1**）。女性後継企業は男性後継企業と比較して，経営者年齢や就任年齢，承継時の先代年齢が高い，準備期間が短い，売上高や借入残高は少ないといった特性があると言える。

女性後継企業の方が，経営者年齢や就任年齢，承継時の先代年齢が高い理由

図表8-1　男性後継企業と女性後継企業の比較

		男性後継企業 (n＝4,540)	女性後継企業 (n＝303)	F検定 (p値)	t検定*1 (t値)
経営者年齢 (歳)	平均値	56	61		
	中央値	58	62	0.12905	−8.01*** (2)
	標準偏差	10.45	10.92		
就任年齢 (歳)	平均値	41	50		
	中央値	40	50	0.00037	−14.07*** (1)
	標準偏差	9.75	11.09		
承継時 先代年齢 (歳)	平均値	66	63		
	中央値	67	63.5	2.50E-07	4.84*** (1)
	標準偏差	10.29	12.72		
準備期間*2	平均値	1.56	2.25		
	中央値	1	2	0.00720	−15.72*** (1)
	標準偏差	0.68	0.76		
売上高 (万円)	平均値	106,334	40,950		
	中央値	38,040	11,333	1.28E-75	4.89*** (1)
	標準偏差	227828	81560		
借入残高 (万円)	平均値	63,915	36,556		
	中央値	15,725	5,002	0.00038	2.61*** (1)
	標準偏差	173498	148840		

＊1　(1)　F検定の結果，p値＞有意水準0.05の場合は等分散性があると言えるため，等分散を仮定した2標本によるt検定を行った。
　　　(2)　F検定の結果，p値＜有意水準0.05の場合は等分散性があるとは言えないため，分散が等しくないと仮定した2標本によるt検定を行った。
＊2　1：後継者候補として計画的に準備をして承継した
　　　2：後継者候補の一人ではあったが，準備もないまま承継した
　　　3：後継者候補ではなく，準備もないまま承継した
出所：筆者作成

として，先代との現経営者の関係を見ると，男性後継企業は「長男」「長男以外の男の実子」が72％を占めるのに対し，女性後継企業は「女の実子」は31％にとどまり，「配偶者」が49％と最も多い（図表7-1）。つまり配偶者への承継の場合は世代交代がされないため，経営者年齢は低くはならない。

　そして，女性後継者は十分に準備期間がとれないまま経営者となる状況が伺える。準備期間について詳細な内訳を見ると，男性承継企業は55％が「計画的に承継」しているのに対し，女性後継企業は45％が「後継者候補ではなく，準

備もないまま承継」している（図表7‐2）。「計画的に準備」していたとして
も，6年以上の準備期間があった企業は，男性では26％なのに対し，女性では
7％である。準備期間が短い，あるいは準備期間がとれないことは，女性後継
企業にとって障壁要因となる可能性がある。

4　7社の事業承継プロセス

　調査対象は，中小企業の女性後継者であり，ファミリービジネスの観点を踏
まえ，親族内に承継した企業を対象とした。しかし，日本においては標本抽出
台帳に相当するものが存在しないため（小野瀬，2010），後継者に必要な素養

図表8‐2　調査対象の企業概要と事業承継の類型

企業名	サツマ電機株式会社	有限会社サンディオス	株式会社フジワラテクノアート	株式会社村上産業	有限会社森川製作所	矢田製帽有限会社	株式会社山崎製作所
代表者（現経営者）	梶川久美子	津賀由布子	藤原恵子	村上すづ子	森川明子	矢田敦子	山崎かおり
業種	産業用ブレーキ製造	広告・デザイン	醸造機械製造	警備	金属加工	帽子製造卸	精密板金加工
所在地	静岡県沼津市	静岡県沼津市	岡山県岡山市	静岡県浜松市	東京都墨田区	東京都墨田区	静岡県静岡市
創業（設立）	1970年	1985年	1933年（1950年）	1966年（1974年）	1974年（1982年）	1933年	1967年（1970年）
創業者	梶川清蔵（祖父）	三宅優（父）	藤原研翁（祖父）	村上正明（夫）	森川清（父）	祖父[2]	山崎一正（父）
社員数	43名	9名	145名	80名	13名	4名	26名
資本金	1,000万円	300万円	3,000万円	1,000万円	300万円	300万円	300万円
事業承継の類型	父→子（娘）	父→子（娘）	夫→妻	夫→妻	父→子（娘）	父→子（娘）	父→子（娘）
事業承継年	2016年父71歳娘43歳	2013年父66歳娘37歳	2001年夫52歳妻49歳	2000年夫59歳妻49歳	2006年父62歳娘25歳	2016年父79歳娘44歳	2009年父71歳娘45歳
インタビュー実施日	2020/12/21	2020/12/21	2022/5/162022/6/2	2020/9/11	2019/10/21	2019/10/21	2020/10/62020/12/21

注）調査日時点
出所：各社資料および調査結果をもとに筆者作成

として先行研究で必要とされていた「事業運営の知識・経験」を得るために経営塾で学び，あるいは経営者ネットワークに属して他の経営者と情報交換をしている後継者（現経営者）に調査を依頼し，承諾を得た企業を対象とした。

　さらに，「中小企業基本法」（第2条）の定義に合致する中小企業の中でも企業規模の違いが大きいと，調査結果に影響を及ぼす可能性があるため，資本金

図表8-3 インタビューガイド

経営者プロフィール	A-1	先代との関係，家族構成，何代目
	A-2	承継時の年齢（前経営者，現経営者）
	A-3	経歴（学歴（学部・専門），職歴，打ち込んできたこと等）
経営理念・経営戦略	B-1	代々続いてきた理由
	B-2	社訓や経営理念に変化はあったか（再構築したか）
	B-3	経営方針や経営戦略に変更はあったか
	B-4	主力事業に変わりはあるか
	B-5	先代と時と経営環境に違いはあるか
関係者とのコミュニケーションおよびサポート	C-1	先代とのコミュニケーション頻度
	C-2	従業員とのコミュニケーション・従業員教育
	C-3	取引先や銀行，家族の反応・サポート
	C-4	先代に右腕はいたか，現経営者に右腕はいるか
後継者の選択・決定	D-1	承継することになったきっかけ
	D-2	もともと（現経営者が）後継者と決まっていたか
	D-3	後継者の選択にあたり重視されたこと
事業承継に向けた準備	E-1	承継することが決まった時の社内での立場（役職）
	E-2	承継までの準備期間，準備期間に行ったこと
	E-3	後継者が決まったことを，社内・社外に対し，どのタイミングで説明したか
	E-4	周囲の協力，賛否
	E-5	後継者に必要な（有用な）教育
	E-6	承継するにあたり不安だったこと
事業承継時の課題・克服方法	F-1	承継時に直面した問題・課題
	F-2	事業承継において実践したこと
	F-3	承継にあたり苦労したこと，その克服方法
女性特有の問題	G-1	女性だから苦労したこと
	G-2	女性だから得したこと
支援制度，支援策	H-1	事業承継に関して実際に利用した支援策
	H-2	「あったらよかった」「あるといい」支援策
財務指標	I-1	承継前の業績（資本金，従業員数，売上高，利益，借入等）
	I-2	承継時の業績（資本金，従業員数，売上高，利益，借入等）
	I-3	直近の業績（資本金，従業員数，売上高，利益，借入等）

出所：筆者作成

は3,000万円以下，従業員数は300名以下の企業から業種を特定せず7社を選定した（**図表8-2**）。5社は父から娘への事業承継，2社は夫から妻への事業承継である。

サツマ電機株式会社（以下，サツマ電機）は，産業用ブレーキを主力製品とする製造業であり，人命に直接影響を与える製品を扱う特性上，これまで品質管理に一意専心してきた。有限会社サンディオス（以下，サンディオス）は，地元で有名なパンのパッケージ開発を手掛けてから，安定した経営を行ってきた広告デザイン会社である。株式会社フジワラテクノアート（以下，フジワラテクノアート）は醸造・バイオ関連機器開発を行う国内シェア80％を誇る醸造機械メーカーである。株式会社村上産業（以下，村上産業）は2つの県下の複数エリアを対象とする警備会社で，地域に根差した事業を展開している。

有限会社森川製作所（以下，森川製作所）はいわゆる下町の町工場で，地域に根差し精密加工を得意とする金属加工業である。矢田製帽有限会社（以下，矢田製帽）は帽子製造業で，子供帽から始まり，婦人帽を中心に帽子製作を手掛けてきた。株式会社山崎製作所（以下，山崎製作所）は，生産設備のカバーの制作をはじめとする精密板金加工を行う製造業である。近年では自社ブランド製品の開発に取り組んでいる。

これらの調査企業に対し，インタビューガイド（**図表8-3**）を提示し，調査の承諾を得た上で，事業承継に至る経緯，現経営者の経歴や経験，準備期間の有無，事業承継前後に実施したこと，事業承継前後の苦難について，半構造化インタビュー形式による調査を実施した。インタビューに要した時間は約1時間半から2時間で，後日メールおよび電話にて事実確認と詳細確認を複数回行った。

4.1　サツマ電機の事業承継プロセス[3]

(1)　企業概要

サツマ電機は，現経営者の祖父である梶川清蔵氏が1970年に創業した産業用ブレーキの設計開発・製造を行う企業である。産業用ブレーキの専門メーカーは全国でも数少なく，国内最大級の水門，沼津港「びゅうお」のブレーキを

OEM受注している。クレーン業界や製鉄高炉業界等の先端技術に対応した高品質のブレーキの開発・製造・販売を一貫して行い，人命に直接影響のある製品を扱う特性上，品質管理を最重要業務としている。

　取引先メーカーに請われる形で創業した祖父が，会社設立わずか5か月後に急逝したため，当時経理をしていた創業者の妻である祖母きよ子氏が社長を引き継いだ。その後，現経営者の父である梶川弘一氏が27歳の若さで事業を引き継ぐまで，4年余り社長を務めた。当時は今よりも女性経営者がめずらしい時代であり，他に継ぐ者がいなかったとは言え，祖母は大変苦労したと梶川久美子氏（以下，久美子氏）は語る。そして祖母の努力や貢献があったからこそ，現在のサツマ電機があり，当時を知る社員にとっても女性が経営トップを務めることへの抵抗感はなかったと言う。

(2)　後継者のプロフィール

　サツマ電機の現経営者である久美子氏は，サツマ電機の創業家に生まれた。先代が会社を継いだ2年後に生まれた現経営者は，経営者である父の横で遊びながら幼少期を過ごした。「跡を継いでほしい」と言われたことはなく，両親からは「将来はお嫁にいくもの」と育てられた。二人兄弟の姉（長女）であり，先に家業にかかわっている弟（長男）がいる。弟は関連会社の海外部門を任されている。

　久美子氏は大学卒業後スポーツアパレル会社に就職し，その後も地元を離れ都心で人事コンサルタントとして10年以上のキャリアを積んでいた。東日本大震災でのボランティア活動を機に人生を考え直そうと地元に戻ったとき，先に家業に携わり，海外部門を任され，四苦八苦する弟の姿を目の当たりにし，「私も何かしなきゃ」と一念発起，2013年サツマ電機に入社した。入社時は専務として父のサポートをする役目であった。

(3)　事業承継に至る経緯

　久美子氏は幼いころから後継ぎとして育てられたわけではなく，父からも「継いでほしい」と言われたことはなかったが，サツマ電機に入社するにあたり，自分が後継者になる覚悟で家業に入った。専務として父をサポートし，父

も久美子氏を後継者として扱い，社員たちも久美子氏が継いで次の社長と考え
るようになっていった。父は幹部社員たちに，後継者として娘が家業に入るこ
とを入社前に話しており，久美子氏を後継者として事業承継の手続きを進めた
が，「その時の父は安心したようだった」「継ぎなさいと言われなかったことが
よかったのかもしれない」と当時を振り返る。2017年に父と共同代表になり，
2年後に単独での代表に就任した。

　事業承継のための準備期間は明確に決めたわけではないが，代表権を移し，
単独で代表になるまでの期間が準備期間であった。久美子氏は，地元の中小企
業家同友会に属し，経営者ネットワークに積極的に参加，勉強会などで経営を
学んでいる。財務関連では，余裕を持った資金繰りとなるよう調整したり，自
己資本比率を上げる努力および経営者保証を外すなどの対策を進めていた。

(4) 事業承継時の課題

　久美子氏は，キャリアコンサルタントとしてのキャリアや社会人経験はある
が，製造業界の経験や専門知識や技術はなかった。家業に入社するまでは企業
経営の経験もなく，マネジメント側にたったのは，専務という立場になって初
めてのことである。幼少期に後継ぎと言われたこともなかったため，将来社長
になることを意識してはこなかった。

　先代である父も27歳という若さで経営者となったため，経営者となるにあ
たっての経験はあまり積めなかったが，会社設立直後に父（現経営者の祖父）
が急逝し，自分が跡を継げるまで母（現経営者の祖母）が会社を切り盛りして
くれていることを目の当たりにし，継ぐまでの4年余りの間は，少なくとも経
営者としての素養を得ようと意識した。

　「家業を継ぐ」ということに関しては，創業家の娘という立場から，社内に
抵抗は見られなかったが，重工業界は専門的な知識が必要とされるため，業界
には素人の娘が経営者になることで，特に古参社員には心配な面もあったが，
久美子氏は「気にしない」性格であり，経営者として自分にできることをやる
しかないと，淡々とマネジメントを実践した。

⑸　事業承継後の課題

　久美子氏は，入社してから，社内のコミュニケーション不足を懸念していた。工場の技術者は寡黙なイメージがあり，製造業の課題の一つである技術の伝承についても，コミュニケーションがとれることで解決できることがあると感じており，会社の将来的な持続的発展のためにも社内改革の必要性を感じていた。

　先代にはここまで会社を大きくしてくれたことへの敬意を表した上で，専務としてサポートする中で，将来を考えるとこのまま今の経営状態を維持することを目標としてはいけないと考えていた。大手がしないこと，できないこと，顧客が求めること，自社にしかできないことを突き詰めて，製造だけでなくサービスの充実を目指すことを考えた。ブレーキという製品の特性上，不備は絶対にあってはいけないことであるため，品質管理には最善の策を投じてきたが，さらに安全性を高めるためには技術的な限界が近く，その製品の使い方を含めたサポート体制が必要である。全国のエンドユーザを訪問し，顧客ニーズを聞いたときに，ユーザーサポートの必要性を感じたとともに，大手メーカーが対応できない業務を自社が対応できたら顧客は助かるのだとわかった。産業用ブレーキは大型機械や設備に組み込まれており，顧客からすると，故障やメンテナンスの際に修理・交換を行って長く使っていきたいニーズがある。大手メーカーでは10年以上経つと生産中止になることが多く，該当部品のみを交換したくても生産が終了しており対応できないが，その代替品を提案することはできる。

　こういった今後の経営改革に対し，既存事業を維持する努力をしつつ，顧客の要請に応じた新しいサービスを提供していくための社内体制を構築しなければならない。経営の方向性を含め，久美子氏はできる限り社員と話しをした。一方的に考えを述べるのではなく，社員の意見を聞き，いいアイデアは積極的に採用し，納得感をもって業務に取り組んでもらえるように「対話」を重視した。

4.2　サンディオスの事業承継プロセス[4]

(1)　企業概要

　サンディオスは，1985年に先代である三宅優氏（以下，優氏）の創業した広告デザイン会社である。先代は，地元で有名な「のっぽパン」の商品パッケージ原案を考案したデザイナーであり，独立後は順調に広告企画制作，ポスター・パンフレットのデザイン業務を行ってきた。年間300件以上の案件に全社員で取り組んでいる。

(2)　後継者のプロフィール

　津賀由布子氏（以下，由布子氏）は先代である優氏の次女で，父が独立したときは，子供部屋が仕事部屋になり，いつも仕事をしているイメージがあり大変そうだったが，すごい仕事をしていると思っていた。由布子氏は，29歳の時にサンディオスに入社したが，サンディオスに入社する前は，フラワーデザイン，事務職，サービス業（レストラン，喫茶店，パン屋，携帯ショップ）を経験し，両親とは少し距離をおいて暮らしていた。現在は，夫と子供4人（長男と3つ子）がいる。由布子氏は，広告デザインは未経験であり，管理職や企業経営経験はなかった。

(3)　事業承継に至る経緯

　由布子氏は，子供の頃から父の会社を継ぐといった意識は全くしていなかった。サンディオスに入社した際にも事業承継の意思はなく，先代からも会社を継ぐように言われたことは一度もなかった。

　父は職人気質なデザイナーであり，経営のことを考えるのはあまり得意ではなかった。人とのコミュニケーションが得意で物腰柔らかな由布子氏をみて「娘の方が経営者に向いているかもしれない」と思っていたが，子供を持つ由布子氏に負担はかけられず，言い出せなかった。継続取引もあり，このままでは会社がなくなるかもしれないと不安に思う従業員を見て，娘はやむを得ず会社を継ぐ決意をした。

⑷　事業承継時の課題

　企業経営や管理職の経験・ノウハウはないため，由布子氏はまず経営者仲間と勉強会に参加した。経営を学ぶだけでなく，特に同じ境遇の女性後継者とのネットワークが心強かった。

　目の前の業務は社員や取引先に教えてもらいながら，試行錯誤して事業を続けた。社員は「会社が続くなら」と協力的であった。

⑸　事業承継後の課題

　由布子氏は，今後も事業を続けていくためには「きれいなデザインだけではお客様の売上に貢献できるとは限らない」とのジレンマを感じており，マーケティングを学ぶきっかけになった。ほぼ独学で2年かけて学んだマーケティングの知識であるが，マーケティングによるアプローチを加えたデザイン業務が好評であった。「お客様を動かす広告づくり」をコンセプトに，販売促進支援，商品開発支援に力を入れた。

　経営理念については，基本的に先代から引き継いでいる。先代がつくった「感謝」という一文字をより事業内容にあったものにするため，事業承継前から構想し，「感謝」という思いを真ん中に表現するように作り変えた。ビジョンは「人と地域の創造力を高めて，未来を幸せにする」，行動指針は「多様性を尊重し，仕事を楽しむ」と発展させ，可視化してWebページやセミナーで発信するようにしている。

　サンディオスはこれまで，地域と一緒に歩んできた実績があり，地域とのつながりを大切にしてきた。2020年に本社を移転した際に，建物1階部分（114平米）を活用したフリースペース「creative base Think」をオープンし，レンタルスペースの貸出だけでなく，創業支援事業やアフタースクール事業を展開している。2022年には静岡県下の子育てしながら働き続けられる職場環境づくりに取り組む企業として，「ふじのくに子育てに優しい企業」に表彰されている。具体的には，出勤時間選択制や子連れ出勤制度，リモートワーク，私設学童の運営を行っており，こうした制度には由布子氏自身の体験が活きている。

4.3 フジワラテクノアートの事業承継プロセス[5]

(1) 企業概要

　フジワラテクノアートは，1933年に創業し，岡山を拠点に国内80％のトップシェアを誇る醸造機械メーカーである。醸造技術を中心に，バイオ関連機器の開発・設計，製造・販売を行っている。1967年には初めて海外（韓国）に輸出し，タイ，中国，ブラジルと世界27か国に取引先を拡大している。最近では，機械製品単品の販売ではなく製造ラインすべての受注が増えており，プラントエンジニアリング分野への広がりが見られる。

　1974年より数々の受賞歴があり，ものづくりに関する表彰だけでなく，2016年には「おかやま子育て応援宣言企業」として岡山県知事賞受賞，2018年には経済産業省「地域未来牽引企業」に選定されている。

　創業者は現経営者の祖父であり，藤原家が代々経営を行ってきた。祖父から祖父の甥，父へ承継し，四代目として娘婿である藤原善也氏（以下，善也氏）に承継した。2001年に就任した現経営者である藤原恵子氏（以下，恵子氏）は五代目になる。

(2) 後継者のプロフィール

　恵子氏は三代目藤原章夫氏の長女として藤原家に生まれた。藤原家は代々女系家族で，子供はほぼ女性であったため，「娘婿が事業承継する」ことが普通と考えられてきた。恵子氏も「お婿さんをもらって藤原家を守るのよ」と言われて育ち，善也氏と結婚，1994年に善也氏が社長に就任したときは，専業主婦として子育てに追われる毎日であった。

　醤油，みそ，日本酒，焼酎等の醸造技術についても素人で，醸造製品を使う側の立場であった。「スーパーの棚に並んでいる醸造商品は，ほとんどがうちの設備を使って作られたものばかりなのが誇りであり，本当に嬉しい」と恵子氏は語る。

(3)　事業承継に至る経緯

　夫の善也氏が社長としてフジワラテクノアートを任され，恵子氏は専業主婦として家庭を支えていた。順調に事業を行う中で，夫の事故死の連絡が入った。

　経営や技術には全くの素人であったが，先代の突然の死により，経営を引き継ぐこととなった。当時長女は大学生で関東におり，父の訃報を受け，急いで岡山に帰ってきたものの，すぐに戻らねばならず，恵子氏は精神的にも不安な中で社長に就任した。

(4)　事業承継時の課題

　恵子氏は経営や技術には全くの素人であったが，夫の突然の死により，経営を引き継ぐこととなった。藤原家の娘として育ったため，会社に対する想いや責任はよく理解できるが，経営や技術の話になると何をしたらよいかわからない。当時会社には，恵子氏が幼いころから社員として働く「お兄ちゃんたち」がおり，恵子氏を勇気づけた。全社員と面接をしたが，戸惑う恵子氏を一生懸命支えようと力になってくれる姿をみて，顧客だけでなく「社員に満足してもらう」ことを意識したと言う。

　同社が扱う醬油，みそ，日本酒，焼酎等の最終購入者は主婦あるいは女性が多い。恵子氏は，主婦目線あるいは女性目線であることを活かし，経営者としての常識にとらわれない改革を行った。トータルエンジニアリング事業を開始し，社員の期待に応えるべく，誰もが働きやすい労働環境を整備した。子育て世代全社員が，産休育休を取得し，その間も会社が情報共有してスムーズに元の職場に復帰できるようにした。その結果「極めて優秀な女性社員が増えた」と実感している。

(5)　事業承継後の課題

　恵子氏は国内トップシェアを誇る要因を「お客様の満足を追求することに力を注いできたから」と考えている。企業の利益優先というより，顧客満足を第一としてきたことが，今につながっていると分析する。また，大型機械メーカーとして，職人からノウハウや味の評価方法を聞き取って理論化し，ファジー制御技術の導入によって，完全自動化に成功している。「機械をうまく使

いこなして，次世代に技術を伝える」ことが大切だと考える。

　ビジネスのアイデアを生み出すには，フラットな組織と環境が必要と考え，事務所は仕切りのないオープンなワンフロアになっている。若手社員がチャレンジできる風土も重要で，社員食堂を中心に集える場を提供し，製造業の「暗さ」を一新させた。

　恵子氏は同世代の夫からの事業承継であり，代替わりはしていないため，年齢的に次の事業承継を考えざるを得ない。長女の藤原加奈氏（以下，加奈氏）を次期後継者とし，加奈氏は2015年副社長に就任，2018年には次女も加わり，母娘支えあいながら一緒に経営を行っている。2人の子供の子育て中である加奈氏が落ち着いたところで，事業を承継したいと考えている。

4.4　村上産業の事業承継プロセス[6]

(1)　企業概要

　村上産業は，先代である夫が1966年に創業し，1974年に法人化した警備会社である。静岡と長野の県下の複数エリアを対象とし，地域に根差した事業を展開している。創業時は塗料や接着剤，梱包資材等の化成品を取り扱い，1999年にセキュリティ事業を立ち上げ，施設警備やイベント警備，巡回警備，交通誘導などの警備業務を行っている。

　化成品部門は，現在もヤマハをはじめとする販売先50社を誇り，内装仕上や防犯設備全般を扱う設備工事部門も持つ。警備部門は約80名の警備員体制で，イベント警備やプール監視員も含む静岡と長野の2つの地域に根差したセキュリティ事業を展開している。

(2)　後継者のプロフィール

　村上すづ子氏（以下，すづ子氏）は，先代村上正明氏の妻であり，先代が存命のときは専業主婦として家庭で夫を支えた。結婚後は家庭に入り，家事や子育てに専念し，会社業務への関与はなく，社員や取引先に「社長の奥様」として認識されていた。

　柔和な人当たりで，人を押しのけて上に立つタイプではなく，嫌な思いを

てもそっと押し殺し，地道に目の前のことを頑張ってきた。「自利自他の精神と必然の出会いに感謝し，従業員の気持ちを満たしていきたい」と語る。

(3)　事業承継に至る経緯

先代である夫が病死したときは途方に暮れ，廃業を考えた。当時中高生だった2人の子供が「父の会社を残して欲しい」と願ったことから，やむを得ず妻が事業を引き継ぐことにした。それまですづ子氏は専業主婦であり，企業経営に携わることは全くなかったため，すづ子氏自身も不安だらけではあったが，他に後継者がいない中，後継しなければ廃業していたという環境の中で新体制をスタートさせるしかなかった。主要な取引先からは，すづ子氏が後継者となることを後押しする声があがり，何とか経営を続けられた。

(4)　事業承継時の課題

事業承継直後は，企業経営経験も実績もない女性後継者に対する不安から，仕掛中の案件で取引の継続を断られたこともあった。20年前はまだ女性経営者はめずらしく，現在のように女性リーダーの活躍推進が表立って称賛される風潮ではなく，特に警備業界は男性中心の社会であったため，女性だからと下に見られていると感じたこともあった。主要な取引先はおおむね協力的で，すづ子氏をあたたかく見守り，応援する姿勢を示してくれたが，取引先の中には，表面上は協力的に見えても「本音はわからない」取引先もあると感じていた。

すづ子氏自身も経営者として何をしていいかがわからず，役員や社員に教えてもらいながら日々の業務をこなした。中には不安に思い，退職した社員も複数いたが，なんとか経営を続けられた。経営ノウハウも全くなかったが，経営者が集う各種団体で活動する中で学ぶことが多かった。社員や取引先の協力のもとで，先代のやり方で経営を続けることに必死であった。

(5)　事業承継後の課題

事業承継してからは，社員や取引先，金融機関を含め総じて応援されている。先代の逝去により事業承継が発生したケースであり，事業承継の準備は全くなかったが，周囲の協力により途切れることなく事業継続ができた。

これまで先代の教え，方針を守って経営を続けてきた。主要な社員にもそれが浸透していたため，自分から動いてくれる面があった。先代が築き上げた事業であり，これからも方針を変えるつもりはないとのことではあるが，それでも「時代の変化への対応は生き残るためには必須」だとすづ子氏は考えている。

すづ子氏は同年代の夫からの承継であり，世代交代したわけではなく，年齢的に次の後継者を考えないといけない時期にきている。会計事務所からの提案により，2005年に長女が代表に就任したが，結婚・出産により辞任，2008年すづ子氏が代表に再就任している。現在は長男が入社し，すづ子氏をサポートしており，次期後継者候補である。長男の考案でコインランドリー事業を始めるなど，会社の将来を見据えて試行錯誤している。

4.5　森川製作所の事業承継プロセス[7]

(1)　企業概要

森川製作所は，1974年に森川清氏（以下，清氏）が東京都中央区に創業した金属加工を中心とする製造業である。1982年に法人化し，1990年に墨田区に移転した。1999年に半導体関連の部品加工に進出したときに，売上高が1億円を超えた。

森川製作所の社屋は1階が工場と小さな事務所，2階が住居（会長宅）となっている。1階の工場には機械がひしめき合っており，各機械の前に従業員が1人立てるだけのスペースしかない。

(2)　後継者のプロフィール

森川明子氏（以下，明子氏）は，先代である父清氏より事業を承継した女性後継者である。明るく元気な性格で，人を惹きつける魅力にあふれた女性である。子供の頃から父についてまわり，取引先を一緒にまわり，従業員や関係者から可愛がられて育った。明子氏にとって，父の会社は生活の一部であった。

明子氏は二人姉妹で，姉がいる。姉はパートで経理を担当しており，明子氏の相談相手として会社を手伝ってくれている。明子氏は，中学を卒業してすぐ父の経営する森川製作所に入社した。1年ほど働いたところで，「高校に行っ

て勉強をした方がいい」と思い，それから受験勉強に励み，工業高校に入学した。年下の同級生に囲まれ19歳で高校を卒業，再び森川製作所に入社したが，入社当初は一社員として，大型機械に囲まれた町工場で働いた。2006年に社長就任，当時若干25歳の若さであった。

　明子氏は2011年に結婚，夫は運輸会社に勤務していたが，交際が結婚へと進展する中で森川製作所に入社，結婚と同時に専務に昇格し，明子氏を支えている。小学生と保育園児の二人の子供がおり，千葉の夫の実家に義父と同居し，毎日電車で1時間近くかけて墨田区の工場に通っている。長男が産まれたばかりの頃は，工場の2階に住む母が子守をしてくれていたが，今は保育園の送迎や食事などを義父が手伝ってくれている。長男は，母が働く姿を見て「僕が大きくなったらママと一緒に仕事をする」「僕がママの後に社長になる」と言っている。

(3)　事業承継に至る経緯

　先代の清氏は実直な人柄で，遊ぶこともなく会社を切り盛りする毎日を過ごしていた。先代は「60歳になったら引退する」と決めており，当時の工場長を後継者として育成していた。しかし工場長が「自分に経営者は向いていない」と志半ばで挫折，会社を退職してしまったため，先代は当時の社員全員と面接をし，後継者になる意思があるかどうかを確認したが，誰一人引き受けてくれる者はいなかった。明子氏の姉は会社を継ぐ意思はないことを明言していたため，当時社内で働いていた次女に次期社長を打診した。娘は自分が承継しなければ廃業と言われ断れなかった。「若すぎる」と家族は困惑したが「たとえ40歳ならいいということはない。若ければ自分が教えられる」と先代は承継を進めた。

　明子氏が代表取締役に就任したのは，2006年5月，清氏は当時62歳，明子氏は25歳であった。社員全員を集め，明子氏が社長になることを伝えると，反対するものは一人もおらず，その日から明子氏に全面的に協力する体制ができた。

(4)　事業承継時の課題

　明子氏が19歳で森川製作所に再入社したときは，「女の子に大きな機械操作

は危ない」と内勤をすることが多かったが，この頃はまだ自分が跡を継ぐとは思っていなかった。

　明子氏が社長になることを取引先や関係者にも知らせると，「すみだ塾」を勧められた。「すみだ塾」は墨田区が毎年開催している二代目経営者などの後継者を集めて行う経営者養成講座である。「すみだ塾」は，経営ノウハウを一方的に教えてもらう塾ではなく，塾生たちが自主的に取り組むことで，これから中小企業の経営者になるにあたっての「覚悟」を固める位置づけの塾である。2018年度が第15期と長く続いており，14期までで163名の卒業生を輩出している。当時，明子氏は企業経営については素人で，財務諸表などの勉強には拒否反応すらあったため，大きな不安があった。「すみだ塾」では経営者の心構えから，戦略立案，事業計画書の作り方，財務・税務など経営について幅広く学ぶことができた。月１回開催で１年をかけて学び，先輩経営者の体験談を聞く機会も多く，得られるものは多かった。明子氏は社長になる覚悟として，「すみだ塾は何があっても休まない」と決めて臨んだ。この「すみだ塾」で，明子氏が一番難しいと感じたのは人前で話すことであった。二人姉妹の妹で，父も母もよく話す一家に生まれ，明子氏は「自分が話さなくても成り立つ環境」で育っている。この「すみだ塾」で初めて，人前で話すことの難しさを感じた。「すみだ塾」の卒業と同時に，代表取締役に就任，明子氏は社長としてのスタートを切った。

　明子氏は，夫と子供２人，義父と５人で，夫の実家である千葉に住んでいる。毎朝１時間以上通勤電車に乗って東京の工場まで通っており，子供たちの送迎や食事などは，義父が担当してくれている。夫は，結婚前は運送業で働いていたが，本人の希望で森川製作所に入社，職人として現場から会社を支えたいと経験を積んでいる。役員になることについて本人は反対だったが，先代の命により結婚と同時に専務となっている。「経営については口を出さない」主義で，明子氏が経営の話をしようとすると嫌がり，自分は現場から会社を支えると決めている。

(5)　事業承継後の課題

　現在，清氏は会長職となっているが，経営にはほとんどかかわっていない。

明子氏が相談を持ち掛けても，明子氏の考えに基本的に賛成し，後押しをしてくれる。趣味の野球に没頭する毎日で，雨が降り野球が中止になれば工場を手伝い，明子氏とは一定の距離を保ちながら，見守ってくれている。

　従業員は，先代からのベテラン従業員と明子氏が社長になってから採用した若手従業員で，ほぼ半分ずつである。若手従業員への技術継承と定着については，難しい領域だと感じている。ベテラン社員には先代の教えが浸透しており，何も言わなくても阿吽の呼吸で仕事を進めてくれるが，若手社員はいきなり辞めてしまうことがある。若手社員が定着し，技術者として育つには時間がかかると感じており，夫である専務が自ら手本となり，経験がなくても頑張れる姿をみせて，現場を引っ張っている。

　明子氏の姉は，経理担当として明子氏を手伝っているが，経営に加わるつもりはない。相続の際には，事業用資産はすべて明子氏が引き継ぐことを想定しているが，経営者保証は，先代と明子氏の共同保証の形式であり，「先代が元気であるうちはよいが，亡くなったときが本当のスタートかもしれない」と明子氏は懸念している。

4.6　矢田製帽の事業承継プロセス[8]

(1)　企業概要

　矢田製帽は，現経営者の祖父が1933年に創業した帽子製造業である。祖父は一貫して帽子を製造する職人であり，独立する形で創業に至った。1958年に敦子氏の父が継ぎ，二代目となった。

　二代目が引き継いだ頃は，子供用ファッション帽子を中心に，学童帽などを手がけていた。1977年に有限会社化し，1980年頃にはテレビ番組に使用された帽子が大ヒットした。しかしその後，子供用キャップはホルマリン検査が厳しくなったため，婦人物に転換していった。1989年にはユニフォーム部門に進出，「ワーキングキャップ」の生産を開始した。現在ではベトナムなど海外で大量生産が可能な体制となっており，東京の市街地において，伝統的な産業の中に新しい仕組みを作ろうとしている。

⑵　後継者のプロフィール

　矢田敦子氏（以下，敦子氏）は，短大卒業後に銀行に入行したが，7年働いたのちに銀行を退職し，大学に編入した。大学では経営学を学び，30歳で大学を卒業し，矢田製帽に入社，職人である父の隣で，早く仕事を覚えようとして，何でもやるようにした。そして2016年10月に代表取締役社長に就任，三代目となった。

　敦子氏は独身で，兄弟は兄と姉がいる。兄は矢田製帽を手伝っていた時期もあるが，現在は家業に関与していない。

⑶　事業承継に至る経緯

　敦子氏が入社した当時は，父と敦子氏，裁断専門の中高年男性社員1名とパート従業員1名であった。敦子氏は，裁断，ミシン，経理，配達までなんでもこなした。特に経理をはじめとする経営管理業務は，パソコンの苦手な年代の先代にとって，大変な苦労だったため，その様子を敦子氏は傍で見ていて，自分がマネジメントをやろうと思った。

　先代は誰にも引き継がず廃業するつもりでいたようだが，敦子氏が自分から継ぎたいと申し出て，事業を継続することになった。

　取引先や銀行は概ね好意的で，敦子氏が承継することを反対する者はいなかった。敦子氏は，幼いころから家業としての矢田製帽を見ており，取引先も敦子氏の人となりをよく知っていた。矢田製帽に入社してから，経理関係を敦子氏が担当し，銀行の対応も敦子氏が行っていたため，後を継ぐことになった際にも円滑に手続きが進んだ。

⑷　事業承継時の課題

　事業を引き継いだ当初は，アパレル向けの婦人物を多く扱っていたが，流行やアパレルデザイナーの好みに発注が大きく左右された。リーマンショックの影響もあり，アパレルからの受注が減少し，職人も高齢化し不安定な時期が続いたときに，敦子氏は知人のすすめで「すみだ塾」に入塾した（第6期生）。「すみだ塾」では，経営者間のネットワークが拡がり，他の経営者から刺激を受けることが多く，今でも悩んだときの相談相手がいる。ユニフォーム帽は安

定的な収益が見込める。「すみだ塾」に行き始めたころから，徐々に婦人帽からユニフォーム帽の割合を増やした。現在の主な受注先はユニフォーム商社が多く，受注先は全体で20社ほどある。

　先代は現在も職人として工場で働いている。基本的に敦子氏が決定することを容認しているが，先代と敦子氏は過去には何度もぶつかったことはあると言う。言いたいことが言い合える関係であるのは，「親子だから」だと敦子氏は言う。敦子氏には，経営のことで相談にのってもらえる特定の人は，親族内や社内にはいないが，最近では，地域の中小企業経営者のネットワークで知り合った経営者に相談することもある。東京東信用金庫のビジネスクラブ（経営者の会）「オーロラ」[9]，若手経営者の会「ラパン」[10]に入会している。

(5)　事業承継後の課題

　現在の社員は敦子氏が採用しており，意識したつもりはないが，全員女性である。生地や反物は見た目より重量があるので体力が必要であり，楽な仕事ではない。「未経験者も歓迎だが，継続できる人に働いてもらいたい」と敦子氏は言う。現在は，敦子氏，父母，正社員 4 名（23歳〜33歳の女性）の体制である。若い女性社員に教えることを躊躇していた父も，社員たちの熱心さに感心し，今では技術をしっかり伝授すべく指導してくれている。社員たちの定着もよく，辞めなくなっている。

　矢田製帽は，ベトナムに生産拠点を持っている。協力工場としての委託生産である。検品までを国内工場に委託し，品質を確保している。受注ロットが大きな場合は海外生産，受注ロットが小さな場合または特寸などの場合は国内生産としている。

　矢田製帽は銀行借入があるが，現在は先代の名義である。裁断機を購入する際には，補助金を利用した。敦子氏が社長になってから申請をし，「採択」されたということは，敦子氏が経営者として認められた，現在のビジネスモデルが認められたということである。補助金の審査は，女性経営者や若手経営者を優遇する面があり，敦子氏は「女性の方がそもそも借入を好まない風潮にある。それでも借入をした場合は，きちんと返済する女性経営者が多いように思う」と捉えている。女性経営者は一般的に銀行借入がしにくい傾向にあると言われ

るが，実際はそうではない可能性がある。

4.7　山崎製作所の事業承継プロセス[11]

(1)　企業概要

　山崎製作所は，1967年に山崎一正氏が塗装業として創業し，その後板金業に
シフトした町工場である。工作機械カバー，部品，制御盤，工場設備，厨房用
設備等を扱う精密板金加工業であり，1970年に法人化した。バブル期には社員
30名を超えるまで順調に業績を伸ばしたが，バブル崩壊後に売上の8割を占め
ていた大口顧客が倒産，必然的に経営状況が悪化した。なんとか持ちこたえた
ものの，これを教訓に大口顧客の取引に頼らず，小口でも多くの取引先を持つ
ように変革し，事業を存続させた。しかしリーマンショックの影響を受け，再
び売上が半減し，先代は廃業を決意したところ，当時経理を担当していた山崎
かおり氏（以下，かおり氏）が2009年に事業承継した。板金加工で用いる大型
機械の扱いには技術と力が必要で，技術者は男性中心であったが，女性メン
バーを中心にチームを編成し，板金技術を活かしたアクセサリー製作販売を開
始している。

(2)　後継者のプロフィール

　山崎製作所の創業者の娘として生まれたかおり氏は，幼少期は父母が働く工
場の横で妹と遊んで過ごした。大学卒業後に個人輸入雑貨業を営んだが，3年
で廃業し，一般企業の総務部人事課で働いた。1991年に山崎製作所に入社し，
当時は母の経理業務を手伝っていた。

　1男1女の母であり，現在は2人とも成人し，長女は山崎製作所に入社，長
男も入社予定である。夫は会社経営者であり，同じ経営者としての悩みを相談
できる相手である。静岡県下の女性経営者を支援するため，静岡県女性経営者
団体「A・NE・GO」（アネゴ）[12]を立ち上げ，代表を務めている。

(3)　事業承継に至る経緯

　リーマンショックで業績が悪化したとき，先代は体調を崩し，事業継続の意

欲が低下，廃業を考えた。経理を担当していたかおり氏は，経営状況からみて父が廃業を決めるのも理解できたが，幼い時から親しんだ職人たちの生活を，私が守らなければという責任感が芽生えていた。人生の大半をこの会社で尽力してくれた職人たち。廃業になれば職を失い，路頭にまよわせてしまうので，かおり氏は「自分が継ぐしかない」と意思を固めた。

　しかし父に承継の意思を伝えたところ大反対され，それから約1年間は口論が続いた。父には「経営はそんな簡単なもんじゃない」という気持ちと「娘に苦労をさせたくない」という想い，そして「会社をもっていかれてしまう」というさみしさがあったと言う。父の知り合いの経営者からその想いを諭され，初めて父の気持ちに気づいたかおり氏は，父との対話に努め，徐々に打ち解けていった。社員たちは，創業者である父がワンマン経営をしていたこともあり，廃業を回避できるのならと，かおり氏についてきてくれた。

(4)　事業承継時の課題

　事業承継時はリーマンショックの影響を受けて赤字の状態であり，雇用調整金や特別融資によりなんとか操業を続けていたが，早急な改革が必要だった。かおり氏は何をどう改革するのか悩み，同友会のメンバーである地元の同級生に勧められ，勉強会に参加し，約10か月の期間で経営全般を学んだ。

　かおり氏は，製造業は技術の伝承が鍵となると考えるが，工場の雰囲気は暗く，職人はみな寡黙に仕事をこなしていた。先代の方針もあり，「職人は黙って仕事に集中する」と教えられてきたので仕方ないが，このコミュニケーションレベルでは，技術の伝承には長い年月が必要だと考えた。働きやすい環境づくりに取り組んだかおり氏は，就業規則や社内規定を変更し，休暇制度の充実を図った。給与体系も見直す中で，スキルアップ体制を構築し，社員のモチベーション向上につながる制度見直しを行った。

　2011年に最新のデジタル・レーザー加工機やベンダー（曲げ加工機），生産管理システムを導入し，早くからDX化に取り組んだことで，納期短縮，生産性・品質の向上が図れた。製造業にとって職人の技術伝承が最も悩ましい問題であったが，機械化することで技術伝承も容易になり，将来を危惧しなければならないことが大きく1つクリアできたと考えている。

⑸　**事業承継後の課題**

　過去２度の経営危機をみてきたかおり氏は，景気に左右されない経営の方向を模索していた。機械部品を主力製品としていた山崎製作所は当然設備投資が必要になるが，設備投資は景気に左右され，なおかつ完全下請けの仕事になると感じていた。短納期で低価格は当たり前で，高品質の製品を高価格で売ることができないので，山崎製作所の技術を認めてもらえるような仕事をしたいと考えた。

　女性を中心に新商品の開発チームを組み，2015年にオリジナルブランド「三代目板金屋」を立ち上げた。インテリアやかんざしなどのアクセサリー類を主力商品にラインナップし，店舗やネットで販売している。オリジナルブランドの売上は全体の10〜15％程度であり，単独事業としてはまだ成長途中であるが，オリジナルブランドを立ち上げたことで，売上以上に本業への波及効果があった。展示会に出展したり各種メディアに取り上げられることで，国内だけでなく海外からも受注が入るようになり，本業との相乗効果が期待できるようになった。また，顧客のレビューはやりがいにつながり，一番の効果は社員のモチベーションアップだった。

5　7社の障壁要因分析

5.1　障壁要因分析の視点

　先行研究から得られた知見を再構成し（**図表8‐4**），「事業承継プロセスと準備期間」「後継者が事業承継しやすい環境」「先代とのコミュニケーション」「人的ネットワーク」「従業員教育および育成」「時代に即した経営戦略」を視点として分析を進める。

5.2　分析の視点ごとの調査結果

　中小企業の事業承継を円滑にする方策および事業承継前後で障壁となった要因について，7社に対してインタビュー調査を行った結果をまとめる（**図表8**

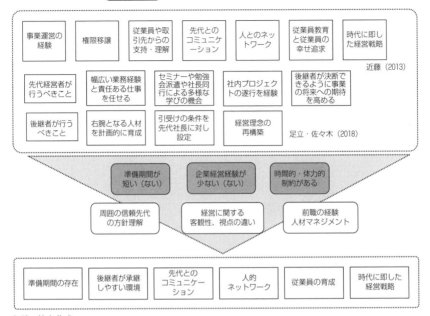

図表8-4 事業承継の障壁要因調査の視点

出所：筆者作成

-5）。

		サツマ電機	サンディオス	フジワラテクノアート
準備期間の存在		• 子供の頃から後継者と言われたことはなく，入社前は後継者になると考えていなかった • 父からも会社を継ぐように言われたことはなかった • 父と共同代表の期間2年を含め，経営権を移行するまでの期間は準備期間	• 子供の頃から後継者になる意識はなかった • 事業を承継すると決めて入社したわけではなかった • 準備期間は経営権移行期間のみ • 父からも会社を継ぐように言われたことはなかったが，父は「娘の方が経営者に向いている」と思っていた	• 先代逝去のため，準備期間なし • 後継者は決まっていなかったが，代々娘婿が継いできた • 夫の存命中は会社に関与しておらず専業主婦
承継しやすい環境		• 祖母が社長だった時期があったため，ベテラン社員は女性経営者に抵抗なし • 自己資本比率を上げ，経営者保証を外しておいた • 余裕を持った資金繰り調整	• 社員は「会社が続くなら」と協力的 • 先代と一緒に交渉事を行っていた • 夫と両親が子育てをサポート	• 家族，役員，社員からの望む声 • 取引先からの推挙 • 子は大学生（後継者には早いが，手はかからない）
先代とのコミュニケーション		• 衝突もあったが，組織として代表が決定後は従う態度を示してきた • 現経営者の決定に文句を言わない	• 先代は現在もデザイナーとして仕事をしている（近くにいてよく話す） • 「娘の方が経営者に向いている」（先代より）	• 先代逝去のため，承継時および承継後のコミュニケーションはない • 先々代は父であり，家業としては小さいときからみてきた
人的ネットワーク		• 社員への十分な説明と協力要請 • 取引先や銀行への挨拶まわり • 経営者ネットワークへの参加 • 先代はたまに顔を出し相談にのる（ほどよい距離感）	• 社員への説明と協力 • 取引先との交渉は2人態勢で行った（むしろ交渉がうまくいった） • 経営者ネットワークへの参加 • 地域とのつながり • 先代はデザインに専念	• 創業家の娘としての社内外からの信頼 • 取引先の理解・協力 • 経営者ネットワークへの参加
従業員教育		• ベテランから若手への技術継承 • 若手育成に注力	• デザインだけでなくマーケティングを経営者自らが独学で学び，提案力をつけるよう社員を指導	• 研究所を設置 • 社員食堂「フジワラ食堂」で研修や講座をひらく
時代に即した経営戦略		• 理念の基本的な部分は先代から引き継ぐ • 「製造業のサービス化」戦略的な部分を加えて現在の戦略を立てた（承継後3度見直し） • 戦略を立てるときは必ず社員と話す • 安全な製品を作るだけでなくサービスを充実	• 理念は先代から引き継ぐ • コンセプトを可視化し，HPやセミナーで発信 • 社屋を新築し，コワーキングスペース，レンタルスペースを併設	• 理念は代々先代から引き継ぐ • 社員食堂「フジワラ食堂」から社員を元気に • 働きやすく若くてもチャレンジできる環境に • 積極的な海外展開

出所：調査結果をもとに筆者作成

に対する調査結果

村上産業	森川製作所	矢田製帽	山崎製作所
• 先代逝去のため，準備期間なし • 夫の存命中は会社に関与しておらず，後継者になるとは思っていなかった	• 1 年後に代表就任と設定し，経営塾に通う • 入社時，事業承継の意思はなかった • 入社後は一社員として従事，経営を担うことはなかった	• 入社時，事業承継すると決めてはいなかった • 入社後経理や経営管理業務に従事 • 準備期間は経営権移行期間のみ	• 入社時，事業承継の意思はなかった • 準備期間は経営権移行期間のみ • 入社後経理業務に従事し，母を手伝う
• 子供（中高生）が父の会社の存続をのぞんだ • 取引先，社員，親族からも会社存続を望む声に後押し • 家族，社員が協力的 • 黒字経営	• 全社員に対し後継の意思を確認したが全員断ったため，新社長に全面協力 • 地元の支援機関がアドバイス • 両親と義父が子育てをサポート • 経理担当の姉がサポート • 黒字経営	• もともと銀行との交渉事をしていたため，銀行は好意的 • 先代（父）は職人として現場に残りサポート • 事業承継時，黒字	• 事業承継当時（リーマンショック直後）は赤字経営 • 先代は廃業を考えていた • 社員は，雇用が維持されるなら積極的に協力
• 先代逝去のため，承継時および承継後のコミュニケーションはない • 夫婦の会話の中で経営方針を理解していた	• 先代はたまに現場を手伝う • 現経営者の決定に反対しない	• 先代（父）は職人として現場に残りサポート • 意見の相違もあったが，親子だから何でも言い合える	• 「継ぎたい」と手を挙げた当初は先代が大反対，1 年近く口論が続いた • 父の「寂しさ」を理解し，緩和 • 「言いたいことが言いあえるのは親子だから」
• 特に古株社員の協力 • 取引先の理解・協力 • 親族の協力 • 経営者ネットワークへの参加	• 社員の協力（承継後は老齢での退職者のみ） • 夫が専務となり現場を仕切る • 姉が経理を手伝う • 同居する義父が子育てに協力 • 経営者ネットワークへの参加 • 地域の経営アドバイザー • 先代は引退しつつたまに現場に出るほどよい距離感	• 取引先や銀行の協力 • 現在の社員は全員承継後に採用 • 経営者ネットワークへの参加 • 地域の経営アドバイザー • 先代は現場に残り，若手職人の育成を行う	• 雇用が維持できる，先代が多少ワンマン経営だったので，社員は全員協力的 • 経営者ネットワークへの参加，中心的な役割を担う • 地域の経営アドバイザー，金融機関，行政・外郭団体等の支援
• 警備のプロを育てる環境を整備 • 研修制度の充実	• ベテランから若手への技術継承 • 若手の定着率をあげ，継続して育成	• 現経営者が全社員を雇用 • 技術面は先代が指導	• ベテランから若手への技術継承をDX化で実現 • 就業規則を見直し，休暇制度や資格制度を導入 • 若手社員のモチベーションアップ
• 理念は先代から引き継ぐ • なるべく変えないようにしつつ，時代の変化への対応を行う • 警備の種類を増やし事業拡大	• 理念は先代から引き継ぐ • 「自分にできないことはしない(無理はしない)」方針だが，顧客の喜ぶことを実現するために，必要に応じて対応する • 若者の離職防止に努め，従業員数増加 • 承継直後は売上減少も直近では1.3倍	• 理念は先代から引き継ぐ • 承継後，大型機械購入など将来への投資をおこなった • ベトナムに生産拠点	• 「自分だったらこうする」を実践 • 板金加工の技術力を活かしオリジナルブランド商品「三代目板金屋」を開発 • Eコマースも駆使して販売 • 海外からの受注にも対応

5.3　事業承継プロセスと準備期間

　今回の調査対象 7 社の現経営者全員が，もともと事業承継する予定ではな
かった。サツマ電機，サンディオス，森川製作所，矢田製帽，山崎製作所は父
から娘に事業承継した。中でも，サツマ電機，矢田製帽は先代に息子がいるが，
娘が事業承継した。姉妹のサンディオスと森川製作所，山崎製作所とについて，
山崎製作所は長女であるが，サンディオスと森川製作所は次女である。日本古
来の承継順位を，男子の長子（第一順位），男子の長子以外（第二順位），男子
がいないときの女子の長子（第三順位）とすると，山崎製作所のみ第三順位に
該当する。この結果だけで一般化はできず，断定はできないが，承継順位通り
にいかない場合に娘が事業承継することが多く見られる（**図表 8 - 6**）。

　自分から後継者として手を挙げた場合を積極的承継，他に承継するものがお
らず，もしくはやむを得ず，周りからの推挙で承継することになった場合を消
極的承継とすると，サツマ電機，矢田製帽，山崎製作所は積極的承継，サン
ディオス，フジワラテクノアート，村上産業，森川製作所は消極的承継となる

図表 8 - 6　先代との関係

	先代の子	息子の有無	長子か？	
サツマ電機	長女 , 長男	あり	Yes	長男がいるが長子である長女が承継
サンディオス	長女 , 次女	なし	No	男子がいないが長女でなく次女が承継
フジワラテクノアート	長女 , 次女 （妻）	なし	－	子が未成年，妻が承継
村上産業	長女 , 長男 （妻）	あり	－	子が未成年，妻が承継
森川製作所	長女 , 次女	なし	No	男子がいないが長女でなく次女が承継
矢田製帽	長男 , 長女 , 次女	あり	No	長男，長女がいるが次女が承継
山崎製作所	長女 , 次女	なし	Yes	男子がいなく長女が承継

注）「先代の子」の中で□の囲みは現経営者をあらわす。
出所：筆者作成

図表 8 - 7　　**後継者となるきっかけと準備期間**

	後継者候補	きっかけ		準備期間
サツマ電機	未決定	自分から継ぐと伝えた	積極的承継	移行期間（約 2 年）
サンディオス	未決定	後継候補が他におらず自分が継ぐしかなかった	消極的承継	移行期間のみ
フジワラテクノアート	未決定	先代逝去（周囲の推挙）	消極的承継	なし
村上産業	未決定	先代逝去（周囲の推挙）	消極的承継	なし
森川製作所	候補あり	他におらず先代から打診された	消極的承継	1 年
矢田製帽	未決定	自分から継ぐと伝えた	積極的承継	移行期間のみ
山崎製作所	未決定	自分から継ぐと伝えた	積極的承継	移行期間のみ

出所：筆者作成

（**図表 8 - 7**）。

　現経営者が事業を承継するに至った経緯により，各社の事業承継の準備期間は異なる。先代の急逝により事業を承継したフジワラテクノアートと村上産業は準備期間が全くない。サツマ電機，サンディオス，矢田製帽，山崎製作所は，後継者になることが決まった段階から代表権を移行するまでの期間が準備期間と言えるが，明確な準備期間を設けてはいない。森川製作所だけが準備期間を 1 年と設定し承継の準備を進めた。サツマ電機は結果的に約 2 年の共同代表の期間に保証を見直したり資金繰りを調整したりと財務面の準備は進められた。

　先行研究によると，適切な準備期間の長さは 4 年とも10年ともされており，比較すると 7 社とも異例の短さである。自分から承継すると手を挙げた矢田製帽，山崎製作所は，実質的には承継することが決まる前から，本人の覚悟として準備を進めていた可能性はあるが，入社時点では自分が後継者になるとは考えていない。これはサンディオス，森川製作所も同様である。

　つまり，準備期間不足という点において，7 社すべてが十分な準備期間が設けられてはおらず，女性後継者は準備期間が十分にとれないことが多いことを裏付ける結果が得られた。これは予備調査（第 6 章）や定量調査（第 7 章）の結果とも整合する。

5.4　後継者が事業承継しやすい環境

　後継者が事業承継しやすい環境を作るためには，先代の努力と後継者の努力，加えて役員や社員の受け入れ態勢，取引先の理解および協力体制，家族のサポートが必要になる。これらのどれかが欠けると事業承継がうまく進まない。どれかが抜け落ちたりせずバランスよく環境が整ってはじめて，経営者としての正統性が得られ，事業承継が円滑に進められる。

　サツマ電機は，企業経営の経験や業界知識のない新社長を不安視する声も一部の社員にはあったようだが，祖母が社長だった時期があったため，ベテラン社員にとって女性経営者のもとで働くことに抵抗がなかったことは，後継者が組織の中の立ち位置を確保することに大きく貢献した。

　サンディオスは，以前から先代と一緒に交渉ごとを行っており，交渉が苦手な先代に比べて現経営者は人当たりよく，むしろ交渉をうまく進められていた。社員たちは「会社が続くことで，働く場が確保できるなら」と協力的であり，社員からも頼れる存在と認識された。最大の心配事は3つ子の子育てであったが，夫と両親が全面協力し，子育てをサポートするとともに，現経営者はその経験から，やがて地域の子育てサポートへの貢献を考えるようになる。

　フジワラテクノアートと村上産業は，ともに先代の急逝により一刻も早く後継者を立てなければならない状況であったため，家族，役員，社員からの望む声，さらに取引先からの推挙，取引継続への懸念もあり，他に有力な候補がいない中で，本人の意に反し望まれて後継者となった。森川製作所は，先代が後継者探しに苦慮した場面を社員がみており，また当時の社員全員が「後継者にはなれない」と断っていることから，誰一人反対する者はいない。若干25歳という現経営者の若さに家族は困惑したが，「早い時期に継承した方が自分が教えられるので却って好都合」という先代の一言で収まった。

　矢田製帽は，もともと銀行員であり，入社後も銀行との交渉事をしていた現経営者に対し好意的であり，社員たちもすんなり受け入れた。山崎製作所は，「娘が継がなければ廃業」という点ではサンディオスと類似するが，さらにひっ迫した経営状況であったため，社員は積極的に協力し，全員でなんとかこ

の苦境を乗り越えようとした。

　総じて表立った反対勢力は現れず，後継者と決まれば家族は全面サポート体制を敷き，経営者の正統性の半分は得られている。残り半分は，事業承継後に実績をみて判断されるということであろう。

5.5　先代とのコミュニケーション

　「先代とのコミュニケーション」に関して，大塚家具に見られるような親子間で経営権を奪い合う事態に発展するような関係[13]ではなく，先代が逝去したフジワラテクノアートと村上産業を除き，一定の距離をおくことで良好に保たれていた。山崎製作所は，後継者として手を挙げた直後こそ，先代の「寂しさ」から反対され，しばらく関係がぎくしゃくしたが，父の気持ちに気づいてからは娘もよりそうようになり，次第に関係は改善されていった。今となってみるとお互い「父だから」「娘だから」といい，「壊れた関係のままにはしない」との意思が見られる。

　所有と経営が分離し株式が分散しがちな大企業とは違い，所有と経営が一体となる中小企業の特徴とも言えよう。先代は会長職につくことはあっても事実上引退し，現経営者の相談に応じる程度の関与にとどめており，近藤（2013）の「適切な時期の権限移譲」ができている。経営方針において，サツマ電機や山崎製作所は「決して同じ方向を向いているわけではない」とのことだが，これまで会社経営と家族親族の両方を支えてきた先代に対する敬意がある。サンディオスや矢田製帽は「同性でない方がぶつかることが少ない」と言う。山崎製作所は「言いたいことが言いあえるのは親子だから」と，たとえ意見に対立があっても動じない関係が築けている。

5.6　人的ネットワーク

　サツマ電機は，事業承継に際し，社員への十分な説明と協力要請を行い，取引先や銀行への挨拶まわりを丁寧に行った。特に全国のエンドユーザをまわり，一つ一つニーズを汲み上げることは時間もコストもかかるが，得られるものが

大きい。また，何かを決定するときには，社内の意見を徹底的に聞き，総合的に判断するようにしている。先代に対しても，組織がうまく機能するために，社員の前では決して意見の対立をみせないようにした。

　矢田製帽は，社会人になってからの大学ゼミでのブレスト経験や，経営者ネットワークへの積極的な参加によって，お互いの意見を交わし合い解決の糸口を見出そうと，人とのつながりを大切にしている。

　サンディオスの柔和な人当たりや地域貢献の姿勢は，対立を生まず，森川製作所も町工場の末っ子として昔から可愛がられた経験が，今の人とのつながりを後押ししている。フジワラテクノアートと村上産業は，先代の逝去で困惑する中，経営にかかわりがなかったにもかかわらず，親族だけでなく古参社員や取引先からの推挙があるだけの信頼があった。

　さらに，7社すべてが経営者ネットワークに参加し，その中でもリーダー的存在になっている。サツマ電機，サンディオス，山崎製作所は，地域の中小企業家同友会に所属するだけでなく，静岡県下の女性経営者を支援する団体「A・NE・GO」の主要メンバーである。特に山崎製作所は「A・NE・GO」の代表であるとともに，静岡に留まらず，全国の女性後継者ネットワークをつなぐためにも奔走し，全国中小企業家同友会の女性部会への参加にも積極的である。森川製作所と矢田製帽は，「すみだ塾」卒業生であり，現在もOGとして後輩の規範，ロールモデルとなっている。村上産業は，浜松西ロータリークラブの会長を務めた経験もある。フジワラテクノアートは，岡山県を代表する企業として数々の表彰を受け，岡山県中小企業団体中央会でも積極的に活動，全国大会にも参加している。

　当初の目的は，後継者として先代の活動を引き継ぐ目的や，経営ノウハウを学ぶため，経営者との横のつながりを持つためであったが，それぞれ自分が通った決して平坦ではなかった道を，後続の助けとなるよう尽力するうちに，中心的な存在となっている。

　7社とも，「人」に恵まれている環境ということであるが，そのような環境が偶然揃うわけではなく，常に「人」を大切にしてきた各社歴代の方針そのものの結果と言えよう。

5.7　自社の強み：社員の育成

　サツマ電機，森川製作所，山崎製作所は，製造業の課題である「技術の伝承」について，事業継続のための喫緊の課題であり，早急に取り組まなければいけないことと認識していた。工業高校で学んだ経験のある森川製作所を含め，技術についてはほとんどわからない中で，ベテラン社員から若手社員への技術伝承方法を考えなければならない。3社が共通して取り組んだのは，若手社員の定着率向上である。技術を伝承する前に辞めてしまっては，継続どころか人材への投資回収もできない。そして，「職人の背中をみて学べ」という技術の伝承方法ではなく，普段から聞きやすい風土，学ぼうとする風土を実現するため，社内コミュニケーションを活発にしようとした。そのために工場の暗い雰囲気を変えるように試行錯誤すると同時に，労働環境改善のために社内制度を見直し，休暇取得の促進や資格制度の充実も図り，仕事での努力が個人のスキルアップにつながるようにしたことで若手社員のモチベーションの向上も見られた。

　フジワラテクノアートも同じであるが，先端技術に関しては研究所もあり，全社的な技術支援体制が整っている環境が少し異なる。村上産業にいたっては，指導や訓練が必要で，経験を求められる専門スキルであるが，研修体制が比較的充実しており，警備未経験者を採用しても，社内で育成できるだけの仕組みがあった。

　デザイン関係，製作といった関係では，サンディオスと矢田製帽は近い面があるが，金属製造業と比較すると，さらに感性もかかわる属人的な専門スキルである。技術の伝承というよりは，各人がスキルや感性を高く保つことが常に必要で，サンディオスでは現経営者自らマーケティングをほぼ独学し，社員に伝授した。広告デザインの完成度で顧客ニーズを満たすだけではなく，マーケティングの要素を加えて売上向上につながるように提案できる体制を作った。

5．8　時代に即した変革

「時代に即した新しい経営戦略」は，事業存続のためにはどうするべきか，後継者は悩むところである。山崎製作所を除き6社は事業承継時の経営状態は悪くはなかったが，中小企業ならではとも言うべき何か一つの失敗が事業存続をゆるがす事態になるリスクを後継者は肌で感じており，将来を案じていた。サツマ電機，山崎製作所は「自分だったらこうしたい」と現状からの脱却を考えており，サツマ電機は自身が代表になるにあたり社員と何度も話し合い，経営戦略の変革に理解を得ている。サンディオスも地域に根差した会社であり続けるために，コワーキングスペースやコミュニティスペースを社屋の1階に取り入れた。先代は「こうした発想は自分にはなかった」と評価している。矢田製帽は流行に左右されるファッション帽を減らし，経営を安定させるためにユニフォーム帽をコアビジネスとするよう製品構成を見直した。先代の経営方針を変えるつもりはないという村上産業であっても「時代の変化への対応は生き残るためには必須」だとしている。

フジワラテクノアートは，主婦目線，女性目線で会社を見直した時に，労働環境の改善が必要と考えた。同業他社と比較して，決して劣悪な環境にあったわけではないが，社員の健康を気遣うのは経営者としてやるべきことと捉えて，社員食堂「フジワラ食堂」をリニューアルした。食事をとる場所とするだけでなく，そこで社員が集い，時に学び，企業風土を良質化することに一役かったことで，意識の高い若手の採用につながり，好循環を生み出している。

6　共起ネットワーク分析

女性へ事業承継した中小企業の承継前後における障壁要因を多面的に調査するために行った中小企業の女性後継者へのインタビュー調査の結果を，7社に対するインタビュー記録および会社資料，公表された文献から1文単位にコーディングしたデータをインプットとして，KH Coderによるテキストマイニング分析を行ったところ，「経営」「先代」「社員」「承継」「協力」「期間」「父」

図表 8 - 8　テキストマイニング分析結果

	ワード		ワード		ワード
1	経営	21	技術	41	決定
2	先代	22	現場	42	現在
3	社員	23	ベテラン	43	言う
4	承継	24	移行	44	雇用
5	協力	25	銀行	45	黒字
6	期間	26	経理	46	子育て
7	父	27	継ぐ	47	子供
8	事業	28	交渉	48	従事
9	入社	29	行う	49	制度
10	ネットワーク	30	手伝う	50	戦略
11	会社	31	職人	51	全員
12	参加	32	食堂	52	対応
13	若手	33	逝去	53	代表
14	取引	34	地域	54	コミュニケーション
15	意思	35	夫	55	サービス
16	引き継ぐ	36	娘	56	デザイン
17	後継	37	理解	57	フジワラ
18	準備	38	アドバイザー	58	意識
19	理念	39	育成	59	維持
20	サポート	40	継承	60	家族

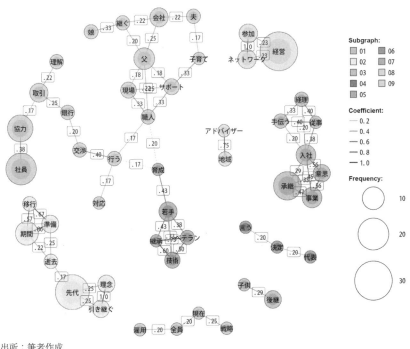

「事業」「入社」「ネットワーク」「会社」「参加」「若手」「取引」「意思」と続いた（**図表8-8**）。抽出語についてサブグラフを見ると，「先代－理念－引き継ぐ」「先代－逝去－準備期間－移行期間」「父－サポート－現場－職人」「父－サポート－子育て－夫」「父－会社－継ぐ－娘」「社員－協力－理解」「育成－若手－ベテラン－技術－継承」「経営－参加－ネットワーク」といったグループの関連性が見られた。これはKJ法の分析結果とも整合的である。

注

1　Yin（1994）によると，事例が決定的であるとともに極端あるいはユニークであり，対象が新事実である場合に事例研究の適切性が担保される。

2　匿名希望あり。

3　調査日：2020年12月21日，調査手法：Zoomによるオンライン形式の半構造化インタビュー，インタビュー対象：梶川久美子氏（現経営者）

4　調査日：2020年12月21日，調査手法：Zoomによるオンライン形式の半構造化インタビュー，インタビュー対象：津賀由布子氏（現経営者）

5　調査日：2022年5月16日，2022年6月2日，調査手法：Zoomによるオンライン形式の半構造化インタビュー，インタビュー対象：藤原恵子氏（現経営者）

6　調査日：2020年9月11日，調査手法：電話形式の半構造化インタビュー，インタビュー対象：村上すづ子氏（現経営者）

7　調査日：2019年10月21日，調査手法：森川製作所にて対面形式の半構造化インタビュー，インタビュー対象：森川明子氏（現経営者）

8　調査日：2019年10月21日，調査手法：矢田製帽事務所にて対面形式の半構造化インタビュー，インタビュー対象：矢田敦子氏（現経営者）

9　中小企業が経営勉強会，講演会，異業種交流会や懇親会などを通して，経営情報の収集や人脈形成等を図り，会員企業の繁栄に役立てることを目的とする。東京東信用金庫と取引のある事業所，役員，幹部社員を対象とする組織。（東京東信用金庫Webページ https://www.higashin.co.jp/organization/index.shtml# a 01 2019/11/14アクセス）

10　加入資格45歳以下の若手経営者・後継者を対象に，次世代の企業経営を担う経営者相互の交流と，経済・経営に関する啓発，情報交換を通じて，新しい経営のあり方を学ぶとともに会員企業相互のビジネスマッチング，問題解決の場を提供することを目的としている。2016年3月末現在，会員数は226名。（東京東信用金庫Webページ　https://www.higashin.co.jp/organization/index.shtml#a01 2019/11/14アクセス）

11　調査日：2020年10月6日，調査手法：Zoomによるオンライン形式の半構造化インタビュー，インタビュー対象：山崎かおり氏（現経営者）

12　「A・NE・GO」は「Assist Next Go」の意味が込められている。

13　大塚家具は，1928年に箪笥職人である大塚千代三氏が，春日部の工房で製造販売を行ったのを起源とし，1969年に大塚勝久氏が「大塚家具センター」として家具販売事業を独立させた。1993年に会員制を導入し，「IDC大塚家具」として高級輸入家具販売を開始，2003年12月期には売上高730億円の規模に成長した。2009年に勝久氏の指名により，長女久美子氏が社長に就任したが，2014年に勝久氏との確執から解任となり，経営権を争う騒動が激化した。2015年には久美子氏が社長に復帰，勝久氏は会長を辞任し，新体制がスタートしたが，2019年にヤマダ電機と資本提携，2021年ヤマダホールディングスの完全子会社となり，2022年ヤマダ電機に吸収合併された。久美子氏は2020年12月1日に辞任して

いる。Dumas（1990）の女性後継者の行動と父親の関係性に当てはめると，父から権力を簒奪し自らの道をいく「Taker of the gold」に分類される。「家業を守り成長させる」という共通目標はありながらも，経営戦略の違いから深い対立が見られた。

第**9**章

事業承継後の事業展開

1 事業承継後の事業展開に関する問題意識

　近年女性への事業承継は増加傾向にあるが，第1章で示した通り，中小企業全体の後継者内訳を見ると，女性への承継は未だ5％に満たないと推察される。女性経営者は事業承継によって経営者となる割合が高い[1]ことを鑑みると，今後女性へ事業承継する中小企業が増えることへの期待感はより高まる。しかし女性への事業承継は突然あるいはやむを得ず発生することが多く，十分な準備ができない中で事業を承継した女性後継者が一定程度存在しており[2]，円滑に事業承継できる環境と，承継後の事業存続・成長の促進が重要になる。

　企業は社員の生活・生計にも責任を負っており，事業存続は絶対条件となる。後継者が決定した段階で事業そのものを止めることはできず，新しい経営者に事業は承継されていく。事業承継において「事業存続」が最も中心的な要素なのだとすると，事業存続のためには経営革新が必要であり，その一つに新事業展開がある。後継者は経営革新を阻害する要因を回避または排除し，自社に合った経営革新をいかに進められるかが，事業承継の成否を分ける鍵となる。

　中小企業の事業承継において，前経営者が会長として残ることは少なくないが，そのような境遇で，経験の浅い後継者が，前経営者が育て上げた成熟した社員を束ね，組織の中枢で社内改革を進めることができるのだろうか。経営革新の必要性（小野瀬，2014；村上・古泉，2010）を認識した女性後継者が，客

観性や人材育成における優位性（小野瀬，2013）あるいは別の要因で，経営革新を促し事業を成長させることはできるのだろうか。女性経営者研究や女性起業家研究で得た知見は，女性後継者研究にもあてはめて考えることができるかについても考察する意義はある。

　後継者として育てられていなければ，本人が後継者と意識して行動する期間は当然短くなり，本来なら時間をかけて育成されるべき経営者の素養が十分と言えないまま事業承継した女性後継者の新事業展開において，前経営者の影響力や慣性は阻害要因なのか，経営に対する客観性や人材育成あるいは前経営者とは異なる視点が新事業展開を促す要因となるのかを分析視座として調査を行う。

　本章は，第7章の定量調査で得られた女性後継企業の特性（図表7-16）と，第8章の女性への事業承継における障壁要因を踏まえたうえで，第5章の先行研究より得られた知見および先行研究の限界から導出したRQより，これまでの事業承継研究ではまだ着目されていなかった女性への事業承継における事業成長に影響を与える要因を多面的に調査し，分析・考察することで，女性に事業承継した中小企業の承継後の事業成長に関する研究の結論へと導く。

　第7章の定量調査の結果，女性後継企業は男性後継企業より従業員数が小さく，企業年齢が低いことは，統計的に有意であった。経営者の属性に関しても，経営者年齢，代表就任年齢ともに男性後継企業より低いことは有意な差と言える。従業員規模は小さいが，売上増加や事業の将来性については有意な差があるとは言えなかった（図表7-16）。

　このことから，女性後継者は男性後継者より若くして事業承継をする傾向にあり，仕事に就き始める年齢に男女差はないとすると，社会人経験や企業経営経験が少なく，準備期間が十分にとれないまま後継者となり，経営者としての資質やノウハウの蓄積が乏しい分，承継後の経営に苦難を生じさせることが考えられる。従業員規模が小さく，経営資源不足に悩むことが想定されるが，小規模でも一定の売上が確保できている，あるいは生産性が高い経営が行えているとも言える。一般的に小規模であれば小回りが利き，かじ取りのしやすさや事業リスクが小さく抑えられる点からも，効率的な経営ができると考えられる。

　女性後継企業の特性を捉えた上で，第8章では，中小企業の女性後継者7名

図表9-1　事業成長要因調査の視点

事業承継 プロセスと 準備期間	前経営者 との違い	承継後に 実施した 社内改革	承継後の 新事業戦略	今後の 方向性

出所：筆者作成

に対し，事業承継前後における障壁要因についてインタビュー調査を実施した。その結果，どの後継者も後継者として育てられておらず，十分な準備期間がない中で経営者となり，承継後は企業経営経験の不足，家事・育児の担い手としての時間的制約，ロールモデルの不足に起因する苦難があった。中小企業の女性後継者はこれらの障壁の中で日々苦慮し模索しながら経営を続けている。

　本章では，中小企業の女性後継者がこれらの障壁を克服し，事業成長させる要因は何かについて調査する。先行研究から得られた知見をもとに，「事業承継プロセスと準備期間」「前経営者との違い」「承継後に実施した社内改革」「新事業戦略へのプロセス」「今後の方向性」の順を追って調査を進める（**図表9-1**）。

2　事業承継後のイノベーション

2.1　事業承継の革新性と阻害要因

　中小企業の事業承継研究では，立場の違いによる多面的な視点や承継プロセスをフェーズに分けた研究が進められているものの，「承継前」から「承継中」への着眼が中心である。「承継後」は後継者が自らの経営を確立する時期で，事業継続を図るために最も重要な時期であり（神谷，2020），「自分の代で会社を潰してはならない」と多くの後継者は承継後の事業存続に注力する。落合（2014a）は，事業承継を「世代から世代への承継を通じた伝統と革新の二律背反的な事柄の発展的解消」と表現していることからも，後継者は創業者の想いを受け継ぎ，企業の存続に全精力を注ぎながらも，時代とともに変化する経営環境への対応を迫られ，苦悩の中で企業経営を行っている。

　企業は成長のためではなく存続するためにイノベーション活動を行っており，存続を重視するからこそ時代に合わせた新しい取り組みを行って事業を維持している（小野瀬，2014）。文能（2013）は，事業承継後に新製品・サービスを開発すると事業成長につながることを明らかにした。つまり事業存続のためには既存事業に留まらず，新事業，経営革新，イノベーション活動を活性化させることが有効であり，経営者の世代交代は経営革新のチャンスと捉えることができる（中小企業庁，2021）。

　事業承継後の経営革新について，神谷（2020）は，一般に経営者や組織の行動には慣性が働くため，永く先代に依存してきた経営や組織を，新参者である後継者のリーダーシップにより革新するのは容易なことではないとしている。落合（2014a）は，先代の後見が後継者の能動的行動の芽を摘んでしまうことを指摘している。そもそも「事業承継」と「経営革新」という異なるプロセスを同時に行うことには，さまざまな課題があるはずであり，それらは阻害要因となり得る（神谷，2020）。

　前経営者の影響力の強さが，改革に困難を生じさせ，承継前の企業内の慣性（inertia）がその後の経営に影響を及ぼす。三井（2019）は，親子間の事業承継において，承継後に先代が経営に関与することは後継者の自立に悪影響をもたらすとし，神谷（2020）は，先代が自らの役割を変遷させていかなければ，後継者による経営革新は進展しないとしている。Dokko & Gaba（2012）は新事業の展開には慣性の変更が重要とし，小野瀬（2014）は，前経営者の欠点を現経営者が把握するとイノベーションの可能性が高まるとしている。

　神谷（2020）は，後継者が経営革新を行おうとすると，先代や古参従業員が，それまで企業内で共有されてきた実践や考え方が否定されると捉えるため，コンフリクトが高くなること，先代が実質的に経営から退出してしまうと，企業を支えてきた競争優位が承継されずに失われる可能性があることも指摘している。

　企業は社員の生活・生計にも責任を負っており，事業存続は絶対条件である。事業存続のためには経営革新が必要であり，その一つに新事業展開がある。後継者は経営革新を阻害する要因を回避または排除し，自社に合った経営革新をいかに進められるかが，事業承継の成否を分ける鍵となる。

　承継後に事業成長させるためには，前経営者との関係性や既存事業にとどまらない社内改革の組織風土が必要となる。前経営者の存在が経営革新の阻害要因の一つであるとされているが，中小企業の事業承継において，前経営者が会長として残ることは少なくない。経験の浅い後継者が，前経営者が作り上げた企業風土のもとで成熟した社員を束ね，組織の中枢で社内改革を進めることができるのだろうか。

2．2　女性後継者の特性と事業成長

　小野瀬（2013）は，女性後継者の優位性について，社内の状況を客観的に評価することができ，企業経営と並行して家庭や子育て・介護などを担うことの多い女性特有のバランス感覚で効果的な従業員教育ができる点にあるとした。女性経営者の社会的責任に対する積極性（遠藤，2006），消費者目線に近い「女性視点」と家庭内での役割からくる組織マネジメントの「女性視点」（高橋・本庄，2017）といった女性経営者の特性に加えて，滝本（2011）は，商品・サービス，ビジネスモデル，顧客のいずれかの新規性や革新性が女性起業の成功要因とした。

　女性経営者はリスクに対し慎重で事業拡大を好まない傾向で（日本政策金融公庫総合研究所，2013），女性後継者は女性起業家よりも経営に対してネガティブマインド（小松，2018）とされる。事業拡大を好まず現状維持を目指すとなると，時代の変化や競争についていけずに取り残されてしまう恐れがある。企業経営経験が少なく，準備期間が短い女性後継者は，革新を好む傾向にはなく，事業承継後に事業成長させることは非常に難しいということだろうか。

　後継者として育てられていない場合，本人が後継者と意識して行動する期間は当然短くなり，本来なら時間をかけて育成されるべき経営者の素養が十分と言えないまま事業承継することになる。社会人経験や企業経営の経験が少ない女性後継者が新事業を展開するのであれば，事業成長にプラスに作用する要因にはどのようなものがあるのだろうか。小野瀬（2013）が示した事業への客観性や人材育成の優位性のほかにも，プラス要因はないのだろうか。女性経営者研究や女性起業家研究で得た知見は，女性後継者研究にもあてはめて考えるこ

とができるのだろうか。

3 事業承継後の事業展開に関する調査概要

女性へ事業承継した中小企業が事業存続のために新事業を展開するのであれ
ば，そこに生ずるさまざまな課題を乗り越えて事業成長につながる何らかの要
因があるはずである。前出の個票データを用いて，事業成長要因の導出を試み
た上で新事業を展開する際の事業成長を促す要因の可能性について多面的に探
るため，インタビュー調査を用いた定性調査を行う[3]。

3.1 事業成長要因を示す指標

第7章で用いた個票データにて，男性後継企業と女性後継企業の売上増加要
因および事業将来性の決定要因について，プロビット回帰モデルにより分析し
た（**図表9-2**）。モデルⅠは被説明変数を「売上増加，変わらない」(1)，「売
上減少」(0)，モデルⅡは「事業の将来性あり，現状維持」(1)，「縮小，事業
をやめる」(0)とし，それぞれの説明変数は従業員数，企業年齢，就任年齢，

図表9-2 男性後継企業と女性後継企業の事業成長要因を示す指標

| | 男性後継企業（n＝1,253） | | | | 女性後継企業（n＝173） | | | |
| | モデルⅠ | | モデルⅡ | | モデルⅠ | | モデルⅡ | |
	係数	標準誤差	係数	標準誤差	係数	標準誤差	係数	標準誤差
従業員数	0.050 ***	(0.008)	0.062 ***	(0.008)	0.033 *	(0.020)	0.079 ***	(0.019)
企業年齢	−0.056 ***	(0.016)	−0.057 ***	(0.016)	−0.031	(0.042)	−0.090 **	(0.040)
就任年齢	0.254 **	(0.118)	0.212 *	(0.118)	0.480	(0.298)	0.034	(0.285)
経営者年齢	−0.404 ***	(0.140)	−0.343 **	(0.140)	−0.881 **	(0.357)	−0.314	(0.341)
経営経験	0.050 **	(0.024)	0.032	(0.024)	0.136 *	(0.069)	0.048	(0.066)
定数項	1.190	(0.278)	0.616	(0.279)	1.905	(0.557)	1.608	(0.533)
F値	13.103 ***	−	17.235 ***	−	3.070 **	−	5.881 ***	−
補正R²	0.046	−	0.061	−	0.057	−	0.124	−

（注）***：1％有意，**：5％有意，*：10％有意
出所：筆者作成

経営者年齢, 経営経験とした。

　分析の結果, 男性後継企業は, モデル I では従業員数, 就任年齢, 経営経験で符号がプラス, 企業年齢, 経営者年齢は符号がマイナスで有意, モデル II では従業員数, 就任年齢で符号がプラス, 企業年齢, 経営者年齢は符号がマイナスで有意となった。つまり男性後継企業は, 従業員数が大きく就任年齢が高い方が, 企業年齢や経営者年齢は低い方が売上や事業の将来性に有効であると言える。女性後継企業は, 男性後継企業と符号は同じであるものの, 従業員数のみが売上や事業の将来性に有意に作用していた。

　以上より, 女性後継企業にとって従業員規模の大きさが事業成長の要因の一つであることが示唆されたが, 定量調査ではデータ項目が限定的であり, 従業員数以外にも女性後継企業の事業成長要因はないのか, 多面的に調査する必要がある。

3.2　事業承継した中小製造業の企業概要

　承継後に新事業展開に至るプロセスと要因を多面的に探るために, 女性に事業承継し, 承継後に新事業を立ち上げた中小企業の女性後継者に対し, インタビュー調査を行う。ファミリービジネスの観点を踏まえ, 親族内に承継した企業を調査対象とし, 条件を揃えるため承継パターンは父から娘へ, 業種は新たな技術の導入や製品開発といった革新の実践が求められる中小製造業とした（**図表9-3**）[4]。後継者に必要な能力を得るために経営塾で学び, 経営者ネットワークに属して他の経営者と情報交換をしている後継者（現経営者）に対し, 家族と本人の役割, 前経営者との違い, 承継後に実施した社内改革, 承継後の事業戦略, 今後の方向性を大項目として, 半構造化インタビューを行う。

図表9-3 調査企業概要

企業名	サツマ電機株式会社	有限会社森川製作所	株式会社山崎製作所
代表者 （現経営者）	梶川久美子	森川明子	山崎かおり
事業内容	産業用ブレーキの設計 開発・製造・販売	金属加工の一貫生産 （各種金属，樹脂類の 機械加工，複合加工， 設計，製図，組立）	精密板金加工 アクセサリー製作販売
所在地	静岡県沼津市	東京都墨田区	静岡県静岡市
創業（設立）	1970年	1974年（1982年）	1967年（1970年）
創業者	梶川清蔵 （現経営者の祖父）	森川清 （現経営者の父）	山崎一正 （現経営者の父）
社員数	43名	13名	26名
資本金	1,000万円	300万円	300万円
年商	5億円	1億5,000万円	2億5,000万円
創業～現経営者	祖父が創業し，祖母， 父と承継した。現経営 者は四代目。	父が医療器具の部品加 工工場を創業した。現 経営者は二代目。	父が創業し，現経営者 は二代目。
事業承継の類型	父→子（娘）	父→子（娘）	父→子（娘）
事業承継年	2016年 （父71歳，娘43歳）	2006年 （父62歳，娘25歳）	2009年 （父71歳，娘45歳）
インタビュー 実施日	2020/12/21	2019/10/21	2020/10/6 2020/12/21

注）調査日当時の情報
出所：筆者作成

4　3社の事業承継後の成長戦略

　女性へ事業承継した中小企業が事業存続のために新事業戦略をとるのであれ
ば，そこに生ずるさまざまな課題を乗り越えて事業成長につながる何らかの要
因があるはずとの仮説にもとづき，新事業を展開する際の事業成長を促す要因
について多面的に探るために行ったインタビュー調査の結果を以下に記載する。
なお，調査対象企業については，第8章にて前提となる女性後継者の障壁要因
の調査を行っている。各社の企業概要，後継者のプロフィール，事業承継に至
る経緯，事業承継時の課題，事業承継後の課題については，第8章を参照のこ
と。

４．１　サツマ電機の事業承継後の事業展開[5]

(1)　家族と本人の役割

　サツマ電機の現経営者である梶川久美子氏（以下，久美子氏）は，サツマ電機創業家に生まれ，幼少期は先代経営者である父が仕事をする隣で遊び，のびのびと育った。二人兄弟の姉（長女）であり，先に家業にかかわっている弟（長男）がいる。弟は関連会社の海外部門を任されている。

　久美子氏は，大学卒業後は都心で人事コンサルタントを10年以上経験していたが，東日本大震災を機に人生を考え直そうと地元に戻った。先に家業に携わり，海外部門を任され，特に中国進出の際に体調を崩した弟の姿を目の当たりにし，家業のために自分も何とかしなければと一念発起，2013年サツマ電機に入社した。入社時は専務として父のサポートをする役目であった。

　久美子氏は幼いころから「跡を継ぎなさい」と言われたことはなかったが，自分が後継者になる覚悟を決めて入社した。入社前，父は幹部社員たちに，後継者として娘が家業に入ることを話しており，入社後は久美子氏を後継者として扱った。久美子氏は専務として父をサポートしながら，自分が経営者になった後の会社の姿を意識して行動し，2016年に父と共同代表，２年後に単独での代表に就任した。

　事業承継のための準備期間は明確には決めていないが，専務として入社し，共同代表，単独代表と移行する期間が準備期間にあたる。同時に久美子氏は，地元の中小企業家同友会に属し，経営者ネットワークに積極的に参加，勉強会などで経営を学んだ。

(2)　前経営者との違い

　先代である父は誠実に実直にとことん品質を追求し，決断するタイプであるが，久美子氏は「父とは経営に対するアプローチ方法が違う」と感じていた。悩みながら意思決定する際に，たとえ同じ選択をする結果となっても，そこに至るまでの考え方やプロセスは違う。父である先代をサポートしながらも，「自分が社長だったらどうするか，同じ結果を出すとしても，自分はどうアプ

ローチするだろうか」と考えながら，自分とは考え方や性格の異なる先代を横で冷静に見ていた。

　決して先代の方針を否定するわけではなく，久美子氏は「専務が社長を打ち負かしては，組織が成り立たない」と考えており，社員の前では徹底して先代を立てた。これまで会社組織を築き上げた父への尊敬の念もある。

　久美子氏が単独代表になった後は，先代は久美子氏のやることに基本的には反対しない。会長として一定の距離を保ち，久美子氏からの相談には応じてくれるが，自分から口は出さない。久美子氏は，「従業員の幸せ感や個性，特性を大事にし，個々の成長に社長の想いを押し付けないのが大前提。私にできることは，土壌を育てて光と水をやること。」と考えて，日々経営を行っている。

(3)　承継後に実施した社内改革

　久美子氏は，大学や企業人事部でのキャリアコンサルタントの経験を持つ。その「教育」のスキルを生かし，社内改善・改革に取り組んだ。以前から問題意識として，「社内の雰囲気が暗い」「コミュニケーションが足りない」と感じていた。しかし，後継者となったから「急に変える」のではなく，「徐々に変える」道を目指した。理由としては，社員との関係性づくりと変革について，同友会の諸先輩から「急激に変えようとしてはいけない」と失敗談を教わっていたからである。「気がついたら社内が変わっていた」を理想とし，ゆっくりと時間をかけた社内改革を目指した。

　久美子氏は社員を観察し，コミュニケーション力がないのではなく，コミュニケーションの場がないことに気づき，まずはきっかけを作ろうと社員全員と面談を行った。以後，全社員と年2回は面談をするようにしている。社員同士がコミュニケーションをとりやすい場面や雰囲気作りを行うため，仕事中は寡黙になりがちな技術者に対しても，会話をしていい明るい現場を目指した。他愛のない会話の中に，技術の伝承も生まれると考えている。スキル向上だけでなく社員同士が顔を合わせる機会を増やすことを目的に，社員研修の回数を増やし，半期に一度，外部講師による全社研修も行うようにした。その結果，社員同士のコミュニケーションが以前より活発になり，少しずつ社員が自発的に動くようになった。

(4)　承継後の事業戦略

　久美子氏は，製品を作ることだけが「製造業」だとは考えていない。品質の
よい，高性能で，安全な製品を作ることに尽力するのは当たり前のこととした
上で，よりよい製品作るだけでなく，アフターサービスの充実を目指している。
いかに安全な製品を作っても，使い方を間違えば事故につながる。実際に使用
するエンドユーザがより安全に安心して使えるよう，産業用ブレーキ調整講習
会を隔月で開催するようアフターサービスを強化した[6]。

　顧客ニーズに対応するため，全国のエンドユーザをまわり，直接会話をする
ことにも時間をかけた。その中で既存業務の改善点が見えてくると考えていた
のだが，それだけではなく，新たな事業のヒントも得られた。例えば，産業用
ブレーキは大型機械や設備に組み込まれており，顧客からすると，故障やメン
テナンスの際に修理・交換を行って長く使っていきたいニーズがある。産業用
製品は大手メーカーでは10年以上経つと主力製品ではないため生産中止になる
ことが多く，該当部品のみを交換したくても，生産が終了しており対応できな
いが，サツマ電機ではエンドユーザが現在使用する製品の代替品を提案するこ
とはできることが多い。

　顧客との信頼関係およびリレーションシップを築き，困ったときには相談し
てもらう存在になることが大事であり，安全を保証する製品を生産しているプ
ロフェッショナルこそが，その据え付けを含めたアフターサービスにかかわる
ことが大切と考える。「製造」だけでなく「サービス」に力を入れることに関
しては，経営理念や経営方針に記載している「製品開発・製作・販売」と言う
文言を「製品開発・製作・販売・サービス」に変更した。採用の際にも「お客
様の信頼に応える製品とサービス」をモットーにしている旨，周知している。

(5)　今後の方向性

　事業成長について，久美子氏は「先代は日本で会社を大きくした。この規模
をそのまま守るのではなく，さらに次のステージを目指さなければ，それは成
長とは言えない」と考えている。今後は海外事業にもより注力する予定で，久
美子氏は「工業用ブレーキ業界の世界トップシェア（グローバル・ニッチ・
トップ[7]）を目指す」ことを経営理念にも掲げている。これまでも大手メー

カーがやらないニッチを探して発展してきたが，海外事業でもその方向性は変わらず，さらに発展させたいという。20数年前の現地視察時の営業活動からの縁で，既に進出した台湾ではクレーンメーカーの認知度も上がり，輸出台数が増加している。台湾企業の東南アジア進出に伴う問い合わせも増えており，海外取引先として大きく成長している。

世界のブレーキメーカーへの足掛かりとして，東南アジアへの販路拡大も果たしたが，スケール，規格，ニーズなどさまざまな違いに直面し，「世界の壁」を感じることもある。直接製造以外の業務（5S，安全衛生，教育，BCP）に対応し，重工業界に「当たり前の生活」を実現したいと語る。「当たり前の生活」というのは，重工業に従事する者にとって，事故は命に直結する重大なものであり，「元気に仕事に出かけて，無事に帰ってくる」という普通の日常が，重工業界で実現してほしい，という想いである。

久美子氏は，「環境経営レポート」を開示し，その中で売上高の目標達成と二酸化炭素排出量34％削減の意味深さを評価している。LED化だけでなく，工場の各機器の使い方を専門家指導のもとで見直し，全社で実行したことで，売上増加とコスト削減による利益創出とCO_2削減という経済性と社会性の両立を果たしている。

4.2 森川製作所の事業承継後の事業展開[8]

(1) 家族と本人の役割

森川明子氏（以下，明子氏）の幼少期は父の工場で遊び，末っ子として取引先にも付いて回り，周囲にかわいがられて育った。工業高校を卒業後には森川製作所に入社し，一社員として働いていた。

先代は，以前より「60歳になったら引退する」と決めており，当時の工場長を後継者として育成していた。しかし工場長が辞めてしまい，当時社内で働いていた娘に事業を承継してくれないか打診した。娘は自分が承継しなければ廃業という中で断ることができなかった。家族も「若すぎる」と困惑したが，「たとえ40歳ならいいということはない。若ければ自分が教えられる」と先代は承継を進めた。

　明子氏には姉がおり，経理を手伝っている。父は以前姉への承継も打診していたが，姉は「絶対にやらない」ときっぱり断っていた。社長になる気はないが，今では社長業を務める妹をすぐそばで支えている。

　夫は明子氏と交際を経て結婚へと発展するタイミングで森川製作所に入社，結婚と同時に専務に昇格し，現在も現場を支えている。夫は当初，役員待遇を拒み，社長である明子氏を支える役目はするが，経営の決定には口を出さない方針であった。現場を熟知した現在は，明子氏の良き相談相手になっている。明子氏には，小学生と保育園児の子供が 2 人おり，出産直後は工場の 2 階にある明子氏の実家で，実母が面倒をみてくれた。現在は千葉の自宅に義父が同居し，子供たちの送迎をしてくれている。とは言え明子氏には家事と子供 2 人の育児時間が必要で，自宅は工場から 1 時間の距離にあるため，経営者である時間は限られている。

　先代である父は，引退後は会長となり，たまに現場を手伝いながら，明子氏が相談をすれば助言をくれる。明子氏の決定に基本的には反対しない。

(2)　前経営者との違い

　先代は技術者であり，技術で社員を束ね，ひっぱってきた実直な職人タイプである。明子氏は工業高校での学びはあるが，先代ほどの技術的スキルはなく，技術面で社員を束ねることはできないので，営業面や管理面で自分ができる範囲のことをして，社員を束ねる意識である。明子氏は「父と同じことはできない」と承継当初は悩んだが，男性だから女性だからでもなく，単純に自分が未熟であり，これまでの経験値が違うことから，何年経っても同じことができるようになるわけではないと悟ってからは，「自分にできることをやろう」と考えるようになった。

(3)　承継後に実施した社内改革

　先代が後継者として育てていた工場長が辞めてから，先代は全社員に面談を行ったが，誰も後継者を引き受けてはくれなかったため，明子氏に対し社員は全面的に協力したが，高齢社員の老齢による自然減は避けられず，技術力が失われていくことが懸念された。若手社員に対し，技術の伝承を行わなければな

らないのだが，特に未経験の若手社員は，教えてもすぐに辞めてしまい，なかなか定着しなかった。「キツイ，汚い，危険の3K」のイメージを払拭し，若手社員の定着率を上げて，技術の伝承を進めなければならない。

　明子氏は，社員1人1人に丁寧に向き合い，話しやすい環境を作り，機械でひしめく工場をできるだけ明るくしようと，社内の改装時には，赤やピンク色も使った。若手社員は明子氏とさほど年齢が変わらないこともあり，姉のような友達のような存在になろうとした。毎日一人一人に声かけをするうちに，表情を見るとその日の体調が分かる程になり，次第に社内のコミュニケーションが増えていった。少しずつ若手社員の定着率が上がり，従業員数は増加傾向，今では若手もベテランも近い距離で自然に働くようになった。

(4) 承継後の事業戦略

　試作品やオーダーメイド，医療機器など手作業で精度が高い仕事が自社の得意分野であり，金属加工の設計製図・削り・表面処理のすべての工程を受注できる強みを活かして提案営業を始めた。確かな技術と信頼，営業力をWebにて発信するためホームページを立ち上げ，加工可能サイズ，数，材質，保有設備等の「森川製作所ができること」を詳細に記載した。

　既存製品では，取扱製品の拡充を図ろうと，IT通信関連部品の取扱いを増やした。当時はスマートフォンやタブレット関連製品の流行にのり，販売数が急増，さらにオリジナル製品を開発し，受注販売を開始した。

(5) 今後の方向性

　明子氏は，「墨田区発で，世界の先端TEC界へ進出する」と目標を掲げている。墨田が育てた自社の技術を掲げて海外進出を果たしたいという想いである。また，環境問題が気になっており，環境配慮型企業への転換，具体的にはエコアクション21など環境経営マネジメントシステムを構築し，ISOの取得を目指したいと考えている。

　先代の父から学んだ「現状に満足せず，いいモノを作り続ける」と古参役員からの教え「モノづくりの前にヒトづくり」を守りながら，時代に合わせて進化していきたいと考えている。

4.3　山崎製作所の事業承継後の成長戦略[9]

(1)　家族と本人の役割

　山崎かおり氏（以下，かおり氏）が事業承継をする際，先代である父は大反対した。リーマンショックの影響で売上が半減し，廃業を決意していただけに，本来ならば喜ばしいところであるが，業績を立て直さなければならないところからのスタートとなるため，「経営はそんな簡単なもんじゃない」という気持ちと「娘に苦労をさせたくない」という想い，そして「会社をもっていかれてしまう」というさみしさから，かおり氏が決意表明して1年ほどは，口論が絶えなかった。

　かおり氏の母は以前経理を担当していたが，かおり氏が入社し，徐々に引き継いでいった。かおり氏には妹がいるが，会社にはかかわっていない。かおり氏の夫は別の会社を経営しており，同じ経営者として相談相手になってくれる頼もしい存在である。成人した娘は山崎製作所に入社しており，新事業の主要メンバーとして率先してチームをひっぱってくれている。

(2)　前経営者との違い

　創業者である父はワンマン経営の体質があり，山崎製作所を「自分の会社」とも思っていた。かおり氏は，会社は家業ではあるが，社員の生活がかかっていることを踏まえ，事業存続を決意した。そして，いわゆる町工場であり，黙々と作業する職人気質，技術は背中をみて学ぶ伝統のままでは，将来の展望に不安を感じたかおり氏は，先代との違いを「めざす社風の違い」と認識する。「企業は人なり」をモットーに，経営理念を全社員で考え，自分たちで作った理念をもとに，経営戦略を立て，それを実現するために日々奮闘している。

　そもそも承継時は赤字であり，早急に改善する必要があった。「コミュニケーションが円滑に取れる会社は，お互いに相談がしやすく，新しいモノが生まれやすい雰囲気がある」と考えたかおり氏は，「技術重視」で黙々と働く職人集団，職人気質で静かな工場の雰囲気を変えることから始め，働きやすい職場を目指した。「コミュニケーション重視」を全面に出すと，社員同士の会話

が増え，賑やかな会社になった。

　板金加工の現場では，使用している機械や工具は男性仕様のものが多く，大きく重たいため女性では扱いにくい。だから現場には男性社員が多いのではなく，女性視点で工場を改革していけば，女性社員も工場で活躍できるはずと考えた。女性社員が増えてくると，女性にも扱える工具を揃え，手触りや美しさにこだわる女性視点の商品が生まれた。

(3)　承継後に実施した社内改革

　かおり氏は，事業承継当時，赤字である経営状況の改善が急務であったため，社内改革は必須と考えた。まずは前経営者がよしとしてきた労働環境の改善を行うため，就業規則や社内規定を変更し，休暇制度の充実を図った。具体的には，週休二日制，時間休暇，有給取得の推進（ボランティア，育児，介護等）である。就業規則は長年見直したことがなかったため，変更後は社員に説明の機会を設けるとともに，常時閲覧可能な場所に置き，今後も社員の要望や状況に応じて随時変更する旨を伝えた。現在も子連れ出勤対応，定年後の希望者全員継続雇用を検討し，進めている。

　給与体系も見直す中で，スキルアップ体制を構築し，社員のモチベーション向上につながる制度見直しを行った。社員一人一人のスキルマップを作成し，それをもとに社長と上長と本人とで面談を実施する体制とし，資格取得を奨励，資格取得時には報奨金，費用は全額会社が負担，資格取得後は，毎月資格手当を付与する。その結果，資格取得を目指す社員が増え，社員が自発的・積極的になった。

　製造業の事業承継における最大ともいわれる課題「技術の伝承」については，ベテランが引退しても技術力の低下を食い止められるよう，工場のDX化に向けた設備投資を承継後すぐ決断し，そのための資金調達に尽力した。最新のデジタル・レーザー加工機やベンダー（曲げ加工機），生産管理システムを導入したことで，納期短縮，生産性・品質の向上が図れた。

　かおり氏は，小さな会社だからこそ，画一的ではなく，一人一人丁寧に寄り添うことが大切と考えている。その考えの通り，かおり氏の改革は決してスクラップアンドビルドではなく，当社にできることから改革していく方針では

あったが，それが自社にフィットした改革であり，人材を大事にする姿勢が伝わり，社員間の会話も増え，工場の雰囲気が明るくなった。さらに社内改革を行うにあたり，企業全体の強みを洗い出しWebで公表した。自社の強みを情報発信する際には，若い世代に届くような方法で発信することが大切と考え，採用ページに「経営理念を全社員で決める"みんなの会社"」「新しいこと，難しいことにチャレンジするのが大好きな会社」と掲載した。近年ではインターンの問い合わせが増え，若手の採用が増えている。

(4)　承継後の事業戦略

　かおり氏は，事業承継後に急務であった収益改善を行う中で，「製造業はどうしても景気の影響を受けやすい。他社に依存するのではない体制を作っていかなければならない」と強く感じていた。そこで自社の強みである精密加工の技術を活かし，自社商品を開発しブランド化することを考えた。

　女性を中心に新商品の企画チームを組み，2015年にオリジナルブランド「三代目板金屋」を立ち上げた。インテリアやかんざしなどのアクセサリー類を主力商品にラインナップし，店舗やネットで販売している。デザイン等の業務に落ち着いて取り組めるよう，事務所内に専用スペースを用意し，安全性や機能性，サイズ感を勘案し，女性でも使いやすい機械を新たに導入した。

　オリジナルブランド商品は，普段使いから特別な場面でのヘアアクセサリーとしてのかんざしが人気である。かんざしはほとんどが木やプラスチックの海外製品があり，メイドインジャパンの品質へのこだわりと耐久性があり，「飾る」デザイン性だけでなく「1本でまとめる」機能性を高めたかんざしを作っている。

　オリジナルブランドの売上は全体の10〜15％程度であり，単独事業としてはまだ成長途中であるが，オリジナルブランドを立ち上げたことで，売上以上に本業への波及効果があった。展示会に出展したり各種メディアに取り上げられることで，国内だけでなく海外からも受注が入るようになり，本業との相乗効果が期待できるようになった。

　今ではオリジナルブランドの企画，運営は全て女性社員が行っている。かおり氏の長女がチームリーダーとして，商品開発からブランド運営の業務を一手

に引き受けている。男性がやっていた仕事を女性ができるようにするのではなく，女性は女性の力を活かせる仕事を生み出す。かおり氏は「製造業でも，女性だからこそ活躍できる場を作ることができた。」と語る。「板金加工という完全男性の世界に，女性目線，素人目線を入れ，それによる化学変化を期待した」と振り返る。

(5) 今後の方向性

　かおり氏は，今後開発型企業への転換を図りたいと考えている。そのためには人材育成が鍵となるため，経営理念をわかりやすく内外にアピールし，共感してくれる人を採用するようにしている。さらに管理職を育成しており，その管理職が若手育成に力を入れる，という体制を目指している。

　県内の地域企業と連携したEコマース「しずパレ」の運営事業も行っており，業種を超えて地域企業の魅力を発信している。地域企業との連携はEコマースに留まらず，自分と同じような悩みを持つ女性経営者ネットワーク「A・NE・GO」（アネゴ）の代表として，地域内の女性起業家および女性後継者の支援体制を整備しようと活動している。将来的にはこのような支援事業が必要でなくなる社会を実現すべく，県内・他地域の支援団体との連携を進めている。

5　3社の事業成長要因分析

5.1　共起ネットワーク分析

　女性へ事業承継し，承継後に新事業を立ち上げた中小企業の女性後継者へのインタビュー調査の結果は，インタビュー項目を大項目としてKJ法により分類した（図表9-4）。3社に対するインタビュー記録から1文単位に整理したデータをインプットとして，KH Coderによるテキストマイニング分析を行ったところ，「社員」の頻出が突出し，「会社（企業）」「技術」「工場」「先代」「製品」「自分」「環境」「オリジナル」「コミュニケーション」「スキル」「社内」「若手」「女性」と続いた（**図表9-4**）。抽出語についてサブグラフを見ると，「社員－コミュニケーション－会社」「女性－オリジナル－ブランド」

図表 9 - 4　テキストマイニング分析結果

	ワード		ワード		ワード
1	社員	11	オリジナル	21	ブランド
2	会社	12	コミュニケーション	22	メーカー
3	技術	13	スキル	23	海外
4	工場	14	ブレーキ	24	機械
5	先代	15	後継	25	距離
6	製品	16	社内	26	強み
7	自分	17	若手	27	顧客
8	環境	18	女性	28	事業
9	企業	19	アフターサービス	29	世界
10	社長	20	ニーズ		（以下省略）

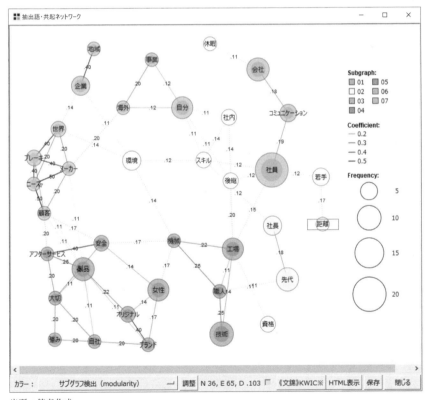

出所：筆者作成

「製品－大切－自社－強み」のグループの関連性が見られた。これはKJ法の分析結果とも整合性がある。

5.2 前経営者の存在が新事業展開に与える影響

　準備期間を十分にとれずに事業承継した中小企業の女性後継者にとって，前経営者の影響力や慣性は阻害要因なのだろうか。前経営者の影響力は少なからずあるが，阻害要因とまでは言えない。森川製作所においては企業経営経験の不足を補ってくれる存在，サツマ電機においては共同代表という形で一定期間伴走してくれる存在であった。企業経営経験の少ない女性後継者にとって，前経営者は近くでサポートしてくれる心強い存在でもあり，プラス要因にもなっている。

「会長は私のやることに基本反対はしないです。相談すればアドバイスはして
　くれるけど，口出ししないようにしているようです。」
「他に継ぐ者がいなかったし，娘だからですかね。本気の喧嘩にはならないで
　す。」

　企業経営経験が少ないことで，却って自社の現状を冷静に評価し，前経営者とは違ったアプローチで，特に「人」に関する社内改革を行い，客観的に女性視点あるいは多様な視点で，前経営者がとらなかった事業戦略をとった。新事業のデザインには，ユーザ側や消費者側の視点や人材育成，組織マネジメントの視点が見られる。企業経営経験の少ない中小企業の女性後継者は，経営に対する客観性があり，前経営者になかった視点が新事業を促進する要因であると言える。

「品質を上げるだけではなく，何がユーザのためになるかを考えました。」
「先代と同じことはできないので，自分のできることをやるしかないなと。」
「男性中心の重たい工具（道具）を女性でも扱えるものに変えました。」

　事例企業の現経営者は，3名とも後継者候補として育てられたわけではなく，後継者になれと言われて入社したわけではなかった。先代が事業承継を考えた

とき，当初は後継者候補ではなかったが，しかし他に後継者になる者がいなかった点では共通している。他に候補者がおらず，やむを得ず承継してくれた娘だからこそ，できる限り意見を尊重し，サポートしようとする姿勢が先代にも見られた。

5.3 客観性や人材育成における優位性が新事業に及ぼす影響

3社とも「人」に着目した社内改革を中心に行った点において，「女性後継者は人材育成に優位性がある」とした小野瀬（2013）の指摘と合致する。中小企業が技術者を採用しにくい中で，経営者の事業承継だけでは解消しない技能・ノウハウの承継に対し，ベテラン職人から若手職人に直接的に技術伝承を推し進めるのではなく，職場環境を明るく話しやすくすることで社内コミュニケーションを促進し，ベテランと若手の距離を近づけ，若手が働きやすい環境を作ろうとしたことは，前経営者とは異なるアプローチであった。

「工場の暗い雰囲気を何とかしないと若者は働いてくれないと思いました。」
「仕事以外でもベテランと若者の会話を増やそうと思いました。」

村上・古泉（2010）が明らかにしているように，サツマ電機や山崎製作所の現経営者は承継後の経営革新の必要性を感じており，承継後社内改革に着手したが，ともするとそれまで企業内で共有されてきた実践や考え方を否定し，先代や古参従業員のアイデンティティを退行させる（神谷，2020）可能性があった。それを回避し社内改革が遂行できたのは，女性後継者のコミュニケーション性や組織マネジメントにおける多様性が発揮されたと言える。

新事業に対して，自社の強みを最大限活かせるように熟慮し，周囲の協力が得られるように配慮しながら進めた点において，決して前経営者の反面教師として新事業を展開したのではないことを意味している。既存の経営資源の中で自社の強みを活かした新事業展開は，事業承継だからできることであり，起業とは大きく異なる。新事業のデザインに女性視点あるいは多様な視点が活かされた可能性も否定できない。

「自分だったら違うやり方をするなと感じていて，でも急に変えて反発がある
　といやなので，少しずつ変えるようにしました。」
「製造業は製造だけしていればいいとは思わない。どうしたらこの技術が活か
　せるかを考えました。」
「これまで板金に興味がない人，特に女性に知ってもらいたいと思って。」

　今後の方向性は，3社とも現状維持ではなく成長志向が見られ，地域を代表
する企業として国内市場にとどまらず，海外市場に対して自社をアピールして
いくためにはどうするかを模索していた。これは「女性後継者は事業拡大を望
まない，リスク回避傾向」（日本政策金融公庫総合研究所，2013）とは異なる
結果が得られた。また，すでに環境報告書を公開しているサツマ電機，環境配
慮型を目指す森川製作所，地域企業を束ねる役割を担う山崎製作所は，遠藤
（2006）の指摘の通り「社会的責任に対して積極的」と言える。

　以上より，十分な準備期間がとれず企業経営経験が乏しい女性後継者は，自
社や経営に対する客観性があり，前経営者とは違った多様な視点でアプローチ
することで新事業を促進させていた。承継後の新事業展開時には，自社の強み
を活かすべく人材育成に励むとともに，消費者視点を活かして新事業をデザイ
ンし新事業を進めていた。新事業をリスクと捉えて挑戦しないという姿勢は見
られず，前経営者と同じことはできないが自分なりに考えてできることに挑戦
しようとしている。さらに，前経営者の存在は阻害要因とはいい難く，中小企
業の親族内承継では後継者の企業経営経験の不足を補う役割として，プラスの
要因と言える。

6　事業承継後の成長戦略の分析結果

　企業は社員の生活・生計にも責任を負っており，事業存続は絶対条件となる。
後継者が決定した段階で事業そのものを止めることはできず，新しい経営者に
事業は承継されていく。事業存続のためには経営革新が必要であり，その一つ
に新事業展開がある。後継者は経営革新を阻害する要因を回避または排除し，
自社に合った経営革新をいかに進められるかが，事業承継の成否を分ける鍵と

図表9‐5　事業成長要因の分析結果

	事業承継プロセス	前経営者との違い	承継後に実施した社内改革	承継後の事業戦略	今後の方向性
サツマ電機	2人兄弟の長女。弟は別会社の海外部門を任されていた。入社時は専務、その後共同代表、2年後に単独で代表就任。	アプローチ方法が違う。「自分だったらこうする」と考えていた。徹底して先代をたてつつも、社員たちの意見を聞きつつ自分のやり方で進める。	社員の抵抗に合わないようにゆっくりと改革した。社員育成は、元キャリアコンサルタントの現経営者の得意分野でもある。	製品を作るだけでなく、アフターサービスを充実させる。顧客ニーズを汲み、他社（大手）がしないことできないことに対応する。	グローバル・ニッチ・トップを目指す。東南アジアへの販路拡大時の経験を活かし台湾に展開。
森川製作所	2人姉妹の次女。工業高校卒業後入社、一社員として働く。後継者を予定していた工場長が辞め、後継者を打診され、やむを得ず引き受けた（当時25歳）。	リーダーのタイプが違う。「先代と同じことはできない」「自分にできることをする」先代は技術者であり、技術で社員を束ね、ひっぱってきた実直な職人タイプ。	業種の本質に立ち返り、「技術力の伝承」を喫緊の課題とした。会社の将来のため「若手」に着目し、「若手」が働きやすい環境を作った。	取扱製品の拡充とオリジナル製品開発。手作業で精度が高い仕事が得意分野であることを活かし、金属加工のすべての工程を一貫受注する提案営業。	墨田から世界の先端TEC企業を目指す。環境配慮型企業への転換、ISO取得。「現状に満足せず、いいモノを作り続ける」「モノづくりの前にヒトづくり」教えを守る。
山崎製作所	2人姉妹の長女。大学卒業後個人輸入雑貨業3年、一般企業の総務を経て、入社当時は経理。業績悪化し廃業を考えたときに、後継者になることを決断するも、父は大反対。	めざす社風が違う。「現場には会話がない」「コミュニケーションこそ大切」承継前は「技術重視」で、黙々と働く職人集団。工具は男性仕様で大きく重たい。	技術の伝承は、設備投資でカバーし、労働環境改善のために人事・労務の改善に取り組んだ。制度を作るだけでなく、社員にわかりやすく伝わるようにし、実効性を持たせた。	女性中心に企画したオリジナルブランド「三代目板金屋」を立ち上げ、アクセサリー類を店舗とネットで販売。本業への波及効果あり。	開発型企業への転換やEコマースで海外進出。県下地域企業とのネットワークの中心メンバーであり、業種を超えて地域企業の魅力を発信する。
まとめ	後継者候補として育てられておらず、当初は後継者候補ではなかった。後継者になれと言われて入社したわけではないが、他に後継者はいなかった。	前経営者と自分の違いを認識し、前経営者と同じことをするのではなく、自分の判断で自分なりにできることを自分なりの方法で実行した。前経営者は基本反対せず、一定距離で見守る。	「人」に着目した改革を中心に行った。そのやり方は多様であるが、社員を中心に考えて、パターナリズムではなく、マターナリズム的に進めた。	自社にしかできないこと（他社にできないこと、差別化）を捉えて、新しい視点で新しいビジネスモデルの拡大を図った。新事業のアイデアには後継者ごとに多様な視点が見られる。	現状維持ではなく、成長志向が見られる。地域を代表する企業として、自社の強みを活かし、海外市場を視野に、自社をアピールしていくためにはどうするか模索している。

前経営者の影響力と慣性が事業成長の阻害要因である可能性
- 前経営者と考え方やアプローチが違うことを現経営者は認識しており、前経営者と同じことはしない、できない、自分にできることを模索した。
- 経営方針やアプローチが違っても、前経営者と対立することは少なく、山崎製作所は承継前にこそ対立が見られたものの、3社とも承継後は、前経営者は一定の距離をおき、現経営者をサポートしていた。
- 前経営者の影響力や慣性は少なからず存在するが、決してマイナス要因ではなく、むしろ企業経営の経験不足を補い、サポートが得られるという面で、プラスの要因がある。

客観性や前経営者にない視点が事業成長要因である可能性
- 3社とも「人」に着目した社内改革を中心に行った。製造業にとって重要課題である技術の伝承に対し、直接的に推進するのではなく、職場環境を明るく話しやすくし、社内のコミュニケーションを促進、ベテラン職人と若手職人の距離を近づけ、若手職人が働きやすい環境を作ろうとしたことは、前経営者とは異なるアプローチであった。
- 新事業展開の際には、自社の強みを最大限活かし、客観的で多様な視点でアイデアを捻出し、周囲の協力が得られるように新事業を進めたが、先代の反面教師的に新事業を進めたわけではない。

出所：インタビュー調査をもとに筆者作成

なる。

　神谷（2019）によると，後継者の経営革新における先代の役割は，「変革の宣言者・育成者」から「革新案の反対者・影の支援者」になり，最終的には「後見者」へと変遷するとされているが，本章の調査企業では「革新案の反対者・影の支援者」の役割が異なる結果となった。女性後継者への事業承継の中で，父から娘への承継に関しては，特に，「革新案の反対者」といった面があらわれたのは1社のみであり，それも承継を決めた直後の時期であった。その他の2社は「影の支援者」としての役割は見られたが，「革新案の反対者」の面は見られなかった。

　十分な準備期間がとれず企業経営経験が乏しい女性後継者は，自社や経営に対する客観性があり，前経営者とは違った多様な視点でアプローチすることで新事業を促進させていた。承継後の新事業展開時には，自社の強みを活かすべく人材育成に励むとともに，消費者視点を活かして新事業をデザインし，他社との差別化を図ることで新事業を促進していた。ここには女性後継者の優位性が見られ，先行研究と類似した結果が得られた一方で，先行研究とは異なり女性後継者の成長志向が見られた。中小企業さらには同族企業という環境が，周囲の理解と協力が得やすく，これらを発揮しやすい土壌であったとも言える。

注
1　帝国データバンク「全国女性社長分析調査（2021年）」にて就任経緯を性別に見ると，男性は同族承継38.8％，起業・創業41.0％とほぼ同程度であるが，女性は同族承継50.8％，起業・創業35.3％と事業承継により社長に就任する割合が高く，男女間の就任経緯に顕著な差が見られる。
2　エヌエヌ生命「全国の女性中小企業経営者の意識調査」（2020年9月）では，中小企業の女性後継者206名へのアンケートの結果，「事業承継する準備期間はなかった」「突然だった」は44.6％を占めた。
3　Yin（1994）によると，事例が決定的であるとともに極端あるいはユニークであり，対象が新事実である場合に事例研究の適切性が担保される。
4　帝国データバンクCOSMOSⅡ（2020年10時点116万社収録）より女性へ事業承継した中小企業400社を無作為抽出し，女性に承継した中小企業の親族内承継と親族外承継を分ける要因について，プロビット回帰分析による定量調査を行った。その結果，親族内承継企業は資本金や従業員規模が小さく，企業年齢や経営者年齢が高い。売上高や利益は小さいが，従業員1人あたりの売上高は高く，業種では製造業，建設業，卸売業が有意に親族内承継となりやすいことがわかった。（第7章）
5　調査日：2020年12月21日（以後，メールにて追加質問，回答および事実確認を複数回行った。主に2020/12/28，2021/1/5，2021/1/6），調査手法：Zoomによるオンライン形式

　の半構造化インタビュー，インタビュー対象：梶川久美子氏（現経営者）

6　コロナ禍により，オンライン講習会も実施している。

7　グローバル・ニッチ・トップ（GNT）について，経済産業省は「昨今の産業構造の変化や，求められるニーズの変化に迅速に対応するため，大企業や主要業界団体だけでなく，ニッチ分野において高い世界シェアを有し，優れた経営を行っている中堅・中小企業」として，2014年以降「グローバル・ニッチ・トップ企業100選」の選出を行っている。

8　調査日：2019年10月21日（以後，メールにて追加質問，回答および事実確認を複数回行った。），調査手法：森川製作所にて対面形式のインタビュー，インタビュー対象：森川明子氏（現経営者）

9　調査日：2020年10月6日，2020年12月21日（以後，メールにて追加項目への回答および事実確認を複数回行った。主に2020/10/7，2020/12/28，2021/2/22），調査手法：Zoomによるオンライン形式のインタビュー，インタビュー対象：山崎かおり氏（現経営者）

第10章

事業承継後の事業成長

1　事業承継の定量分析に関する考察

1．1　女性後継企業の特性

　男性後継企業と女性後継企業の特性を比較するため，日本政策金融公庫総合研究所「中小企業の事業承継に関するインターネット調査」（2015年実施）の個票データ（n＝4,110）を用いて，男性後継企業と女性後継企業の間に有意な差があるかのF検定およびt検定を行った。その結果，「従業員数」「創業からの年数（企業年齢）」「回答時の後継者年齢（経営者年齢）」「代表就任時の年齢（就任年齢）」「前年より売上が増加傾向にあるか（売上前年比）」は有意な差が見られたが，「経営者年齢と就任年齢の差（経営経験）」「他社と比較して売上高が高い傾向にあるか（売上他社比）」「事業の将来性」については，男性後継企業と女性後継企業を比較して有意な差は見られなかった。

　つまり，女性後継企業は男性後継企業より従業員数が小さく，企業年齢が低いというのは，統計的に有意だと言える。経営者の属性に関しても，経営者年齢，代表就任年齢ともに男性後継企業より低いことは有意な差があると言える。従業員規模は小さいが，売上増加や事業の将来性については有意な差があるとは言えなかった。

　このことから，女性後継者は男性後継者より若くして事業承継をする傾向に

あり，仕事に就き始める年齢に男女差はないとすると，社会人経験や企業経営経験が少なく，準備期間が十分にとれないまま後継者となり，経営者としての資質やノウハウの蓄積が乏しい分，承継後の経営に苦難を生じさせることが考えられる。従業員規模が小さく，経営資源不足に悩むことが想定されるものの，小規模でも一定の売上が確保できている，あるいは生産性が高い経営が行えているとも言える。一般的に小規模であれば小回りが利き，かじ取りのしやすさや事業リスクが小さく抑えられる点からも，効率的な経営ができると考えられる。

1．2　親族内承継と親族外承継を分ける要因

　女性に事業承継した中小企業400社の財務データをもとに，プロビット回帰分析と多変量解析を用いて，女性に承継した中小企業の特性を明らかにした。データセットは，帝国データバンクCOSMOSⅡに収録される約116万件の企業データの中で，2020年10月時点で代表者が「女性」であり，創業以外の理由によって社長に就任した企業400社を無作為抽出したデータを用いた。女性に事業承継した中小企業の企業業績に影響を与える要因に言及し，女性に事業承継した中小企業の承継後の事業成長に関する研究の前提とする。

　本調査は2つのモデルから構成され，モデルⅠは承継企業の企業属性と承継タイプの関係の分析であり，モデルⅡは承継企業の企業属性と企業業績の分析である。

　モデルⅠの被説明変数は承継タイプ（親族内承継または親族外承継）である。企業年齢や企業規模，経営者年齢などの企業の基本的属性との関係を見る。被説明変数の承継タイプは，承継者が先代の親族である場合は「親族内承継」，その他のケースは「親族外承継」とする。「親族内承継」は1の値をとり，「親族外承継」は0の値をとる「親族内承継ダミー」を被説明変数に用いることとする。この変数を企業属性に係る被説明変数とするプロビット回帰分析を行うのがモデルⅠである。

　モデルⅡは企業業績とその決定要因を分析する。被説明変数として売上高，売上高成長率（増減率），当期利益，売上高当期利益率，売上高当期利益成長

率（増減率），従業員1人あたりの売上高，従業員数，従業員成長率（増減率），自己資本比率，自己資本利益率（ROE），総資産利益率（ROA）などが考えられる。このうち，ROEやROAなどの総合的な収益力を示す指標は，大企業と比較して経営資源に乏しい中小企業の実態を評価することは難しいことと，データサイズが十分でないことから，中小企業においても収集可能な売上高や当期利益をベースにした「黒字基調ダミー」「売上増加傾向ダミー」を被説明変数に採用する。

　女性へ事業承継した中小企業について，企業属性と承継タイプの関係性および承継後の業績指標について分析を行った。ここから明らかになったことは，以下の通りである。

　女性への親族内承継を行った企業は，親族外承継を行った企業と比較して，資本金や従業員等の企業規模が小さく，企業年齢，経営者年齢は高い傾向にあった。売上高や当期利益の規模は小さく，売上高利益率はマイナス傾向であるが，従業員一人あたりの売上高は高い傾向にあった。

　親族内承継に至る要因として，企業年齢や経営者年齢は高い方が親族内承継になりやすく，従業員数や資本金といった企業規模は小さい方が親族内承継になりやすいという結果となった。これは「従業員規模が小さい企業において，親族間承継となる確率が高い」とした中井（2009）と同じである。中小企業の事業承継において，女性が事業承継した場合でも，企業規模が小さく，企業年齢や経営者年齢は高い方が親族内承継になりやすいと言える。

　企業属性と業績の関係については，親族内承継した企業，親族外承継した企業，どちらにも共通して言えるのは，従業員数が多いほど企業の成長につながりやすいということである。これは，「親族内承継の対象となる企業は，企業年齢が高く収支基調が黒字の企業」とした安田（2005）と一致する。

　また，従業員数が小さい方が親族内承継になりやすいことと合わせると，「子息への承継企業のパフォーマンスがより悪い」と結論付けたGonzalez（2006）と，間接的には一致する。

　なお，今回の調査・分析においては，「親族内承継と親族外承継では承継の対象となる企業の属性，承継後のパフォーマンスの決定要因が大きく異なる」とした安田（2005）および安田・許（2005）とは，同様の結果は得られなかっ

た。有意性は確認できなかったが，企業年齢，経営者年齢，従業員数において，親族内承継，親族外承継のどちらも同じ符号を示していた。

　事業の成長を測る指標として，従業員数は，後継者の種類に関係なく，中小企業内の事業の成長の指標と言える。女性の事業承継に関する研究に，「女性後継者は従業員教育に強みを持つ」とする小野瀬（2013）がある。今回の研究で得られた「女性が承継した企業は，従業員数が多いほど企業成長にプラスの要因になる」ことと合わせると，今回の研究結果が女性への事業承継を行う企業がより増え，廃業せずに事業存続できる企業が増えることにつながる糸口になると言えよう。小野瀬（2014）は「事業存続のためにイノベーションが欠かせない」としており，イノベーションと労働生産性の関係にも言及している。親族内承継はイノベーションが低調になりやすい（Classen, et al., 2012）が，親族内承継した女性後継企業は一人あたり売上高が高い傾向にあった。売上高が変わらないとすると，従業員数が増えれば一人あたり売上高は下がる関係から，親族内承継した女性後継企業は，従業員数を増やし，それ以上に売上高を伸ばしている可能性が見える。

　その結果，女性への親族内承継を行った企業は，親族外承継を行った企業と比較して，資本金や従業員等の企業規模が小さく，企業年齢，経営者年齢は高い傾向にあった。売上高や当期利益の規模は小さく，売上高利益率はマイナス傾向であるが，従業員一人あたりの売上高は高い傾向にあった。さらに，従業員数が多いほど，会社の収益性は高くなる傾向にあった。従業員数の増加は，従業員の育成に強みを持つ女性後継者の承継後の事業成長を促す要因になる可能性がある。

2　事業承継の障壁要因に関する考察

2.1　中小企業の事業承継を円滑にする方策

　中小企業の事業承継を円滑にする方策として，「事業承継プロセスと準備期間」「後継者が事業承継しやすい環境」「先代とのコミュニケーション」「人的ネットワーク」「従業員教育および育成」「時代に即した経営戦略」を視点とし

て分析を進めた。

「先代とのコミュニケーション」に関して，山崎製作所には承継前後におい
て一時の衝突が見られたが，親子間で経営権を奪い合う事態に発展するほどの
衝突ではなかった。お互いの心情を理解することで歩み寄り，その心情に気づ
かせてくれたのは，周囲の関係者との距離の近さとも考えられる。先代が逝去
したフジワラテクノアートと村上産業を除き，先代と一定の距離をおくことで
対立なく良好に保たれていた。「一般的に父と娘との関係は，父と息子との関
係ほど競争的ではない」とするCampopiano et al.（2017）と同じく，サンディ
オスや森川製作所は「同性でない方がぶつかることが少ない」と言う。

先代は会長職につくことはあっても事実上経営の第一線からは引退し，現経
営者の相談に応じる程度の関与にとどめており，「適切な時期の権限移譲」が
できている（近藤，2013）。所有と経営が分離することが多い大企業とは違い，
所有と経営が一体となる中小企業の特性もあり，家業と事業が一体とも言える
ファミリービジネス特有の経営環境におかれ，親族内外含めて「他に後継者が
いなかった」条件下での後継者を「失ってはいけない」と大切に扱い，「でき
るだけ尊重する」「足りないと感じる部分は育てる」ということもある。

どの先代も経営に徹した経営者ではなく，技術者あるいは職人としての立場
も持ち合わせていた。それに対し，現経営者は技術面での知識や経験は乏しく，
承継前後において先代と比較して持ち合わせている能力に欠ける部分が目立つ。
年齢による経験不足は当たり前としても，社会人経験，業界知識，企業経営経
験といった本来後継者に持ち合わせていてほしい要素が不足していても，そこ
を責めず，むしろ育てよう，活かそうとする。

経営方針についても，サツマ電機や山崎製作所は「決して同じ方向を向いて
いるわけではない」とのことだが，これまで会社経営と家族の両方を支えてき
た先代に対する敬意がある。矢田製帽は「言いたいことが言いあえるのは親子
だから」と，たとえ意見に対立があっても動じない関係が築けている。

「後継者が承継しやすい環境」「人的ネットワーク」「従業員教育」に関して
特筆すべきことは，「人」に恵まれている環境ということである。村上産業で
は事業承継開始時期にこそ実績・経験のない女性後継者に対する不安から取引
を差し控えるといった取引先もあったが，他に後継者がいない，後継しなけれ

ば廃業という環境の中で，新体制をスタートさせてからは社員や取引先，金融機関を含め総じて応援されている。そこにはサツマ電機や森川製作所に見られるような経営者保証や資金繰り，自己資本比率など財務面における先代からの経営努力もプラスに働いた。サンディオスや森川製作所などは小さな子供を抱えての会社経営となることで，親族や社員からのバックアップがあったことも「人」の面から見たプラス効果である。さらに7社とも若手社員の育成に注力しており，若手社員の職場の定着率向上や高齢のベテラン社員の技術伝承を事業存続の喫緊の課題と捉えている。若手の定着率をあげるため，労働環境改善し，社内改革に取り組んでいる。

「時代に即した新しい経営戦略」は，事業存続のためにはどうするべきか，後継者は悩むところである。事業承継時，山崎製作所を除く6社の経営状態は悪くはなかったが，中小企業ならではとも言うべき何か一つの失敗が事業存続をゆるがす事態になるリスクを後継者は肌で感じており，将来を案じていた。サツマ電機，矢田製帽の現経営者は「自分だったらこうしたい」と現状からの脱却を考えており，サツマ電機は自身が代表になるにあたり社員と何度も話し合い，経営戦略の変革に理解を得ている。

サンディオスも地域に根差した会社であり続けるために，コワーキングスペースやコミュニティスペースを社屋の1階に取り入れた。サンディオスの先代は「こうした発想は自分にはなかった」と評価している。矢田製帽は流行に左右されるファッション帽を減らし，経営を安定させるためにユニフォーム帽をコアビジネスとするよう製品構成を見直した。これも職人気質の矢田製帽先代では成し得なかったことだった。先代の経営方針を変えるつもりはないと言う村上産業であっても「時代の変化への対応は生き残るためには必須」だとしている。

以上，中小企業における円滑に事業承継する際に有効な方策について，「後継者が承継しやすい環境」「先代とのコミュニケーション」「人的ネットワーク」「従業員教育」「時代に即した新しい経営戦略」については，対象企業においても円滑な事業承継に寄与していたと言える。しかし「準備期間の存在」についてはいずれの企業も十分な準備期間があったとは言えず，先行研究とは異なる結果が得られた。その傾向の違いを分析するとともに，十分な準備期間が

とれないことに起因して事業承継前後に障壁となる要因を考察する。

2.2　準備期間が与える影響

　サツマ電機の現経営者は，幼い頃から自分が後継者になるとは考えておらず，震災を機に実家に戻り，大変そうな弟を見て入社を決意し，専務として父をサポートしながら事業承継の意思を固めていった。2016年に父と共同代表，2年後に単独で代表となり，経営権を移行するこの2年間が実質的には準備期間と言える。

　サンディオスの先代は，後継者はおらず，いずれ会社をたたむものかと漠然と考えていた。当時入社していた娘は4人の子育て中であり，負担はかけられず，継いでくれとは言いだせなかった。しかしこのままでは会社がなくなるかもしれないと不安に思う従業員を見て，娘はやむを得ず会社を継ぐことにした。したがって明確な準備期間はなかった。

　フジワラテクノアートと村上産業は，夫の急逝により事業承継した。2社とも，夫の存命中は専業主婦であり，会社への関与はなかった。

　森川製作所の先代は，育成中の工場長が辞めてしまったため，当時社内で働いていた娘に事業承継を打診した。娘は「自分には無理だ」と思ったが，自分が承継しなければ廃業という状況下で，承継するしか選択肢はなかった。1年後に代表権を移すと決め，この1年の間に，娘は経営塾に通った。

　矢田製帽は，入社当時は事業を継ぐと決めていたわけではなく，先代も自分の代を最後に廃業する予定でいたが，経営に携わるうちに事業承継する決意を固めた。山崎製作所は，リーマンショックの影響を受け業績が悪化し，先代は廃業を選択しようとしたが，戸惑う社員を見て，自分が継ぐと言った。そこから経営権移行に向けて準備を進めたが，自分から手を挙げた積極的承継の2社であっても，明確な準備期間は設けていない。

　以上，現経営者が事業を承継するに至った経緯より，各社の事業承継の準備期間は異なる。先代の急逝により事業を承継したフジワラテクノアートと村上産業は準備期間が全くない。サンディオス，矢田製帽，山崎製作所は，後継者になることが決まった段階から代表権を移行するまでの期間が準備期間と言え

るが，明確な準備期間はなかった。サツマ電機は共同代表の約 2 年間が準備期間であり，伴走期間である。森川製作所だけが準備期間を 1 年と設定し承継の準備を進めた。

　先行研究によると適切な準備期間の長さは 4 年とも10年ともされており，比較すると 7 社とも異例の短さである。自分から承継すると手を挙げたサツマ電機，矢田製帽，山崎製作所は，実質的には承継することが決まる前から，本人の覚悟として準備を始めた可能性はあるが，やむを得ず承継することになったサンディオス，森川製作所は，入社時点では自分が後継者になるとは考えていなかった。

　ファミリービジネスではよく見られる「子供の頃から家業を継ぐものとして育てられた後継者」は，今回の調査では一人も見られなかった。幼いころから後継者として育てられてはおらず，当然後継者としての心構えがなく，企業経営ノウハウも十分に獲得してこなかったが，他に後継者がおらず最後の砦のようなかたちで経営者となった。こういった経緯で事業承継する場合には，十分な準備期間を設けることができない。フジワラテクノアートや村上産業のように先代の逝去により事業承継する場合は尚更である。しかし，調査企業 7 社とも途切れることなく事業は継続していることから，十分な準備期間は事業にプラスに作用するものの，必ずしも準備期間がないと事業承継ができないわけではない。

　そして，その準備期間に何をするかが重要であり，先行研究で示された中小企業の事業承継を円滑にする方策をすべて行えるのが理想であるが，物理的に準備期間が設けられないのであれば，当然にして承継準備は不足する。7 社それぞれ企業経営経験は少なく[1]，準備期間もほぼないとなると，なすべきことが限定的になる。

　サツマ電機は 2 年の共同代表の時期に全国のエンドユーザーをまわり，丁寧にユーザとの関係を保つ努力をした。森川製作所は 1 年間経営塾に通い勉強した。サンディオス，山崎製作所，矢田製帽は独学での勉強に加えて，経営者ネットワークに所属し，横のつながりを作るとともに，何かあれば相談できる環境，アドバイスをもらえる環境を築いた。経営者ネットワークに関しては，フジワラテクノアートと村上産業も夫の活動を引き継ぐ形で，同様に経営者

ネットワークのつながりを重要視する。

　調査した7社の中で存命である父から娘への承継の5社に関しては，他に後継者がいない状況下での事業承継のため，企業経営経験が少ない後継者候補だとしても，先代が伴走できるうちに承継したい，長い時間をかけて育成する余裕はない背景があった。森川製作所は，承継当時25歳の娘への承継を62歳である先代が決めた。中小企業の経営者平均年齢がおよそ62歳[2]であることを勘案すると，決して差し迫った承継ではないと見えるが，先代は「若いうちに承継した方が自分が教えられる」と不安に思う家族を説得し，承継を進めた。伴走するからには，衝突を生まないほどよい距離感を保ちつつ，何かあれば手助けできる環境を維持することが不可欠と言える。

　今回得られた知見は，「他に後継者がいなかったため仕方なく事業承継する」ことの多い女性への事業承継の特異な点である可能性がある。フジワラテクノアートと村上産業以外の5社の自社で働いた経験は少なからず業界の経験や周囲の理解と協力が得られる点でプラスに作用はしているが，本人も先代も後継者と意識していたわけではなく後継者教育とは言い難い。もしもっと早い段階で後継者として決定されていたならば，経営者目線で物事を捉える訓練もでき，後継者教育としての効果は期待できたであろう。

2.3　事業承継前後の障壁要因

　女性が事業承継する際には準備期間がとれない傾向にあることを踏まえて，女性後継者の事業承継前後における障壁要因は，次のように導出できる。

　娘への承継の5社は，自社に入社した当時は後継者になる予定ではなく，夫から妻への承継の2社も含め，後継者になることが決まってから知識や経験を積んでおり，「社会経験・業務経験の少なさや経営ノウハウ不足」が7社とも見られた。社会経験・業務経験の少なさや経営ノウハウ不足に起因して学ぶべき業務が多くなり，事業承継前後の経営に少なからず苦難があった。サツマ電機や矢田製帽の後継者は他業種に従事した経験があり，一定の業務遂行能力は兼ね揃えていたが，同業種の経験はなく企業経営の経験はない。森川製作所の後継者は工業高校卒業後すぐに森川製作所に入社しており森川製作所以外の業

務経験がない。山崎製作所の後継者は起業した経験はあるが3年で辞めており，その後一度は会社勤務をするもほどなく家業に入った。突然事業承継することになったフジワラテクノアートと村上産業の後継者は専業主婦であった。業務経験の乏しい後継者が業務経験の豊富な従業員をまとめていくことは容易ではない。これらは準備期間不足に起因する。したがって，準備期間の存在は経営ノウハウ不足に大きく影響を及ぼすものと言える。

　準備不足に起因する影響はそれだけでない。後継者になる予定ではなかった者が会社組織に入り，いきなりリーダーになるという状況下では，経営者としての正統性の問題もある。サツマ電機は，以前祖母が社長を務めた経験から古参社員の理解があり，大きな軋轢は起きなかったが，「業界をよく知るわけでもない娘に経営ができるのか」と心配する声はあった。サンディオス，森川製作所，矢田製帽，山崎製作所は，「娘が継がなければ廃業」となる状況下で，社員たちの協力が得られた。特に森川製作所にいたっては，自分たちが後継者になることを断った中での娘の社長就任に反対する者はおらず，結果として全面協力体制となった。先代が逝去したフジワラテクノアートと村上産業は，取引継続を心配する取引先や家業としての存続を願う親族からの後押しがあり，望まれて後継者となった経緯がある。

　経営者の正統性をどう確保するのかを最も重視し，意識して何かに取り組んだ後継者は今回の調査では見られなかったが，「現在経営が（順調に）続いているということが成功の証で，補助金の採択が経営者として認められた証に思う」と矢田製帽の後継者は語っていた。もちろん何も努力せずに自然に正統性を得られたわけではないが，他の6名の後継者も，周りとの軋轢なく上手に付き合うことに関しては重要視しており，社員の意見を聞き経営に取り入れることや，働きやすい環境を作る，ユーザニーズをつかむ，といった努力が見えたときに，経営者の正統性が次第に得られ始め，事業存続，業績維持といった時間的な経過と実績が示せて初めて，正統性が確保される様子が伺えた。

　次に，家事や子育て・介護等を担う女性経営者は時間的制約が障壁になりやすいと言える。特にサンディオスや森川製作所は子供が低年齢であり，家庭に占める母業の役割が大きく，経営者として費やせる時間が限られる傾向にある。成人した子供たちが次期後継者として経験を積んでいるフジワラテクノアート

や村上産業，山崎製作所であっても，家事に費やす時間が少なからず必要だと，時間のやりくりに頭を悩ませていた。独身であるサツマ電機や矢田製帽以外は，この仕事と家庭の両立に少なからず苦慮しており，これはジェンダーバイアスの存在に他ならない（Campopiano et al., 2017）。ただし，この時間的制約について，同族企業ならではの家族や社員の理解・協力がある点は大きい。少人数の家族経営特有の「代わりのいない存在」であることが，「私が経営をやらざるを得ない」というモチベーションになり，周囲の理解や協力が得やすい環境となっている。

　さらに，目標とする女性経営者や参考となる女性後継者を「ロールモデル」としたときの，ロールモデルの存在が 7 社とも見られなかった。どの後継者も承継前後で生じた問題や悩みを試行錯誤して乗り越える傾向にあった。7 社とも「とりあえず手探りでやってみる」状況であり，経営全般，従業員，仕事・家族のバランスなど女性後継者にとってほとんどが初めての経験で，正しい答えが見つからない中での経営上の選択・決断に迫られている。

　男性後継者は実質的に多くのロールモデルがあり，おかれた境遇が自分と近しい，あるいは共感できる「先輩後継者」あるいは「理想の後継ぎ」がみつかる可能性が高く，何より先代経営者が男性であることが多いため，「先代を見習う」ことができる境遇にある。しかし女性後継者の場合は，先代は父や夫といった男性経営者であることが多く，周りの女性後継者も未だ少ないこと，さらに女性はライフコースが多様であり，出産育児があるかないかにより，家庭における役割の大きさや自分で使い方を決められる自由な時間が大きく異なることがある。たまたまロールモデルにしたい経営者がいたとしても，自分のおかれた境遇が異なれば，ロールモデルとして認識することは難しい。

　先代が逝去したフジワラテクノアートと村上産業を除いては，先代をロールモデルとすることは可能ではあった。しかし 5 社とも「先代と同じことはできない」として，その理由には「私にはできない」という能力不足の面と，「私だったらこうする」という方向性やアプローチの違いにより，先代をロールモデルと捉えていない。「ロールモデルがいない」と認識する背景には，中小企業の後継者の情報不足，情報が公開されておらず検索が困難，探したとしても情報に到達できないという中小企業特有の理由も否定できない。したがって，

周囲に目標や参考になるロールモデルが少ないことは女性後継者の障壁要因の一つと言える。

　以上，中小企業の女性への事業承継前後において，準備期間不足に起因する社会経験・業務経験の少なさや経営ノウハウ不足，ジェンダーバイアスに起因する時間的制約，ロールモデルの少なさの３点は，中小企業の女性後継者の障壁要因と言える（**図表10- 1**）。

２．４　リサーチクエスチョン１に対する解

　先行研究で得られた知見にもとづき，定量分析にて男性後継企業と女性後継企業の特性をとらえた上で，女性への親族内承継を行った中小企業７社の調査分析結果を考察した。十分な準備期間がとれない傾向にあり，その背景として，幼少期から後継者候補とされておらず，事業承継の必要に迫られた時期になり，やむを得ず後継者となった経緯があった。必然的に準備期間は短くなり，企業経営の知識・経験が少ないまま経営者として重責を担うことになるが，さらに家庭における男女役割分業による時間的制約，女性経営者が未だ少ない現状を背景とするロールモデルの少なさが，承継前後の障壁要因となっている。

　また，障壁ばかりではなく，女性後継者だからこそ軋轢なく円滑に事業承継できた面も垣間見られた。同族の中小企業特有の周囲の理解や協力が得られやすい環境であることはプラスの影響を与えている。

RQ1：中小企業の女性後継者が未だ少ないのは，女性への事業承継に際して
　　　障壁要因があるのではないか。
分析視座１：男性後継企業と女性後継企業では，特性に違いはあるのか。（第
　　　　　７章）

　女性後継者は男性後継者より若くして事業承継をする傾向にあり，準備期間が十分にとれないまま後継者となる特性がある。当然にして，経営者としての資質やノウハウの蓄積が乏しい分，承継後の経営に苦難を生じさせることが考えられる。ただし，従業員規模が小さいという特性は，経営資源不足に悩むことが想定される一方で，小規模でも一定の売上が確保できている，あるいは生

図表10-1　中小企業における女性後継者の障壁要因

	社会経験・業務経験の少なさ 経営ノウハウ不足	時間的制約 体力的制約	ロールモデルの 少なさ
サツマ電機	・前職は人事コンサルタントであり，製造業は未経験 ・技術的なことは従業員に任せる ・企業経営経験は入社後，専務 3 年，共同代表 2 年 ・入社前，先代は自分を後継者にするつもりはなかった ・入社前まで，自分でも後継者になるつもりはなかった	・（男性に比べて）体力がない，動けないこともある ・扱う機械は大型で力が必要	・直接的なロールモデルはいないが，祖母が社長だったことがある
サンディオス	・フラワーデザイン，事務職，サービス業の職歴はあるが，広告デザインは未経験 ・企業経営経験なし ・先代は自分を後継者にするつもりはなかった ・自分でも入社時は後継者になるつもりはなかった	・小学生 3 人と大学生の 4 人の子育て中 ・主婦業との両立 ・体調を崩し療養したことがある	・ロールモデルは特にいない（父とは家庭の役割などおかれる環境が違う） ・試行錯誤して事業継続している
フジワラテクノアート	・結婚後は専業主婦 ・企業経営経験なし ・会社への関与なし ・藤原家は女系で，代々娘婿が継ぐと考えられてきた家系であったため，次は娘婿だと思っていた ・自分でも後継者になるつもりはなかった	・承継当時は 2 人の娘を育てる母親業があった ・長女（副社長）は子育て中のため，孫の面倒や食事など家事全般を行っている	・直接的なロールモデルはいない（夫の前には父が経営する姿を見てきたが，自分が継ぐとは思っていなかったのでよくわからない）
村上産業	・結婚後は専業主婦 ・企業経営経験なし ・会社への関与なし ・先代は後継者のことはまだ考えていなかった ・自分でも後継者になるつもりはなかった	・事業承継時は 2 人の子育て中 ・現在も主婦業との両立は大変に感じる	・直接的なロールモデルはいない ・夫を真似できることは夫がモデルになっている
森川製作所	・工業高校を卒業し，入社したため，他社での経験はない ・企業経営経験なし ・先代は工場長を後継者に考えており，娘を後継者にすることは考えていなかった ・自分でも後継者になるつもりはなかった	・小学生と保育園児の 2 人の子育て中 ・主婦業との両立は大変，義父が手伝ってくれなければならたたない ・片道 1 時間の通勤あり	・ロールモデルは特にいない（父と同じことはできない） ・自分にできる範囲のことを試行錯誤している
矢田製帽	・短大卒業後 7 年間は銀行で働き，退職後大学で経営学を学んだ ・製帽業界での経験はない ・企業経営経験なし ・先代は廃業を考えており，自分を後継者にするつもりはなかった ・自分でも入社時は後継者になると決めていたわけではなかった	・（男性に比べて）体力がない，力がないと動かせない大型機械がある	・ロールモデルは特にいない（男性も含めていない，探したことがない） ・試行錯誤して事業を行っている ・経営者仲間（男性，ロールモデルではない）にヒントをもらう
山崎製作所	・大学卒業後，起業し，輸入雑貨販売をしていたが，3 年で廃業した ・別会社に勤務（総務部人事課）後，家業に入り，経理をしていた母を手伝う ・業績悪化の折，先代はあきらめて廃業しようとし，娘を後継者にすることは考えていなかった ・入社時より自分でも後継者になるつもりはなかった	・2 人の子供あり，承継時は子育て中 ・板金加工は工具が重たく，女性には扱いづらい	・ロールモデルは特にいない（自分が今後ロールモデルになれればと思う） ・承継当時業績が悪かったので，必死でできることをするしかなかった（ロールモデルを探す余裕もなかった） ・父とは違ったアプローチ

出所：調査結果をもとに筆者作成

産性が高い経営が行えているとも言える。

分析視座2：中小企業において女性が事業承継する際に，障壁要因はあるのか。
　　　　　　（第8章）

　中小企業の女性への事業承継前後において，準備期間不足に起因する社会経験・業務経験の少なさや経営ノウハウ不足，ジェンダーバイアスに起因する時間的制約，ロールモデルの少なさの3点は，中小企業の女性後継者の障壁要因と言える。

　男性後継者との比較において，女性が事業承継する際には準備期間がとれない傾向にあることを踏まえ，家業に入社した当時は後継者になる予定ではなく，後継者になることが決まってから経営知識や企業経営経験を積んでおり，必然的に社会経験・業務経験の少なさや経営ノウハウ不足に起因して学ぶべき業務が多くなり，事業承継前後の経営に少なからず苦難がある。これらはもともと後継者として育てられておらず，後継者になると決まるのが就任直前といった準備期間不足に起因する。先代のもとで完成された組織の中で，業務経験の乏しい後継者が業務経験の豊富な社員をまとめていくことは容易ではない。経営者の正統性をいかに確保するかにおいても準備期間は重要な役割を持つ。

　次に，家事や子育て・介護等を担う女性経営者は時間的制約が障壁になりやすい。家事育児に時間を割かなければならない女性後継者は，経営者として使える時間に制約があり，限られた時間の中でやりくりする必要がある。男性後継者への承継のケースと違って，女性後継者は先代経営者が男性であることが多く，自分とは家庭の役割としておかれた立場の違いから，先代をロールモデルとするのが難しい。先代を含め周囲に目標や参考になるロールモデルが少ないことは女性後継者の障壁要因の一つと言える。

分析視座3：事業承継時に障壁要因があるとすれば，中小企業の女性後継者は
　　　　　　どう克服しているのか。（第8章）

　中小企業の女性後継者は，準備期間の短さに起因する経営ノウハウ不足について，先代が会長として伴走する形式が見られた。後継者に対し「早く一人前になってもらい，早く事業を任せる」，先代は「早く市場から退出する」と

いった事業承継ではなく，衝突を生まない一定の距離感を保ちながら，困った
ときは手を差し伸べる役割で，先代の経営への関与を薄く残しておくことで，
後継者の経験不足を補うだけでなく，金融機関の経営者保証や取引先からの信
頼獲得に寄与する。これは事業承継後に時間をかけて経営者の正統性を確保す
ることにもプラスの影響を与えている。経営者の正統性確保については，他に
継ぐ者がいない中で家業を継ぐということが，家族や社員を中心とする周囲の
理解・協力が得られやすい環境であると言える。

　家事や子育て・介護等を担う女性経営者の時間的制約は障壁になりやすいが，
この時間的制約について，同族企業ならではの家族や社員の理解・協力がある
点は大きい。少人数の家族経営特有の「代わりのいない存在」であることが，
「私が経営をやらざるを得ない」という後継者本人のモチベーションにもなっ
ている。

　ロールモデルの不足については，自分のおかれた境遇に近い後継者を同性異
性問わず探すというよりも，経営者ネットワークのつながりによりお互いに共
感しあい悩みを共有しあう中で，知識あるいは精神的な支柱となっている。

3　事業承継後の事業成長要因に関する考察

3.1　事業成長要因を示す指標

　男性後継企業と女性後継企業の売上増加要因および事業将来性の決定要因に
ついて，プロビット回帰モデルにより分析した（図表9-2）。モデルⅠは被
説明変数を「売上増加，変わらない」(1)，「売上減少」（0），モデルⅡは「事
業の将来性あり，現状維持」(1)，「縮小，事業をやめる」（0）とし，それぞれ
の説明変数は従業員数，企業年齢，就任年齢，経営者年齢，経営経験とした。
　分析の結果，男性後継企業は，モデルⅠでは従業員数，就任年齢，経営経験
で符号がプラス，企業年齢，経営者年齢は符号がマイナスで有意，モデルⅡで
は従業員数，就任年齢で符号がプラス，企業年齢，経営者年齢は符号がマイナ
スで有意となった。つまり男性後継企業は，従業員数が大きく就任年齢が高い
方が，企業年齢や経営者年齢は低い方が売上や事業の将来性に有効であると言

える。女性後継企業は，男性後継企業と符号は同じであるものの，従業員数のみが売上や事業の将来性に有意に作用していた。

　以上より，女性後継企業にとって従業員規模の大きさが事業成長の要因の一つであることが示唆された。しかし定量調査ではデータ項目が限定的であるため，従業員以外にも女性後継企業の事業成長要因はないのか，多面的に調査する必要がある。

3.2　前経営者の存在が新事業展開に与える影響

　先行研究から得られた知見によると，前経営者の影響力や企業内の慣性は経営革新の阻害要因であった。準備期間を十分にとれずに事業承継した中小企業の女性後継者にとっても，前経営者の影響力や慣性は阻害要因なのだろうか。本調査では，前経営者の影響力はプラス面マイナス面どちらも少なからずあるが，阻害要因とまでは言えない。森川製作所においては企業経営経験の不足を補ってくれる存在，サツマ電機においては共同代表という形で一定期間伴走してくれる存在であった。山崎製作所では承継時に反対されたが，大きな衝突に発展することなく，一定距離を保ち見守ってくれている。企業経営経験の少ない女性後継者にとって，前経営者は近くでサポートしてくれる心強い存在でもあり，プラス要因とも言える。

　事例企業の現経営者は，3名とも後継者候補として育てられたわけではなく，本人も後継者になる意思はなかった。先代も後継者候補と決めて経営者教育をしたわけでもなかった。先代が事業承継を考えたとき，当初は後継者候補ではなく，しかし他に後継者になる者がいなかった点は3社とも共通している。他に候補者がおらず，やむを得ず承継してくれた娘だからこそ，できる限り意見を尊重し，サポートしようとする姿勢が先代にも見られた。

　前経営者の欠点を理解すると経営革新が進むとした小野瀬（2014）に類似して，3社とも先代と自分の違いを「欠点」とは限らず認識していた。「同じことはできない」「同じことはしない」両面があるが，「自分にできることをする」という点で新事業へとつながった。

3.3　客観性や人材育成における優位性が新事業に及ぼす影響

　3社とも「人」に着目した社内改革を中心に行った点において，「女性後継者は人材育成に優位性がある」とした小野瀬（2013）の指摘と合致する。中小企業が技術者を採用しにくい中で，経営者の事業承継だけでは解消しない技能・ノウハウの承継に対し，ベテラン職人から若手職人に直接的に技術伝承を推し進めるのではなく，職場環境を明るく話しやすくすることで社内コミュニケーションを促進し，ベテランと若手の距離を近づけ，若手が働きやすい環境を作ろうとしたことは，前経営者とは異なるアプローチであった。

　企業経営経験が少ないことで，却って自社の現状を冷静に評価し，前経営者とは違ったアプローチで，特に「人」に関する社内改革を行い，客観的に女性視点あるいは多様な視点で，前経営者がとらなかった事業戦略をとった。新事業のデザインには，ユーザ側や消費者側の視点や人材育成，組織マネジメントの視点が見られる。企業経営経験の少ない中小企業の女性後継者は，経営に対する客観性があり，前経営者になかった視点が新事業を促進する要因であると言える。

　村上・古泉（2010）が明らかにしているように，サツマ電機や山崎製作所の現経営者は承継後の経営革新の必要性を感じており，承継後社内改革に着手したが，ともするとそれまで企業内で共有されてきた実践や考え方を否定し，先代や古参従業員のアイデンティティを退行させる可能性があった（神谷，2020）。それを回避し社内改革が遂行できたのは，女性後継者のコミュニケーション性や組織マネジメントにおける多様性が発揮されたと言える。新事業に対して，自社の強みを最大限活かせるように熟慮し，周囲の協力が得られるように配慮しながら進めた点において，決して前経営者の反面教師として新事業を展開したのではないことを意味している。既存の経営資源の中で自社の強みを活かした新事業展開は，事業承継だからできることであり，起業とは大きく異なる。新事業のデザインに女性視点あるいは多様な視点が活かされた可能性も否定できない。

　今後の方向性は，3社とも現状維持ではなく成長志向が見られ，地域を代表

する企業として国内市場にとどまらず，海外市場に対して自社をアピールして
いくためにはどうするかを模索していた。これは「女性後継者は事業拡大を望
まない，リスク回避傾向」（日本政策金融公庫総合研究所，2013）とは異なる
結果が得られた。すでに環境報告書を公開しているサツマ電機，環境配慮型を
目指す森川製作所，地域企業を束ねる役割を担う山崎製作所は，遠藤（2006）
の指摘の通り「社会的責任に対して積極的」と言える。

　以上より，十分な準備期間がとれず企業経営経験が乏しい女性後継者は，自
社や経営に対する客観性があり，前経営者とは違った多様な視点でアプローチ
することで新事業を促進させていた。承継後の新事業展開時には，自社の強み
を活かすべく人材育成に励むとともに，消費者視点を活かして新事業をデザイ
ンし新事業を進めていた。新事業をリスクと捉えて挑戦しないという姿勢は見
られず，前経営者と同じことはできないが自分なりに考えてできることに挑戦
しようとしている。さらに前経営者の存在は阻害要因とは言い難く，中小企業
の親族内承継では後継者の企業経営経験の不足を補う役割として，プラスの要
因と言える（**図表10- 2**）。

3.4　リサーチクエスチョン 2 に対する解

　先行研究で得られた知見にもとづき，男性後継企業と女性後継企業の比較分
析により，女性後継企業は企業規模が小さく，準備期間が短い特徴があり，事
業承継において十分な準備期間がとれないことによる障壁要因を明らかにした。
幼少期から後継者候補とされておらず，事業承継の必要に迫られた時期になり，
やむを得ず後継者となった女性後継者は，必然的に準備期間が短く，企業経営
の知識・経験が少ないまま経営者になり，企業経営経験の少なさが事業承継前
後の障壁要因となっていた。さらに，家庭における男女役割分業による時間的
制約，女性経営者が未だ少ない現状を背景とするロールモデルの少なさが，承
継前後の障壁要因となっていた。

　以上を前提とすると，女性後継企業は事業承継後に事業存続が極めて厳しい
環境にあると言わざるを得ないが，それでも事業成長を実現させている企業は
存在する。男性後継企業と女性後継企業の事業成長要因について定量分析を行

図表10- 2　　女性に承継した中小企業の事業成長要因

	前経営者の存在が新事業に与える影響	客観性や人材育成における優位性が新事業に及ぼす影響
サツマ電機	・娘は父に対し尊敬の念があり，社員の前で父をたてるようにしている（組織である以上当然のこと） ・先代は現経営者に基本反対はしない ・相談すればアドバイスをしてくれる ・考え方やアプローチの違いはあった ・「同じゴールでも自分だったらこうする」と考えていた ・他に継ぐ者はいなかった ・娘だから本気の喧嘩にはならない	・品質を上げることには限界があるので，何がユーザのためになるかを考えて，サービスを充実させた ・大手がやらない仕事を買って出た（生産中止した部品の代替品提案とメンテナンス） ・自分だったら違うやり方をするが，急に変えて反発が出ると困るので，少しずつ変えるようにした
森川製作所	・父は技術者として社員をひっぱってきていた ・父と同じことはできないので，自分ができることをやるしかない ・他に継ぐ者はいなかった（娘が継がないなら廃業） ・たまに現場を手伝ってくれる ・先代は現経営者のアイデアをなるべく活かすように方向づけてくれる（無謀なときだけ反対） ・相談すればアドバイスをしてくれる	・とにかく若手の定着率をあげなければいけないと考えた ・未経験の若手社員にとって，姉のような存在 ・夫（専務）が現場を支える役目を担う ・若手が働きやすい環境を模索しながら，黒やグレー一色の工場に明るい色を取り入れた ・毎日社員一人一人の表情を見て，体調や精神状態がわかるようになった ・取扱製品の拡充とオリジナル製品開発 ・金属加工のすべての工程を一貫受注する提案営業
山崎製作所	・「私が継ぐ」と申し出た時は先代に大反対された ・あとで「会社をとられてしまう」という寂しさからの反対だと判明 ・父の気持ちを理解するように寄り添った ・先代は口出ししないようにしている ・男性中心の重たい工具を女性でも扱えるものに変えた ・真っ先に社員の労働環境の改善に取り組んだ	・工場の暗い雰囲気を何とかしないと若者は働いてくれないと思い，雰囲気が明るくなるように意識して会話を増やした ・社員間のコミュニケーションが増えると，自然に退職者が減っていった ・モチベーションをあげるために資格取得を推奨する制度を導入した ・創業以来変更していなかった就業規則を見直し，休暇の種類を増やして取りやすくした ・「製造業は製造だけしていればいい」とは思わない ・「どうしたらこの技術が活かせるか」を考えた（オリジナルブランド「三代目板金屋」立ち上げ） ・これまで板金に興味がない人，特に女性に知ってもらいたい

出所：調査結果をもとに筆者作成

230

い，女性後継企業の事業成長を示す指標を導出した。女性後継企業に特徴的な「社員」という経営資源に着目しつつ，他の事業成長要因を多面的に探るため，事業承継時に「技術伝承」の要素が特徴的な中小製造業3社の定性調査を行った。なお，前経営者の影響を調査するために，先代が存命の企業を対象にした。その結果，十分な準備期間がとれず企業経営経験が乏しい女性後継者は，自社や経営に対する客観性があり，前経営者とは違った多様な視点でアプローチすることで新事業を促進させていた。承継後の新事業展開時には，自社の強みを活かすべく人材育成に励むとともに，消費者視点を活かして新事業をデザインし新事業を進めていた。新事業をリスクと捉えて挑戦しないという姿勢は見られず，前経営者と同じことをするのではなく自分なりに挑戦しようとしている。前経営者の存在は阻害要因とは言い難く，中小企業の親族内承継では後継者の企業経営経験の不足を補う役割として，プラスの要因と言える。

RQ2：企業経営の経験が少なく，経営者になるための準備が十分でない女性後継者の事業承継後の事業成長要因は何か。

分析視座1：前経営者の影響力や企業内の慣性（inertia）が承継後の事業成長の阻害要因となるのか。（第9章）

　準備期間を十分にとれずに事業承継した中小企業の女性後継者にとって，前経営者の影響力は少なからずあるが，阻害要因とまでは言えない。後継者候補として育てられておらず，後継者のつもりで入社したわけではなかったが，他に候補者がおらず，やむを得ず承継してくれた娘だからこそ，先代はできる限り娘の意見を尊重し，サポートしようとする姿勢が見られる。企業経営経験の少ない女性後継者にとって，前経営者は近くでサポートしてくれる心強い存在でもあり，プラス要因があることがわかった。

分析視座2：事業承継後に新事業を展開する場合，経営に対する客観性や人材育成における優位性が事業成長要因となるのか。（第9章）

　3社とも「人」に着目した社内改革を中心に行った。製造業における事業承継の鍵となる「技術伝承」の受け皿になる若手社員の労働環境を見直し，働きやすく定着しやすいように改善した。企業経営経験が少ないことで，却って自

社の現状を冷静に評価し，前経営者とは違ったアプローチで，客観的に女性視点あるいは多様な視点で，前経営者とは違った事業戦略をとった。新事業のデザインには，ユーザ側や消費者側の視点および人材育成，組織マネジメントの視点が見られる。企業経営経験の少ない中小企業の女性後継者は，経営に対する客観性があり，前経営者とは違った視点が事業成長要因であると言える。

分析視座 3：中小企業特有の，あるいは女性後継者特有の事業成長要因はあるのか。（第 9 章）

承継後に新事業を促進することをリスクと捉えて挑戦しないという姿勢は見られなかった。自社の強みを活かした新事業を展開すべく人材育成に励むとともに，先代と自分の違いを「欠点」とは限らず認識し，自分にできることを模索して新事業へと繋がった。この時に社内の反発が見られないのは，中小企業ならではの要素とも言える。従業員が少なく，小回りの効く規模の会社であったからこそ，また廃業を回避し事業継続してくれた現経営者だからこそ，社内が一体となり新事業を成長させることに取り組める。人材を自社の強みととらえて育成し，多様な視点で新しいことに挑戦する姿勢は，事業成長要因と言える。

注 ─────────────

1　企業経営経験について，女性後継企業の平均値は9.97年，中央値 7 年である（図表 7 - 16）。ただしこれは事業承継後の経営経験の年数であり，準備期間については，「後継者候補ではなく，準備もないまま承継した」が男性11％に対し，女性は45％である（図表 7 - 2 ）。男性後継者と比較して女性後継者の準備期間は短いことは統計的に有意である（図表 8 - 1 ）。

2　東京商工リサーチ（2020）によると，2020年の経営者平均年齢は62.5歳であり，年々上昇している。休廃業・解散件数の増加は経営者の高齢化が一因にあるとされている（中小企業庁，2022）。

第11章

結論

1　女性後継者の事業成長メカニズム

　先行研究によると，事業承継後に事業成長するためには，前経営者との関係性に影響されるとあるが，女性に事業承継した中小製造業の事例を分析すると，前経営者は決して阻害要因とは言えず，むしろ企業経営経験の少ない女性後継者に伴走する形でサポートする心強い存在であることがわかった。新事業展開が促進されるプロセスとしても，前経営者と同じことはできないと認識した女性後継者が，ある時は前経営者を反面教師にし，ある時は自分にできることを模索する中で，時代の変化に対応し，女性視点で社内を改革，新事業へと進んでいった。現経営者を動かすその原動力と要因を**図表11-1**に示す。

　女性への事業承継に際し，もともと後継者として育てられることは少なく，他に後継者がいない場合に後継者候補になると，後継者決定が遅れがちになる。それに伴い，準備期間がとれない，あるいは短いことは必然であり，経営者になるにあたり得ておきたい知識や経験を積む期間が限定的で，経営者としてスタートしてから，走りながら経営者になっていく。ともすると社内外から不安視されることもあろうが，前経営者が一定期間伴走することで，信頼を獲得し，経営者としての正統性を得ていく。

　後継者は，事業を承継すると決まってから承継する準備に入るが，すでに入社していたとしても，改めて自社を客観的に見直し，早急に対応・改善が必要

234

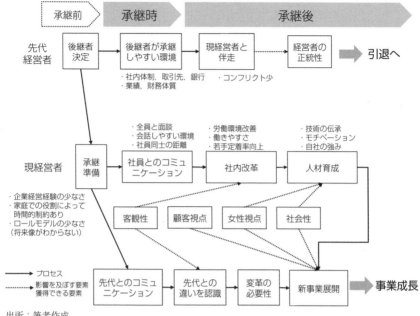

図表11-1　女性後継者の事業成長メカニズム

出所：筆者作成

　なことは何かを把握しようとする。日々の経営を続けながらも，経営者として
やらなければいけないことは何か，それは自分にできるのか，今できることは
何かを考えていく。自分が経営者になる前から組織に存在する社員への関心は，
事業承継ならではの視点であり，また家庭でも人をマネジメントすることの多
い女性にとって得意分野である。今の社員に対して何をすれば快く働いてもら
えるか，自社の現状の経営資源として最も中心的に考える。

　その上で，自社の将来を見据えて，特にものづくりにかかわる技術やノウハ
ウの伝承方法を見極める際には，先代経営者のやり方を受け継ぐのではなく，
時代の変化も捉えて，若い世代の社員が長く自社にかかわれるように意識して，
自社の伝統を受け継ぐ方法を見極める。技術の伝承方法には，ベテラン職人の
背中を見て覚えるといったアナログな伝承方法だけではなく，機器導入やIoT
化，DXを取り入れて，次の世代交代も考えた方法を検討し，選択している。
これには，現経営者本人が職人でないことが，技術の伝承の複雑さを却って単

純化し客観的に捉えられる面が少なからず影響している。力のある男性にしか
できないと考えられていた技術を，道具を変え，工程や設計を変えることで非
力な女性や未熟な技術者でも作業を可能にするといったことは，変革の意識が
ないと生まれない。

　先代経営者は，長年かけて築き上げてきた会社への想いもあるが，廃業と事
業存続の選択の中で会社を継いでくれた後継者を大切にする。経営判断を下さ
なければならない状況下で意見が食い違うこともあるが，基本的に後継者に任
せ，ほどよい距離感で後継者をサポートする。そこには，他に継ぐ者がおらず，
最後の砦となった後継者に対する事業存続の唯一の選択肢と，同性ではない方
がコンフリクトは起こりにくいという特異性がある。女性後継者は企業経営経
験の少なさを障壁要因としながらも，先代との伴走によって経営者として成長
する機会と期間が与えられる。

　事業の継続性や将来性を考えた時に，時代の変化への対応や自社の強みをど
う活かすかを含めて，現経営者は新事業を形作っていく。BtoBの取引が主で
ある製造業であっても，最終ユーザや消費者のニーズを汲み取り，製造業の枠
を超えて自社にできることを考える。そこには製造業業界の常識に捉われない
客観性と顧客視点が見られ，男性中心の製造業に社員としての女性視点だけで
なく，ユーザとして消費者としての女性視点を取り入れている。若手社員の採
用や人材育成に力を入れ，明るく働きやすいコミュニケーションのとれた職場
環境の実現に尽力する。環境問題や企業の社会的責任をはじめとする社会性を
意識して，事業存続さらには事業成長のために新事業を展開しているが，事業
承継時から新事業を目論んでいたわけではなく，「先代と同じことはできな
い」「先代と同じやり方はできない」と認識し，変革の必要性を把握した結果，
新事業展開につながったと言える。

2　学術的貢献と実務的貢献

2.1　学術的貢献

　本書では，少子高齢化の進む日本における中小企業の事業承継問題の中で，

女性へ事業承継する企業に焦点をあて調査分析および考察を行った。

　先行研究で得られた知見と限界にもとづき，定量分析にて男性後継企業と女性後継企業の特性をとらえ，女性への親族内承継を行った中小企業7社の調査分析を行った。その結果，十分な準備期間がとれない傾向にあり，その背景として，幼少期から後継者候補とされておらず，事業承継の必要に迫られた時期になり，やむを得ず後継者となった経緯があった。必然的に準備期間は短くなり，企業経営の知識・経験が少ないまま経営者として重責を担うことになるが，さらに家庭における男女役割分業による時間的制約，ロールモデルの少なさが，承継前後の障壁要因となっている。

　先行研究では，中小企業の後継者選定の前提が，「息子」「息子以外の男子」「（息子がいなければ）娘婿」となっており，「兄弟」「従弟」ほか親族内の男性に事業承継できなかった際に，社員や外部招聘，M&Aといった親族外承継が検討されていく。その見過ごされた隙間に，「娘」「妻」あるいは「姪」や「女性社員」「女性経営者へのM&A」がある。定量的な調査結果から，男性後継者と比較すると絶対数は少ないものの，着実に増えてきていること，男性後継企業と比較して顕著な違いがあることから，女性後継者研究の意義を示した。

　準備期間が短い女性後継者には事業承継前後において障壁となる要因があることを前提に，準備期間が短いにもかかわらず事業承継した中小企業の女性後継者は，自社を客観的に捉え，前経営者とは異なるアプローチで，自社の強みや人材育成の優位性，多様な視点を生かした新事業が展開されていた。女性後継者はリスク回避傾向が強いとは言えず，前経営者の存在が阻害要因ではなく企業経営経験の不足を補う役割を果たしていると示せたことは，先行研究とは異なる結果である。定量調査だけでは見いだしきれない多面的な要因を定性調査で導き出せたことは学術的貢献と言える。

　女性後継者だからこそ軋轢なく円滑に事業承継できた面も垣間見られた。同族の中小企業特有の周囲の理解や協力が得られやすい環境がプラスの影響を与えている点も学術的貢献の一つである。

2.2 実務的貢献

　事業承継を課題とする中小企業にとって，女性へ事業承継する際の障壁要因が明らかになったことで，事前準備として障壁を取り除く，あるいは回避する策を講じておくことができる。女性を後継者候補として考えなかった経営者に対して，女性への事業承継が選択肢の一つとなり，あらかじめ準備をして事業承継に臨むことができれば，事業承継を円滑に進められる可能性が高まる。

　事業存続は絶対条件であるならば，事業承継前後の障壁を克服し，事業を継続させ，成長させていくことが必要であり，事業成長のためには革新性が求められる。男性後継者と比較して女性後継者は革新性が低いということは必ずしも成立せず，女性後継者も時代の変化に対応するための革新やさらなる成長または永続のための革新の必要性を認識することで，事業成長につなげている。そのアイデアの源泉には，自社を客観視しやすいことや既存の組織に抵抗少なく入り込み，先代や社員，取引先といった関係者の調整役として機能しながら，人材をまとめあげていく。後継者として当然にして正統性が得られるわけではないが，軋轢が少なく，変革を実行する女性後継者は，プロセスこそ異なるが，時間をかけて丁寧にゴールに近づくアプローチを得意とする。

　伝統と革新の二律背反を同時に実現させる難しさを持つ事業承継，経営にファミリーといった要素が加わり複雑化するファミリービジネス，大企業と比較して経営資源に乏しく格差が広がる中小企業といった，一見するとネガティブ要因が揃った条件下において，これまで後継者と見なされてこなかった，あるいは他に継ぐ者がおらず仕方なく後継者になることの多かった女性後継者の事業承継における障壁要因を明らかにし，承継後の事業成長を促進する要因を導き出したことで，女性が後継者候補として認識され，早い段階から後継者育成ができる可能性を示せた。

　中小企業の女性後継者の障壁要因およびそれを乗り越え事業を成長させる要因が示せたことで，今後後継者選定の際に女性後継者が選択肢の一つとなり得る可能性を高め，女性への事業承継時にロールモデルとして参考にできる事例が増え，廃業を選択せざるを得ない中小企業の事業存続に寄与するという点に

おいて実務的貢献と言える。今後の中小企業経営において，後継者不足の大きな解決策となり，女性後継者が増え，女性経営者が増えることで，国際的な競争力向上の一端となる。さらに，やむを得ず事業承継することになった企業経営経験の少ない女性後継者が，事業存続のために承継後にとり得る事業戦略の選択肢が広がる点が本書の成果と言える。

3　政策提言

3.1　女性起業家支援を利用した支援策

　本書において，中小企業における女性への事業承継には，男性への事業承継とは異なる障壁要因や困難性があり，事業を存続させ成長させていく過程で，今回の調査対象企業では個々の事情に応じて周囲のサポートにより克服している現状があった。女性後継者数が少ないことに起因するロールモデルの少なさや情報不足も，今後中小企業の事業承継を促進する上で懸念となる。中小企業の場合は，大企業とは状況が異なり，開示されている情報が限られるため，近しい境遇の経営者同士のネットワーク，いわゆる横方向のつながりが大事だと言える。女性起業家に対する支援の方法は，女性後継者にとっても共通のノウハウあるいはインフラとなり得る。

　中小企業の事業承継において，女性後継者向けの支援策が必要であり，女性後継者向けの公的な支援として，相談業務，補助金・助成金，融資時における優遇，情報提供，セミナー・イベントといった施策が考えられる。これらは，女性起業家支援策とも類似するため，女性起業家支援のインフラが利用できる可能性がある。具体的には，女性後継者に特化した「経営者の心構えや経営ノウハウの学びの場」「事業承継の相談窓口や相談員のコーディネート」「事業承継のロールモデルの提示，事例等の情報提供」「円滑な資金調達の仕組み」が挙げられる。

　相談業務は，もともと個別事情に応じた相談ニーズに対応したものであり，個別相談であれば男女で施策を分ける必要性は低いが，一般的に相談員側の知識ノウハウとして，男性後継者を前提としたアドバイスを中心とすることが多

い。女性は，公的支援や政策利用に対して敷居が高いと感じる傾向にある。公的支援では支援側の理解の不足により，小規模な起業を目指す女性に対し，「事業としては成り立たない」「ボランティアの域をこえない」といった否定ともとれるアドバイスもあるという。例えば創業家の娘として，後継者となってくれる婿を取るか自ら後継者になるか，創業家でない者が継いだときに創業家のメンバーはどうなるのかといった親族内の深い問題に対応できる体制の実現が望まれる。セミナーやイベントについても相談業務と同様に，講師および実施機関側のノウハウとして，女性に特化した課題を認識する必要がある。

　女性後継者の増加を図るためには，女性後継者の優位性を伸ばし，劣等感を否定せずに取り除いていく支援体制が必要である。地域密着型の中小企業においては，国の基準による統一的な支援策だけではなく，身近な相談者やメンターといった存在，同じ境遇で同じ悩みを持つ経営者ネットワークが，手の届く近しい距離にあることが求められている。女性起業家支援において，女性の役割や立場への理解が支援者側に不足することで，起業の芽を摘んでしまうといった事例も見られた（鹿住，2019）。支援者側だけでなく，社会全体が女性経営者あるいは女性の労働環境に十分な理解が必要となる。

　女性後継者といっても一人の労働者であり，1日24時間という時間的制約の中で家事育児などに時間が割かれる場合には，その時間的・精神的サポートが必要になる。女性後継者に特化した制度以前に，女性経営者に対する出産・育児および介護等による休職制度や収入保障制度，育児時間のサポート等が必要である。特に中小企業の経営者は，自分が休むと仕事が止まり，同時に収入が途絶え，自分の生活だけでなく従業員の生活を脅かす環境にいる。それが家業であるなら尚更親族の生活に直接的に影響する。どのようなライフステージにあっても女性経営者が安心して事業継続できるように，女性経営者の労働環境を整える施策も必要である。

　近年，女性後継者ネットワーク事業を中心とする民間主導での女性後継者支援が立ち上がってきている。今後継続的に支援が行われ，大都市圏だけでなく中小企業の多い地方都市を含めた国内全体に支援のインフラが広がれば，一定の成果は期待できるが「公的な支援制度がある」ということは，副次的な効果として「公式に応援されている」という安心感と信用力が生まれる。女性活躍

推進策に見られるように，公式化することで推進力が増す可能性が期待できる。

3．2　女性後継者特有の支援策

　女性起業家支援のインフラを利用した女性後継者支援は，時間と労力やコストをかけずに，すぐにでもできることであるが，事業承継特有の問題もあり，事業承継に特化した支援策も必要である。事業承継時に特化した問題として，借入に対する経営者保証がある。

　経営者による個人保証（経営者保証）は，企業が金融機関から融資を受ける際に，連帯保証人として経営者個人が保証する制度である。経営者保証により金融機関は貸倒のリスクを減らすことができ，企業側にとっては資金調達の円滑化につながる一方で，倒産した場合は経営者個人が保証債務を履行しなければならない。新事業展開や事業再生の際に資金調達の妨げになることがあり，この経営者保証制度についてはしばしば議論されてきた。

　2013年に全国銀行協会と日本商工会議所が「経営者保証に関するガイドライン」を策定し，金融機関と経営者双方の運用指針としてきたが，2020年時点で借入すべてについて経営者保証を提供している企業は44％であり，一部を提供している企業36％を含めると，80％の企業が経営者保証を提供している（中小企業庁，2020）。この経営者保証の存在が，事業承継の際に後継者候補に重くのしかかってくる。事業承継時に経営者保証の見直しがされることがあるが，経営者保証が外れれば，後継者にとって事業承継に積極的になれる要因となり，経営革新に取り組むことができる。2020年には，事業承継時に後継者の経営者保証を可能な限り解除していくべく「事業承継時に焦点を当てた「経営者保証に関するガイドライン」の特則」の運用を開始している。

　資金調達に際し，女性経営者はしばしば男性経営者よりも困難という見方があり，今回の調査企業の中には，父と娘の共同保証，あるいは事業承継後も会長である父の単独保証とするケースが見られた。金融機関の審査基準に男女差はないものとすると，女性後継者がマイナス評価されるポイントはあるのだろうか。返済に対する信用力の面，もしくは将来的な収益力の面，どちらも女性経営者が劣後する理由は見当たらないが，後継者として学んでこなかった者が

事業承継した場合は，その世代交代に対し貸し手側が不安に感じることが考えられる。しかし起業と違って事業承継は引き継ぐべき事業と社員，資産が存在する。事業承継の発生によって事業を止めることはできず，資金調達に関し女性起業家には優遇制度があるにもかかわらず，女性後継者に特化した優遇制度はない。そもそも女性起業家に際して優遇制度があることが，女性経営者は男性経営者と比較して，資金調達がしにくい現状の現れとも考えられる。

　経営者保証に関しては，代表者を変更しても先代名義のままにする，先代との共同保証にするといった事例は，女性後継者の資金調達に対する信用力に格差を感じざるを得ない。今回の調査対象企業の中には，承継前に借入金を完済し無借金にする，そもそも借入金をしない，といった方針の企業もあった。金融機関を含めた利害関係者への理解を得るために事業環境を整える中で，事業承継後のリスクを少しでも減らす努力が必要になる。

　中小企業が経営者保証なしで融資を受けられる可能性があるのは，法人と経営者個人の資産や資金が明確に区分・分離されており，財務基盤を強化し，法人の資産および収益力で返済が可能であること，適宜財務情報の開示がされ，経営の透明性を保つことが要件とされ，金融機関は要件の充足度合いに応じて経営者保証を求めない，あるいは保証機能の代替手法の活用を検討することになる。2023年4月以降は，金融機関から個人保証を求める場合に，保証が必要な理由および保証を外すためにはどのように改善すればよいかを説明する義務が金融機関側に生じる。

　これは一定の条件を満たした女性後継者が，事業承継後に経営者保証を外せる可能性が高まるとともに，経営者保証を外すことができれば，経営改善に積極的になり，新事業展開に繋がる。経営者保証を外した場合に，適用利率が上乗せされることがあるが，その上乗せ分を女性後継者には免除するといった優遇制度が考えられる。日本政策金融公庫には，事業開始後おおむね7年以内の女性または35歳未満の若者あるいは55歳以上のシニアに対する融資制度が設けられており，その背景には女性や若者およびシニアは資金調達しにくい現状があるために，このような制度が存在すると言える。事業承継後の企業は，「事業開始後おおむね7年以内」に該当しないことがほとんどであり，この融資制度は利用できないため，同様の制度が事業承継時にも望まれる。

242

　新事業展開の際に新たな資金調達が必要になれば，金利優遇や融資額の増額といった優遇制度を設け，資金調達しやすい環境を用意することで，事業規模の拡大につながり，後継者不足に悩む中小企業の構造的課題の解決の糸口が見えてくる。国内の男女賃金格差や働き方の違いを背景に，一般的には男性の収入に比べて女性の収入は少なく，資金調達力の小さな女性であっても事業資金の調達が可能になれば，親族内承継だけでなく従業員や第三者の女性への承継の可能性も広がる。

　金融機関から資金調達できない場合に，クラウドファンディングといった民間主導の資金調達手法はあるものの，金融機関からの資金調達は長期的な経営の安定にもつながり，調達可能な資金が増えることで，女性後継者が事業を安定的に継続させ，発展的に事業成長させることが可能になる。経営者保証解除の推進は，公的制度の後押しがないと実現が困難な支援策でもある。

　同様にして，事業承継に関する補助金や助成金制度において，創業補助金に見られたような女性や若者を対象に審査時にポイント加算し優遇する措置も考えられる。本書の成果からも，就任年齢が高い方がいいということはなく，早期の事業承継準備が重要であった。承継後の事業成長のためにも，女性や若者に対する優遇措置は，資金調達に関して高いハードルを感じている経営者層の意識が変化し，経営に変革をもたらすことを後押しする可能性がある。企業経営における多様性の発揮が，少なからずイノベーティブな環境を生み出し，日本経済の発展に寄与するであろう。

　女性役員や女性管理職比率の向上策として，クオータ制の導入が議論されている（内閣府，2022）。欧米ではすでに導入されている国もあり，今後の日本経済の動向に少なからず影響を及ぼす可能性がある制度ではあるが，中小企業の女性後継者にとっては，役員や管理職といったカテゴリーあるいは大企業と比較すると，導入に際して異質な壁が存在する。後継者の決定権は誰にあるのか，母集団をどう捉えるのか，少なくとも制度導入にあたり目標値が立てにくい。女性経営者を増やすという目標の中で，女性起業家を増やすだけでなく，女性後継者を増やすという策は現実的には考えられ，「女性比率を上げる」という共通目標は一致するものの，「女性を優先して後継者にする」といった判断は，現実的には難しいと考えられる。ただし「後継者候補に女性がおり，資

質や能力が同等なら，女性を後継者にする」といったことは考え得ることである。

　本書の調査対象であった中小企業の女性後継者は，事業承継に際して税制以外の公的な支援は受けておらず，クオータ制のような考えの中で後継者となったわけではない。他に継ぐ者がおらず後継者として一人に絞られた中で，他に選択の余地がなく後継者となった女性後継者が，その後の事業存続さらには事業成長ができるようにサポートする支援体制の構築が望まれる。女性後継者の増加は，中小企業の構造的課題である後継者不足を解決するだけでなく，女性活躍推進をはじめとするジェンダー平等の社会を実現し，今後人口減少による産業の低迷が懸念される日本経済にとって，一縷の望みとなることが期待できる。

4　本書の限界と今後の研究課題

4.1　本書の限界

　本書における障壁要因および事業成長要因は，その要因だけを切り取ってみると，同じ境遇の男性後継者にもあてはまり，男性後継者の障壁にもなり得ることである。しかしながら，女性後継者は後継者として育てられておらず，準備期間が短い中で事業承継する者が多いという特性を前提とすると，それでも障壁を乗り越えて事業を成長させることができることを示すことが本書の目的であり，少なからず中小企業の女性後継者の事業成長要因が導き出せた。一方で障壁ばかりではなく，女性後継者だからこそ軋轢なく円滑に事業承継できた面も垣間見られ，副次的な成果が得られた。同族の中小企業特有の周囲の理解や協力が得られやすい環境であることはプラスの影響を与えている。

　中小企業は財務情報の公開義務がなく，特に女性への事業承継を行った企業を対象とする研究では，十分なサンプルサイズを確保するのが難しい。今回の調査では，従業員数の成長率や経営戦略との関係性などの点において，データ不足により定量分析をすることはできず，サンプルサイズを満たすだけの独自データの収集も困難であった。本書で行った統計分析で用いた変数は，一般的

な指標を使って導き出した一時点のものである。

　創業と比較すると，先代が存在する事業承継は分析のフレームワークが遙か
に複雑であり（安田，2005），承継後の企業の業績を評価する上で，先代の功
績である業績が承継後の業績に影響を与えると考えられるが，それらを除去す
ることは困難である。本書に用いたデータセットの業績指標には，前経営者の
功績が加味された成果と捉えることもできる。

　今回の分析調査では，準備期間の存在や事業承継後の経過年数，従業員数の
成長率や債務の有無，経営戦略との関係性などの点において，データ項目不足
により分析することができなかった。

　これらの本書における限界は，今後中小企業における女性後継企業の研究を
進めるうえで，容易に取り除くことができるものではなく，また国内に限った
ものでもなく，長い年月をかけて，他の研究者とも協力しながら，丁寧に研究
を進めていくほかないものと考えられる。

4.2　今後の研究課題

　女性後継者研究は，女性経営者研究の中で扱われており，起業・創業と違っ
た事業承継という特殊な要素が加味された研究は国内では僅少であり，それ故
に女性後継者研究は知見の蓄積が必要な研究分野である。女性への事業承継は
準備期間がとれない傾向にあり，企業経営経験が少ない中で行われることが多
いが，そのような女性後継者に対し，円滑に事業承継が行われる環境を整える
だけでなく，承継後の事業存続さらには事業成長が重要である。

　今後の研究課題としては，研究の対象範囲，事例数の確保などが挙げられる。
本書では最終的に親族内承継に絞り込んで分析考察を行った。今後は親族外の
女性後継者の事例数を確保し，次の研究につなげたい。中小企業の女性への事
業承継数が少ないことは前述の通りであるが，個々の事情や置かれた環境の違
いによる影響が小さくなく，本書において一般化することは難しかった。高田
（2021）では，27事例から類型化を試みているが，それでも事業承継に影響を
与える要因が複雑で，承継の決定要因の類型化に留まっている。今後さらなる
事例数の確保が必要と考える。

　中小企業は公開情報に乏しく，特に財務情報へのアクセスが非常に難しいが，限られた情報の中でも，いかに定量的に分析し，かつ定性的な調査分析手法と組み合わせて，多面的に分析考察を進めていけるかが今後の研究課題となる。今後は時間の経過とともに変化する業績指標をとらえ，女性後継者の行動変容やそれが企業業績に与える影響を明らかにしたい。

　本書の成果を踏まえても，中小企業の女性後継者に着目した研究における知見の蓄積は今後も必要である。経営者の債務保証の観点から，金融機関の審査において男性経営者と女性経営者でスコアリングに差がないことはわかっているが[1]，実態として経営者保証が必要とされたり，会長と共同保証となることがある。資金調達の面で女性起業家を優遇する施策が存在すること，各種補助金審査の際の女性・若者・シニアへの優遇があることから，女性経営者は男性経営者と比較して資金調達に苦労している実態が見える。この点についても今後の研究課題としたい。

　経営者年齢を男女別に見ると，女性経営者の高齢化が目立つ。事業承継のみを考えた場合，例えば夫から妻への事業承継のように世代が変わらない場合もあり，高齢化が進んでいる。本書において，次の後継者に関する点には主眼をおかなかったが，次世代への引継ぎは，中小企業の事業承継問題の中で避けられないテーマと言える。

注 ─────────
1　メガバンク元審査部担当者，地銀審査担当者，信金審査担当者にヒアリングし，スコアリングの際に，性別による差がないことを確認した（2021年12月～2022年12月）。

あとがき

　本書は，2023年３月に法政大学より学位を授与された博士学位論文を加筆修正の上で出版いたしました。本書執筆にあたり，多くの方にご指導及び激励をいただきました。この場を借りて感謝申し上げます。今後は，本研究の成果を学術・実務の両面から，社会に役立ててまいる所存です。

　思えば，私が研究の道に進むことになったきっかけをくださった堺次夫先生，樋口一清先生との出会いが人生の転機となりました。それまで中小企業診断士として，経営支援，中でも女性起業家支援に関わる中で，事業を成立させることを目標に頑張りながらも，社会の中での立ち位置，家庭や育児との両立に悩む女性経営者を目の当たりにしてきました。時代は変化しており，経営者にとって，いずれ男性も女性も関係のない時代が来るとは思いますが，まだまだ時間的距離を感じ，今悩んでいる経営者の直接の解決にはならないのではないかということ，少数ではありますが，女性が事業承継するケースも現実には存在し，その方たちの学習や経験が知見として広まれば，女性後継者の増加の後押しになるのではないか，そして後継者選定の際に女性も候補になり，後継者育成の対象になることで，後継者不足の解消に繋がり，事業承継の準備がしやすくなると考えました。

　そして私が本研究を始めた当時，事業承継に関する公的支援策は拡充されつつあったものの，女性に特化した支援策は，公的にはありませんでした。女性起業家に関しての支援策はいくつも用意され，一定の効果は発揮したものと思われますが，女性後継者を対象とした支援は，必要がないから存在しないのか，必要だけれどもまだないのか，後者であれば本書がその布石となればという願いです。

　敢えて申しますと，社会経験不足や企業経営経験不足の中で経営を任されるといった境遇は男性経営者にもあり得ることであり，性差に起因するものではありません。本書が調査対象とする女性後継者と同じような境遇の男性後継者

にとっても，本書が有意義なものであったなら幸いです。

　そして本書執筆にあたり，ご指導，ご協力いただきました多くの方々に厚く御礼申し上げます。

　まず，大学院修士課程から博士後期課程に進学以降現在に至るまで，時に厳しく時に優しくご指導を賜りました井上善海教授に，深く感謝を申し上げます。修士課程在籍中から授業やゼミを通して，研究者としての心構えや，論文の執筆及び学会発表への取り組み方について，丁寧で適切なご指導をいただきました。先生の懐の深さ，ユーモアあふれるお人柄にあたたかく見守っていただき，今日まで研究を続けることができました。今後も先生の背中を追いかけながら，研究に邁進することで恩返しができたら本望です。

　博士論文審査をお引き受けくださった橋本正洋教授ならびに駒澤大学の小野瀬拡教授には，多様な視点と幅広く深い専門知識からご指導を賜りました。両先生からのご指導は常に良い刺激となり，研究の幅を広げ，論文の深みを持たせ，これから研究者として成長するためのたくさんのヒントをいただくことができました。深く感謝申し上げます。

　筆者が所属する日本経営学会，日本中小企業学会，経営行動研究学会，日本マネジメント学会，事業承継学会，ファミリービジネス学会の学会関係の先生方からも，研究発表や論文投稿を通じて新たな知見や重要な指摘をいただきました。改めて感謝を申し上げます。

　法政大学大学院政策創造研究科の諸先生方にもたくさんのご指導をいただきました。修士課程のころより幅広い知見をアドバイスいただき，先生方の親身なご指導のおかげで，本研究を着実に進めることができました。政策創造研究科で学べたことを幸せに思っております。

　井上ゼミ生の皆様との切磋琢磨も，志を同じくする仲間として情報交換したり助け合ったり，時には悩みを打ち明けて語り合ったりと，楽しく有意義な時間を過ごさせていただきました。

　そして，ご多忙にもかかわらず，調査にご協力いただきました企業の皆様にも厚く御礼申し上げます。たくさんの貴重なご意見やご示唆，関連する資料をいただきました。皆様の想いを少しでも後世に伝えることができたならという一心で，本書に願いを込めました。今後益々の活躍を祈念しております。皆様

にめぐりあえたことが何よりの宝物であり，事業承継研究，なかでも女性後継者の研究の前進に多大なる力を与えてくださいました。お世話になったすべての方々のご理解とご厚情に深謝申し上げます。

　出版事情が厳しいなか，筆者に対し，初の単著出版の機会をお与えいただいた，株式会社中央経済社の山本継社長，学術書編集部の納見伸之編集長に，心から御礼申し上げます。編集長のするどいアドバイスなくして，本書の出版に至ることはありませんでした。本書を通じて，研究成果の一端として少しでも研究領域や実務領域に還元でき，経営活動の示唆につながれば幸いです。

　最後に，本書執筆にあたり，職場の先生方の温かいご支援，親愛なる友人たちの励ましなくしては，本書を完成させることはできませんでした。多くの皆様からお力添えをいただいたおかげで，本書を完成させることができました。「生みの苦しみ」の中にあっても，中小企業が元気に活躍する未来を想像し，わくわくしながら研究に取り組むことができました。すべての関係者の方々に対して，言葉では言い尽くせない感謝の気持ちでいっぱいです。最後に，受験と重なりながらも一緒に乗り越えてくれた秀太朗と凜々子，あなたたちの未来が輝かしいものでありますように。

　そして，決して親の望む道を真っすぐ歩んでこなかった私の最強の応援団であり，本書を見ずに旅立ってしまった母の分まで，父にたくさんの恩返しをしたいと思います。感謝を込めて。

2024年1月

黒澤　佳子

本刊行物は，2023年度法政大学大学院優秀論文出版助成金の助成を受けたものです。

参考文献

1 外国語文献

Akhmedova, A., Cavallotti, R., Marimon, F., and Campopiano, G. (2020) Daughters' careers in family business: Motivation types and family-specific barriers, *Journal of Family Business Strategy*, 11 (3).

Aldamiz-Echevarria, C., Idigoras, I., and Vicente-Molina, M. A. (2017) Gender issues related to choosing the successor in the family business, *European Journal of Family Business*, 7 (1-2), 54-64.

Barbara, S. H. and Wendi, R. B. (1990) Women, Family Culture, and Family Business, *Family Business Review*, 3 (2), 139-151.

Barnes, L. B. (1988) Incongruent hierarchies: Daughters and younger sons as company CEOs, *Family Business Review*, 1 (1), 9-21.

Beckhard, R. and Dyer, Jr. W. (1983) Managing Continuity in the Family-Owned Business, *Organizational Dynamics*, 12 (1), 4-12.

Cadieux, L. (2007) Succession in Small and Medium Sized Family Businesses: Toward a Typology of Predecessor Roles During and After Instatement of the Successor, *Family Business Review*, 20 (2), 95-109.

Campopiano, G., De Massis, A., Rinaldi, F. R. and Sciascia, S. (2017) Women's involvement in family firms: Progress and challenges for future research, *Journal of Family Business Strategy*, 8 (4), 200-212.

Cappuyns, K. (2007) Women behind the scenes in family businesses, *Electronic Journal of Family Business Studies*, 1 (1), 38-61.

Cesaroni, F. M. and Sentuti, A. (2014) Women and family businesses. When women are left only minor roles, *The History of the Family*, 19 (3), 358-379.

Classen, N., Van Gils, A., Bammens, Y, and Carree, M. (2012) Accessing Resources from Innovation Partners: The Search Breadth of Family SMEs, *Journal of Small Business Management*, 50 (2), 191-215.

Cole, P. M. (1997) Women in Family Business, *Family Business Review*, 10 (4), 353-371.

Constantinidis, C. and Nelson, T. (2009) Integrating succession and gender issues from the perspective of the daughter of family enterprise: A cross-national investigation, *Management International*, 14 (1), 43-54.

Curimbaba, F. (2002) The dynamics of women's role as family business managers, *Family Business Review* ,15 (3), 239-252.

Danes, S. M. and Olson, P. D. (2003) Women's role involvement in family businesses, business tensions, and business success, *Family Business Review*, 16 (1), 53-68.

Davis, J. A. and Tagiuri, R. (1989) The influence of life stage on father-son work relationships in family companies, *Family Business Review*, 2 (1), 47-74.

Dokko, G. and Gaba, V. (2012) Venturing into New Territory: Career Experiences of Corporate Venture Capital Managers and Practice Variation, *Academy of Management Journal*, 55 (3), 563–583.

Dumas, C. A. (1989) Understanding of father-daughter and father-son dyads in family-owned businesses, *Family Business Review*, 2 (1), 31-46.

Dumas, C. A. (1990) Preparing the new CEO: Managing the father-daughter succession process in family businesses, *Family Business Review*, 2 (2), 169-181.

Dumas, C. A. (1992) Integrating the daughter into family business management, *Entrepreneurship Theory and Practice*, 16 (4), 41-55.

Dumas, C. A., (1998) Women's Pathways to Participation and Leadership in the Family-Owned Firm, *Family Business Review*, 11 (3), 219-228.

Emrich, C. G., Denmark, F. L. and Den Hartog, D. N. (2004) Cross-cultural differences in gender egalitarianism: Implications for societies, organizations, and leaders, *Culture, leadership, and organizations: The GLOBE study of 62 societie*, 343-394.

Francis, A. E. (1999) *The daughter also rises: How women overcome obstacles and advance in the family-owned business*, San Francisco: Rudi.

Gersick, K. E., Davis, J. A., Hampton, M. M. and Lansberg, I. S. (1997) *Generation to Generation: Life Cycles of the Family Business*, Boston: Harvard Business School Press.(犬飼みずほ訳・岡田康司監訳,『オーナー経営の存続と継承』流通科学大学出版, 1999年)

Goffee, R. and Scase, R. (1985) *Women in Charge*, London: Routledge.

Gonzalez, F. P. (2006) Inherited Control and Firm Performance, *American Economic Review*, 96 (5), 1559-1588.

Grundström, C., Öberg, C. and Rönback, A. Ö. (2012) Family-Owned Manufacturing SMEs and Innovativeness: A Comparison between Within-Family Successions and External Takeovers, *Journal of Family Business Strategy*, 3 (3), 162-

173.

Handler, W. C. (1994) Succession in Family Business: A Review of the Research, *Family Business Review*, 7 (2), 133-157.

Hollander, B. and Bukowitz, W. (1990) Women, Family Culture, and Family Business, *Family Business Review*, 3 (2), 139-151.

Jimenez, R. M. (2009) Research on Women in Family Firms: Current Status and Future Directions, *Family Business Review* ,22 (1), 53-64.

Keating, N. C. and Little, H. M. (1997) Choosing the successor in New Zealand family firms, *Family Business Review*, 10 (2), 151-171.

Kurosawa, Y. (2022) Business Succession to Women in Small and Medium-Sized Enterprises: A Comparative Analysis of Intra-relative and Non-relative Succession, *Innovation Management*, 19, 91-112.

Lauterbach, B., Vu, J. and Weisberg, J. (1999) Internal vs. External Successions and Their Effect on Firm Performance, *Human Relations*, 52 (12), 1485-1504.

Lerner, M. and Malach-Pines, A. (2011) Gender and culture in family business: A ten-nation study, *International Journal of Cross Cultural Management*, 11 (2), 113-131.

Nelson, T. and Constantinidis, C. (2017) Sex and gender in family business succession research: A review and forward agenda from a social construction perspective, *Family Business Review*, 30 (3), 219-241.

Overbeke, K. K., Bilimoria, D. and Perelli, S. (2013) The dearth of daughter successors in family businesses: Gendered norms, blindness to possibility, and invisibility, *Journal of Family Business Strategy*, 4, 201-212.

Sakano, T. and Lewin A. Y. (1999) Impact of CEO Succession in Japanese Companies: A Coevolutionary Perspective, *Organization Science*, 10 (5), 654-671.

Salganicoff, M. (1990) Women in family business: Challenges and opportunities, *Family Business Review*, 3 (2), 125-138.

Sharma, P. and Irving, P. G. (2005) Four bases of family business successor commitment: Antecedents and consequences, *Entrepreneurship Theory and Practice*, 29 (1), 13-33.

Stavrou, E. (1999) Succession in family businesses: Exploring the effects of demographic factors on offspring intention to join and take over the business, *Journal of Small Business Management*, 37 (3), 43-61.

Storey, D. J. (1994) *Understanding the Small Business Sector*, London: Routledge.

Tagiuri, R. and Davis, J. A. (1992) On the goals of successful family companies, *Family Business Reviews*, 5 (1), 43-62.

Vera, C. F. and Dean, M. A. (2005) An Examination of the Challenges Daughters Face in Family Business Succession, *Family Business Review*, 18 (4), 321-345.

Yin, R. K. (1994) *Case Study Research: Design and Methods*, Second Edition, California: SAGE Publication Inc. (近藤公彦訳『新装版ケース・スタディの方法［第2版]』千倉書房，2011年)

Yokozawa, T. and Goto, T. (2004) Some characteristics Japanese long-lived firms and their financial performance, *Proceeding of the 15th FBN-IFERA Academic Research Conference*, IFERA Publications.

Wang, C. (2010) Daughter exclusion in family business succession: A review of the literature, *Journal of Family Economic Issues*, 31 (4), 475-484.

Ward, J. L. (1987) *Keeping the Family Business Healthy*, San Francisco: Jossey-Bass.

2　日本語文献

青山悦子 (2015)「「成長戦略」と女性の活躍推進」『嘉悦大学研究論集』58 (1)：1-24.

足立裕介・佐々木真佑 (2018)「親族外承継に取り組む中小企業の実態」『日本政策金融公庫論集』(40)：33-52.

井上孝二 (2008)「小企業における事業承継の現状と課題」『日本政策金融公庫論集』(1)：1-24.

井口衡 (2020)「同族企業における事業承継の不確実性と長期的投資行動」『組織科学』5 (3)：4-17.

岩男寿美子・原ひろ子・村松安子 (1982)「中小企業における『女性経営者』の成長歴・生活・経営観：都内42社 (42名) の面接調査にもとづく事例研究」『組織行動研究』(9)：3-117.

遠藤ひとみ (2006)「わが国における企業の社会的責任と女性経営者の意思決定」『現代社会研究』4：85-92.

大西正曹 (2001)「経済政策に「経営者育成」の視点を—中小企業の第二創業こそが日本経済復活のカギ—」『論座』(76)：104-111.

岡田悟 (2007)「中小企業の事業承継問題—親族内承継の現状と円滑化に向けた課題—」『調査と情報』(601)：1-10.

岡本弥 (2006)「事業承継に関する実証分析」『経済論叢』178 (3)：138-148.

岡本弥・三宅敦史 (2020)「後継者の選定が中小企業の事業承継に与える影響」『神戸学院経済学論集』52 (1・2)：63-82.

岡室博之 (2006)「中小企業研究における計量分析の意義と課題」『中小企業季報』1：1-7.

奥村昭博 (2015)「ファミリービジネスの理論」『一橋ビジネスレビュー』63 (2)：

6-19.

落合康裕（2014a）「ファミリービジネスの事業承継と継承者の能動的行動」『組織科学』47（3）：40-51.

落合康裕（2014b）「ファミリービジネスの事業継承研究―長寿企業の事業継承と継承者の行動―」神戸大学大学経営学研究科博士学位論文.

落合康裕（2015）「老舗企業における事業承継と世代間行動の連鎖性―福島・大和川酒造店における事例研究―」『事業承継』（4）：64-79.

落合康裕（2016）『事業承継のジレンマ―後継者の制約と自律のマネジメント―』白桃書房.

落合康裕（2017）「事業承継と世代継承性」『事業承継』（6）：18-29.

小野瀬拡（2010）「事業承継における経営理念の役割―正晃の事例を中心に―」『九州産業大学経営学会経営学論集』21（2）：1-17.

小野瀬拡（2013）「女性後継者への事業承継―強みとしての女性後継者―」『九州産業大学経営学会経営学論集』23（3）：1-13.

小野瀬拡（2014）「事業承継後のイノベーション―長寿企業を対象に―」『日本経営学会誌』33（0）：50-60.

鹿住倫世（2015）「企業家活動と社会ネットワーク―創業に役立つネットワークとは？―」『日本政策金融公庫論集』（26）：35-59.

鹿住倫世（2019）「ママ起業の特徴と求められる支援策」『日本政策金融公庫論集』（42）：41-60.

鹿住倫世・河合憲史（2018）「女性の起業支援策と女性起業家の自己効力感―日本のデータから―」『企業家研究』（15）：109-134.

神谷宜泰（2018）「中小企業後継経営者の承継と革新に関する理論的研究」『オイコノミカ』55（1）：15-37.

神谷宜泰（2019）「事業承継を契機とした経営革新の理論的分析―中小企業特有の課題と組織変革プロセスの視点から―」名古屋市立大学大学院経済学研究科2019年度博士論文.

神谷宜泰（2020）「後継経営者の状況的学習と課題―中小製造業の事業承継と経営革新―」『日本中小企業学会論集』（39）：3-16.

川上義明（2013）「中小企業研究への経営学的アプローチ―特殊経営学としての中小企業経営論―」『福岡大学商学論叢』58（3），pp.341-362.

川名和美（2001）「女性起業家の活躍―その現状と課題―」『商工会』42（12）：12-15.

喜多捷二（1997）『二代目経営者による経営革新』中小企業の後継者問題.

清成忠男・田中利見・港徹雄（1996）『中小企業論』有斐閣.

久保田典男（2011）「世代交代期の中小企業経営―次世代経営者の育成―」『日本中小企業学会論集』（30）：17-31.

黒澤佳子（2022）「女性に事業承継した中小企業の新事業展開を促進する要因―中小製造業者を事例として―」『日本中小企業学会論集』(41)：145-158.

黒澤佳子（2023a）「中小企業における女性後継者の特性と事業成長要因―女性起業家との比較分析―」『秀明大学紀要』(20)：9-21.

黒澤佳子（2023b）「中小企業における女性への事業承継の障壁要因と承継後の事業成長要因に関する研究」，法政大学博士学位論文.

黒澤佳子（2023c）「女性への事業承継における準備期間不足の影響―中小企業の親族内承継を事例として―」『事業承継』(12)：106-121.

黒澤佳子（2023d）「準備期間なく事業承継した女性後継者の新事業展開に関する一考察」『経営行動研究年報』(32)：71-75.

後藤俊夫（2005）「ファミリービジネスの現状と課題―研究序説―」『静岡産業大学国際情報学部研究紀要』7：205-339.

後藤俊夫（2006）「静岡県におけるファミリービジネスの現状と課題」『実践経営』(43)：200-215.

後藤俊夫（2012）「ファミリービジネス論における事業承継」『事業承継』(1)：46-53.

後藤俊夫（2013）「事業承継とファミリー・ガバナンス」『事業承継』(3)：26-39.

後藤俊夫（2017）「第三者承継の代償」『事業承継』(6)：30-43.

小松智子（2018）「中小企業の女性経営者の特性に関する一考察」『立教DBAジャーナル』9：43-59.

近藤信一（2013）「中小企業の親子間親族内事業承継における経営面の一考察―茨城県中小企業4社の事例から―」『総合政策』15（1）：65-79.

坂田桐子（2014）「選好や行動の男女差はどのように生じるか―性別職域分離を説明する社会心理学の視点―」『日本労働研究雑誌』56（7）：94-104.

佐竹隆幸（2019）「中小企業及び小規模事業者の事業承継における課題と対応」『中小企業支援研究』別冊6：18-23.

白河桃子（2008）『跡取り娘の経営学』日経BP社.

白田佳子（2019）『AI技術による倒産予知モデル×企業格付け』税務経理協会.

関智宏（2020）「日本における中小企業研究の40年：『日本中小企業学会論集』に掲載された論稿のタイトルの傾向分析」『同志社商学』72（1）：117-155.

高田朝子（2019）「女性後継者の後継プロセスとリーダーシップ能力の研鑽」『経営行動科学学会第22回年次大会予稿集』425-432.

高田朝子（2021）「女性後継者の後継プロセス―27名の定性調査からの一考察―」『経営行動科学』33（1・2）：39-61.

高橋千枝子・本庄加代子（2017）「女性の視点とは何か―女性起業家による，働く女性のためのビジネスの創造と共感構造―」『マーケティングジャーナル』37（2）：33-54.

滝本佳子（2011）「女性起業家が成功に至った要因は何か？―女性起業家7事例から
　　の分析―」『経営戦略研究』5：123-138.

田中恵美子（2008）「女性起業家の創業の困難性とその回避策―女性起業家の簇生・
　　成長を促進するための基礎的考察―」『日本中小企業学会論集』（27）：198-210.

中小企業総合研究機構（2013）『日本の中小企業研究』同友館.

中小企業庁（2014）『2014年版中小企業白書』日経印刷株式会社.

中小企業庁（2017a）『2017年版中小企業白書』日経印刷株式会社.

中小企業庁（2018）『2018年版中小企業白書』日経印刷株式会社.

中小企業庁（2019a）『2019年版中小企業白書』日経印刷株式会社.

中小企業庁（2020）『2020年版中小企業白書』日経印刷株式会社.

中小企業庁（2021）『2021年版中小企業白書』日経印刷株式会社.

中小企業庁（2022）『2022年版中小企業白書』日経印刷株式会社.

沈政郁（2014）「血縁主義の弊害：日本の同族企業の長期データを用いた実証分析」
　　『組織科学』，48（1）：38-51.

辻田素子・松岡憲司（2020）「老舗・長寿企業の事業承継―京都老舗企業にみるイノ
　　ベーション―」『日本中小企業学会論集』（39）：29-42.

筒井清子・田中睦美（2007）「女性経営者とジェンダー」『京都マネジメント・レ
　　ビュー』（11）：53-67.

角田美知江（2020）「中小企業の成長戦略に関する研究―事業承継と事業機会の創出
　　からの考察―」『北海学園大学経営論集』17（4）：137-151.

中井透（2009）「「第二創業」としての事業承継―創業企業とのパフォーマンス比較と
　　「第二創業」を生み出す要因の分析―」『年報財務管理研究』（20）：15-27.

中井透（2010）「小規模企業における事業承継の決定要因」『日本経営診断学会論集』
　　9（0）：46-52.

名取隆（2017）「中小企業のイノベーション促進政策の効果―「大阪トップランナー
　　育成事業」のアンケート調査を中心として―」『関西ベンチャー学会誌』9：16-
　　25.

仁平帝子（1996）「女性経営者の危機管理意識に関する一考察―男性との比較もふま
　　えて―」『危険と管理』25（0）：69-78.

日本政策金融公庫総合研究所（2010）「中小企業の事業承継」『日本公庫総研レポー
　　ト』No.2009-2.

日本政策金融公庫総合研究所（2013）「中小企業の女性経営者に関する実態と課題―
　　ジェンダーギャップの所在について―」『日本公庫総研レポート』No.2013-3.

日本政策金融公庫総合研究所（2014a）「女性起業家の実像と意義―「2013年度新規開
　　業実態調査（特別調査）」から―」『調査月報』67：4-15.

日本政策金融公庫総合研究所（2014b）「中小企業の女性経営者の実態」『調査月報』

67：16-19.

日本政策金融公庫総合研究所（2014c）「新世代のイノベーション—若手後継者が取り組む経営革新—」『日本公庫総研レポート』No.2014-4.

鉢嶺実（2005）「脚光を浴びる「第二創業」—既存事業の"行き詰まり感"の打開へ向けて—」『信金中金月報』4（3）：13-25.

鉢嶺実（2020）「事業承継問題の陰に潜む"技能・ノウハウ"の承継問題—経営者のバトンタッチだけでは完結しない現場レベルの承継問題に関する考察—」『日本中小企業学会論集』（39）：17-28.

服部正中・馬場房子・小野幸一（1984）「女性の経営者及び管理者に関する探索的研究」『亜細亜大学経営論集』20（1）：47-79.

比佐優子・比佐章一・乾友彦（2017）「女性経営者のネットワークと企業業績」『帝京経済学研究』50（2）：105-114.

平田博紀（2008）「個人企業の事業承継に与える財務要因の影響に関する計量分析」『年報財務管理研究』（19）：55-63.

弘中史子（2021）「「内なる国際化」と海外生産」『日本中小企業学会論集』（40）：97-110.

藤井辰紀・金岡諭史（2014）「女性起業家の実像と意義」『日本政策金融公庫論集』（23）：23-42.

藤井敏央（2016）「事業承継と事業再生の接点」『事業承継』（5）：50-63.

文能照之（2013）「事業承継企業のイノベーション創出活動」『商経学叢』（169）：289-302.

堀越昌和（2013）「中小企業における企業文化の承継に関する一考察」『東北大学経済学会研究年報経済学』73（3）：181-206.

堀越昌和（2015）「事業承継を巡る今日的課題—事業承継の本質と課題に関する予備的考察—」『東北大学経済学会研究年報経済学』75（1・2）：63-78.

堀越昌和（2017）「わが国における中小企業の事業承継研究の現状と課題」『事業承継』（6）：44-57.

三井逸友（2002）「中小企業の世代交代と次世代経営者の育成」『調査研究報告』（109）：1-44.

三井逸友（2009）「「社会的分業」と中小企業の存立をめぐる研究序説」『三田学会雑誌』101（4）：641-657.

三井逸友（2019）「第2章中小企業の創業と継承・主体形成」三井逸友編著『21世紀中小企業者の主体形成と継承—人格成長と事業環境，制度的政策的支援—』同友館：33-92.

三宅えり子（2015）「女性経営者に見られるリーダーシップ・スタイルの特徴」『同志社女子大学学術研究年報』66：41-51.

村尾佳子・那須清吾 (2019)「ファミリービジネス事業承継のプロセス・要素についての研究」『グローバルビジネスジャーナル』5 (1)：1-12.

村上義昭 (2008)「従業員への事業承継―小企業における現実と課題―」『国民生活金融公庫 調査季報』(85)：1-18.

村上義昭 (2010)「円滑な事業承継に向けての課題―企業規模別にみた事業承継―」『総研レポート』No.2010-3：1-36.

村上義昭 (2017)「中小企業の事業承継の実態と課題」『日本政策金融公庫論集』(34)：1-20.

村上義昭・古泉宏 (2010)「事業承継を契機とした小企業の経営革新」『日本政策金融公庫論集』(8)：1-30.

望月和明 (2015)「中小・中堅企業における事業承継の実態調査」『商工金融』65 (2)：23-53.

安田武彦 (2005)「中小企業の事業承継と承継後のパフォーマンスの決定要因―中小企業経営者は事業承継に当たり何に留意するべきか―」『中小企業総合研究』(1)：62-85.

安田武彦 (2006)「小規模企業経営者の世代交代は適切に行われているか―ミクロデータを用いた一試論―」『企業研究』(10)：13-33.

安田武彦・許伸江 (2005)「事業承継と承継後の中小企業のパフォーマンス」『RIETI Discussion Paper Series』05-J-018：1-21.

谷地向ゆかり (2009)「ファミリービジネスの重要性と健全な発展に必要な視点―ファミリービジネスの事業承継事例を通じた考察―」『信金中金月報』8 (2)：68-82.

山中篤太郎 (1948)『中小工業の本質と展開―国民経済構造矛盾の一研究―』有斐閣.

横澤利昌 (2012)『老舗企業の研究 [改訂新版]』生産性出版.

渡辺俊三 (2008)「中小企業論研究の成果と課題」『名城論叢』8 (4)：121-141.

3　Webサイト・統計データ

エヌエヌ生命 (2020)「全国の女性中小企業経営者の意識調査」2020年9月17日
　　https://www.nnlife.co.jp/library/pdf/company/news/2020/200917_surveyonfemaleceo.pdf（2021年2月27日アクセス）

経済産業省 (2016)「平成27年度産業経済研究委託事業（女性起業家等実態調査）報告書」
　　https://www.meti.go.jp/policy/economy/jinzai/joseikigyouka/（2019年12月8日アクセス）

経済産業省 (2019)「女性起業家支援ノウハウ集」2019年3月
　　https://www.meti.go.jp/policy/economy/jinzai/joseikigyouka/pdf/knowhow.

pdf（2019年12月13日アクセス）

厚生労働省（2019）「平成30年賃金構造基本統計調査」2019年3月公表https://www.mhlw.go.jp/toukei/itiran/roudou/chingin/kouzou/z2018/index.html（2019年12月22日アクセス）

総務省（2018）「平成29年就業構造基本調査」2018年7月13日公表
https://www.stat.go.jp/data/shugyou/2017/index2.html（2019年12月22日アクセス）

男女共同参画局（2019）「各都道府県等の女性向け起業支援策一覧（平成29〜30年度）」http://www.gender.go.jp/kaigi/renkei/team/kigyo/kigyo06.html（2019年12月22日アクセス）

中小企業基盤整備機構（2003）「小規模企業経営者の引退に関する実態調査」2003年11月実施
https://ssjda.iss.u-tokyo.ac.jp/Direct/gaiyo.php?eid=0420（2019年12月22日アクセス）

中小企業庁（2016）「事業承継ガイドライン」2016年12月
https://www.chusho.meti.go.jp/zaimu/shoukei/2016/161205shoukei1.pdf（2019年7月6日アクセス）

中小企業庁（2017b）「中小企業の事業承継に関する集中実施期間について（事業承継5ヶ年計画）」2017年7月
https://www.chusho.meti.go.jp/zaimu/shoukei/2017/170707shoukei1.pdf（2021年7月20日アクセス）

中小企業庁（2019b）「2019年度中小企業施策利用ガイドブック」
https://www.chusho.meti.go.jp/pamflet/g_book/2019/index.html（2019年7月6日アクセス）

帝国データバンク（2016）「後継者問題に関する企業の実態調査」2016年2月29日
https://www.tdb.co.jp/report/watching/press/p160204.html（2019年7月15日アクセス）

帝国データバンク（2017）「2017年全国社長分析」2017年1月31日
https://www.tdb.co.jp/report/watching/press/p170503.html（2019年9月30日アクセス）

帝国データバンク（2018）「女性社長比率調査（2018年）」2018年5月22日
https://www.tdb.co.jp/report/watching/press/p180504.html（2019年7月5日アクセス）

帝国データバンク（2019）「全国・女性社長分析（2019年）」2019年6月24日
https://www.tdb.co.jp/report/watching/press/p190605.html（2019年7月14日アクセス）

帝国データバンク（2020a）「全国女性社長分析調査（2020年）」2020年 7 月31日
　　https://www.tdb.co.jp/report/watching/press/p200716.html（2020 年10月17日
　　アクセス）
帝国データバンク（2020b）「全国企業「後継者不在率」動向調査（2020年）」2020年
　　11月30日
　　https://www.tdb.co.jp/report/watching/press/p201107.html（2021年 7 月21日
　　アクセス）
帝国データバンク（2021）「全国「女性社長」分析調査（2021年）」
　　https://www.tdb.co.jp/report/watching/press/pdf/p210702.pdf（2021年12月 4
　　日アクセス）
東京商工会議所（2017）「中小企業の経営課題に関するアンケート調査結果」2017年
　　3 月http://www.tokyo-cci.or.jp/page.jsp?id=97949（2019年 7 月 5 日アクセス）
東京商工リサーチ（2019）「2018年休廃業・解散企業動向調査」2019年 1 月http://
　　www.tsr-net.co.jp/news/analysis/20190121_01.html（2019年11月18日アクセス）
東京商工リサーチ（2020）「2020年休廃業・解散企業動向調査」2021年 1 月18日
　　https://www.tsr-net.co.jp/news/analysis/20210118_01.html（2021年 2 月17日ア
　　クセス）
内閣府（2016）「平成28年度男女共同参画社会に関する世論調査」2018年10月
　　https://survey.gov-online.go.jp/h28/h28-danjo/index.html（2019年 4 月19日アク
　　セス）
内閣府（2019）「令和元年度版男女共同参画白書」http://www.gender.go.jp/about_
　　danjo/whitepaper/r01/zentai/index.html（2019年10月23日アクセス）
内閣府（2022）「共同参画2022年度 6 月号」第156号
　　https://www.gender.go.jp/public/kyodosankaku/2022/index.html（2022年 8 月
　　1 日アクセス）
日本政策金融公庫総合研究所（2009）「中小企業の事業承継に関するアンケート結
　　果」2009年12月16日公表
　　https://www.jfc.go.jp/n/findings/sme_findings2.html（2019年 4 月19日アクセス）
日本政策金融公庫総合研究所（2015）「中小企業の事業承継に関するインターネット
　　調査」2016年 2 月 1 日公表
　　https://www.jfc.go.jp/n/findings/sme_findings2.html（2019年 4 月19日アクセス）
日本政策金融公庫総合研究所（2019）「中小企業の事業承継に関するインターネット
　　調査（2019年調査）」2020年 1 月28日公表
　　https://www.jfc.go.jp/n/findings/sme_findings2.html（2022年12月13日アクセス）
労働政策研究・研修機構（2015）「仕事と介護の両立に関する調査」
　　https://www.jil.go.jp/press/documents/20150123.pdf（2022年 8 月 1 日アクセス）

索　引

■英数字

GEM ··46
KPI ··5
M&A ·····························3, 14, 23, 81
ROA ································109, 126
ROE ································109, 126

■あ　行

アントレプレナーシップ ·······19, 60, 71
イノベーション ··························3, 32
売上高 ······························26, 109, 111,
　　　　　　112, 126, 128, 133, 149
売上高経常利益率 ····························31
売上高成長率 ····················31, 126, 133
永続性 ··58, 59
エージェンシー理論 ·····················58
エージェント ································58
オーナーシップ ·······················34, 57

■か　行

外部招聘 ·······························6, 130
革新性 ···32
ガバナンス ································58, 59
借入 ·····················25, 111, 112, 149
慣性 ·······················21, 33, 186, 188
企業経営経験 ··························8, 171
企業形態 ·······························116
企業数 ··························1, 2, 26, 132
起業・創業 ··························6, 115
企業属性 ··············107, 114, 131, 134
企業年数 ·······························117
技術伝承 ··········99, 169, 179, 205
客観性 ·······························44, 205
休廃業・解散件数 ·····················2

業種 ················11, 48, 123, 129, 132
グローバル・アントレプレナーシッ
　プ・モニター ···························46
経営資源 ·······························27
経営者属性 ·····················107, 118
経営者年齢 ············119, 125, 128, 131
経営者の高齢化 ·····························1
経営者の平均年齢 ·····················2
経営戦略 ·····························151, 171
経営理念 ·····················13, 151, 171
経常利益 ·······························26, 128
後継者育成 ··························22, 29
後継者候補 ··························3, 110
後継者選定 ··························9, 27
後継者不足 ·······························2
コミュニケーション
　　　　·············16, 29, 151, 171, 172

■さ　行

ジェンダーギャップ ·····················41
ジェンダーバイアス ··········15, 53, 60
事業承継企業 ·······························13
事業承継プロセス ··········21, 95, 150
事業成長要因 ··························9, 202
事業存続 ···32
資源ベース理論 ·····················58
自己資本経常利益率 ·····················31
自己資本比率 ·····················129, 133
自己資本利益率 ·····················109, 126
老舗 ·······························33, 57, 127
資本金 ·······························7, 127
社会情緒的理論 ·····················58
社会性 ·······························234
社会的責任 ································43
従業員規模 ··························37, 117, 127

従業員数成長率‥‥‥‥‥‥‥‥‥‥31
従業員一人あたりの売上高‥‥‥‥129
従業員への承継‥‥‥‥‥3, 14, 23, 28
就任経緯‥‥‥‥‥‥‥‥6, 115, 131
出向・分社化‥‥‥‥‥‥‥‥‥6, 14
準備期間‥‥‥‥‥‥‥8, 29, 149, 175
小規模企業‥‥‥‥‥‥‥‥‥‥2, 26
障壁要因‥‥‥‥‥‥‥‥9, 171, 214
将来性‥‥‥‥‥‥‥‥‥‥‥‥‥122
女性活躍推進法‥‥‥‥‥‥‥‥5, 8
女性管理職比率‥‥‥‥‥‥‥‥4, 5
女性起業家‥‥‥‥‥‥15, 46, 238
女性経営者‥‥‥‥‥‥‥5, 37, 41
女性経営者比率‥‥‥‥‥‥‥5, 7
女性後継企業‥‥‥‥‥‥‥13, 114
女性後継者‥‥‥‥‥‥‥‥13, 15
女性雇用者数‥‥‥‥‥‥‥‥‥‥4
女性視点‥‥‥‥‥‥‥‥‥43, 234
所有と経営の一致‥‥‥‥‥‥‥‥58
自律性‥‥‥‥‥‥‥‥‥‥‥‥‥27
人材育成‥‥‥‥‥‥‥‥‥68, 205
新事業‥‥‥‥‥‥‥‥‥‥‥‥‥10
親族外承継‥‥‥‥‥3, 4, 14, 115, 126
親族内承継‥‥‥‥‥3, 4, 14, 115, 126
人的ネットワーク‥‥‥‥16, 171, 172
ステークホルダー‥‥‥‥‥‥‥‥68
スリー・サークル・モデル‥‥‥‥34
成長戦略‥‥‥‥‥‥‥‥‥‥‥‥9
正統性‥‥‥‥‥‥‥‥‥‥‥22, 27
制約性‥‥‥‥‥‥‥‥‥‥‥‥‥27
創業年数‥‥‥‥‥‥‥‥‥‥‥117
総資産利益率‥‥‥‥‥‥‥109, 126

■た　行

大企業‥‥‥‥‥‥‥‥‥‥‥25, 26

第二創業‥‥‥‥‥‥‥‥‥‥14, 22
ダイバーシティ‥‥‥‥‥‥‥‥‥60
多様性‥‥‥‥‥‥‥‥‥‥‥‥‥43
男女分業意識‥‥‥‥‥‥‥‥‥‥5
男性経営者‥‥‥‥‥‥‥‥‥6, 41
男性後継企業‥‥‥‥‥‥‥13, 114
男性後継者‥‥‥‥‥‥‥‥‥‥13
中規模企業‥‥‥‥‥‥‥‥‥2, 26
中小企業‥‥‥‥‥‥‥‥‥12, 25
長寿企業‥‥‥‥‥‥‥‥‥33, 57
伝統と革新‥‥‥‥‥‥‥‥‥‥59
倒産件数‥‥‥‥‥‥‥‥‥‥‥‥1
同族承継‥‥‥‥‥‥‥‥‥‥‥‥6

■な　行

内部昇格‥‥‥‥‥‥‥‥‥‥‥‥6
年商‥‥‥‥‥‥‥‥‥‥‥‥‥‥7

■は　行

バランス感覚‥‥‥‥‥‥‥‥‥‥44
伴走‥‥‥‥‥‥‥‥‥‥‥‥‥102
ビジネスモデル‥‥‥‥‥‥‥‥‥49
ファミリービジネス‥‥‥‥‥33, 57
プリンシパル‥‥‥‥‥‥‥‥‥‥58
ベンチャービジネス‥‥‥‥‥‥‥50

■ま　行

マネジメント‥‥‥‥‥‥‥‥‥‥60
モチベーション‥‥‥‥‥62, 173, 234

■ら　行

ライフサイクル‥‥‥‥‥‥‥‥‥3
リーダーシップ‥‥‥‥‥‥‥‥‥62
利潤成長率‥‥‥‥‥‥‥‥‥‥31
ロールモデル‥‥‥‥‥‥‥50, 223

【著者紹介】

黒澤 佳子（くろさわ　よしこ）

秀明大学総合経営学部准教授

法政大学大学院政策創造研究科博士後期課程修了

博士（政策学）

メガバンク，IT企業，監査法人を経て，中小企業診断士として独立

2012年より大学等における非常勤講師，2023年より現職

専門は，経営戦略論，事業創造論，中小企業経営論，事業承継論

主著:「準備期間なく事業承継した女性後継者の新事業展開に関する一考察」『経営行動研究年報（経営行動研究学会）』（第32号，pp.71-75，2023年），「女性への事業承継における準備期間不足の影響：中小企業の親族内承継を事例として」『事業承継（事業承継学会）』（第12号，pp.106-121，2023年），「女性に事業承継した中小企業の新事業展開を促進する要因：中小製造業者を事例として」『日本中小企業学会論集（日本中小企業学会）』（第41号，pp.145-158，2022年）「Business Succession to Women in Small and Medium Sized Enterprises: A Comparative of Intra-relative and Non-relative Succession」『イノベーション・マネジメント（法政大学イノベーション・マネジメント研究センター）』（No.19，pp.91-112，2022年）

事業承継の成長戦略

2024年3月20日　第1版第1刷発行

著　者	黒　澤　佳　子
発行者	山　本　　　継
発行所	㈱中　央　経　済　社
発売元	㈱中央経済グループ パ ブ リ ッ シ ン グ

〒101-0051　東京都千代田区神田神保町1-35
電　話　03 (3293) 3371 (編集代表)
　　　　03 (3293) 3381 (営業代表)
https://www.chuokeizai.co.jp
印刷／三英グラフィック・アーツ㈱
製本／誠　　製　　本　　㈱

© 2024
Printed in Japan